러시아어의 어제와 오늘:
음운론과 형태음운론

충북대학교 러시아언어문화학과 **최성호**

러시아어의 어제와 오늘:
음운론과 형태음운론

초판1쇄 발행 | 2020년 2월 21일

저 자 | 최성호
발행처 | 충북대학교 출판부
발행인 | 김수갑

주 소 | 28644 충북 청주시 서원구 충대로 1
전 화 | 043-261-2952, 3014
팩 스 | 043-274-1256
이메일 | presscbu@chungbuk.ac.kr
등 록 | 제1983-2001-7호
인쇄처 | 케이프린텍

ISBN 978-89-7295-505-4 93790
값 17,000원

이 책은 2019년 충북대학교 국립대학 육성사업에 의해 지원 발행되었음.

러시아어의 어제와 오늘:
음운론과 형태음운론

충북대학교 러시아언어문화학과 **최성호**

충북대학교 출판부

서문

이 책은 필자가 충북대학교 러시아언어문화학과(이전에는 노어노문학과) 학부생을 대상으로 설강한 "현대러시아어의 역사적 주석"이란 전공과목을 가르치면서 준비한 강의노트를 기반으로 하고 있다. 필자의 강의 노트라고는 하지만, 내용의 상당 부분은 필자가 미국 캘리포니아 주립대(UCLA) 슬라브어문학과 재학 시에 관련 교과목들의 강의 내용 및 유인물에 근간을 두고 있다.

충북대학교에 노어노문학과가 1994년에 창설되고, 그 다음 해에 필자가 어학 교수로 부임하면서, 필자는 러시아어 및 어학 관련 교육과정을 당시 상황에 맞게 새롭게 디자인해야 했다. 외국어로서의 러시아어 학습 관련 과목들을 4년 8개학기의 학부과정에 구현하는 데에는 별 어려움이 따르지 않았지만, 어학 관련 교과목들을 설강하는 데에는 여러 고민을 하지 않을 수 없었는데, 그것은 학부 과정에 어떠한 수준의 어학 과목을 설강하는가 하는 설강 잣대를 결정하는 일이었다. 왜냐하면, 당시 수요자 중심 교육이라는 정부 정책에 따른 학생들의 복수전공 허용 등으로 전공과목의 수를 줄이는 방식으로 전공 교육과정을 짜야 했기 때문이다. 축소하는 과정에서 문학 과목과 수적으로 밸런스도 맞추어야 되고, 학부 과목은 쉽고 실용적이어야 한다는 교육 외적인 요구도 있었지만, 한편으로는 인문대학 외국어문학과의 전통적 커리큘럼 내용도 함께 고려해야 했다. 전통적인 어학 교육 과정은 대체로 공시적인 분야(음성학-음운론, 형태-통사론, 의미론-어휘론)와 통시적인 분야(역사언어학, 문학어 발달사 등)로 구분되어 편성되어 있었다.

전공과목의 수를 축소해야 하는 상황에서 필자가 생각해 낸 것 중의 하나가 공시적인 분야와 통시적인 분야를 구분하지 않고 하나의 교과목으로 설정하는 것이었고, 그래서 등장한 것이 "현대러시아어의 역사적 주석"이라는 과목이었다. 다른 대학의 외국어문학과에서는 대응되는 과목의 제목으로 통상 '언어사'(예컨대, '국어사', '영어사', '독어사', '불어사' 등)로 되어 있었음에도, 이러한 관례를 따르지 않고 다소 생경스러운 제목으로 과목을 설강한 데에는 위에 언급한 상황적인 요인 때문만은 아니었고, 학문 내적 동기도 한 몫을 담당하였다.

자연 언어를 이해하고자 하는 연구자의 접근 방식은 해당 언어의 공시(共時)적 체계 및 구조에 대한 기술과 언어 요소 및 체계의 통시(通時)적 전개 과정에 대한 기술을 전제한다는 것은 전통적으로 인정된 일종의 언어학적 교리(教理)이었다. 소쉬르(F. de Saussure)로부터 시작된 20세기 초기의 구조주의 언어학의 연구 방법론이기도 한 언어의 공시태(synchrony)와 통시태(diachrony)에 대한 이해는 당시 주류 언어학이었던 젊은이 문법학파의 역사주의적 언어학에 대한 반발로 출현한 것으로, 언어(langue)와 말(speech), 계열체(paradigm)과 통합체(syntagm) 등의 다른 이분법과 더불어 언어학 연구 대상 및 방법론의 패러다임적 전환을 가져오는 데에 결정적인 역할을 하였다. 다시 말하면 구조주의적 이분법(특히 공시태와 통시태의 엄격한 구별)은 이전의 역사주의적 언어 연구 방식과 극명하게 차별화되어, 향후 20세기 언어학의 연구 대상 및 방법론을 규정해 놓았던 것이다. 필자는 이러한 학문적 태도가 한국의 인문대학 어문학과의 어학 관련 교과과정에 그대로 반영되어 공시와 통시의 두 분야로 엄격히 구분되어 편성되었다고 생각한다.

그러나 20세기 중반 이후 그리고 21세기에 진입하면서 언어학자들은 공시태와 통시태의 엄격한 분리를 전제한 언어 이해는 근본적으로 관념적이고 비현실적이며, 실제의 구체적 언어 현실에서는 통시태와 공시태가 공존한다는 사실을 인식하고, 이러한 공존적 상황을 언어 기술에 반영하기 시작하였다. 현재는 과거의 산물이고 미래의 시작이어서, 현재에는 과거와 미래가 동시적으로 존재한다는 것, 즉, 현시태(現時態, 즉 현재라는 공시태)에는 과거에 발생했던 언어 변화의 흔적이 남아 있을 수 있고, 또한 젊은 세대는 이전 세대의 언어 체계나 용법과는 다른 새로운 내용이나 형태를 보이기도 하기 때문에, 언어 내적 모습은 절대로 균질적이지 않다는 사실을 인식하게 된 것이다. 이는 현시태를 잘 이해하기 위해서는 통시적 언어 변화와 그 결과에 대한 이해가 필요하다는 점을 함의한다. 요컨대, 공시태는 정태적(stative)이지 않고, 역동적이다(dynamic).

"현대러시아어의 역사적 주석"이라는 제목의 과목 설강은 이러한 학문 내적으로 발생한 언어에 대한 시각 변화와도 맞물려 있었다.

본고에서 다룰 현대러시아어에 나타나는 다양한 종류의 형태음운론적 변동(чередование) 현상 역시 이와 같은 역동적 공시태론에 의해 적절하게 기술되고 설명될 수 있는 것이다. 공시적 변동은 역사적(통시적) 변화의 결과일 가능성이 있기 때문이다. 현재의 언어에 대한 타당하고 적절한 기술은 현재에 존재하는 과거의 잔재형과 미래의 개신형, 즉 변이형에 대한 정확한 파악을 기반으로 하여, 현재의 생산적 형태를 중심으로 이루어진다. 이러한 인식을 토대로 하여, 본 연구는 현대 러시아어에 발견되고 있는 다양한 변이형을 현상적으로 적시하고, 그러한 변이형의 역사성을 추적한 뒤, 그 발달 과정에 대해 기술하여, 현대러시아어에 대해 보다 현실성 있게 이해하고자 한다.

아울러 러시아어 학습론적인 측면에서도 언어의 공시적 체계상 변칙으로 간주되는 언어 현상들을 단순히 예외로 암기하는 수준을 넘어, 그러한 예외들의 역사적 원천과 과정을 이해함으로써, 예외 현상들의 성격을 규정할 수 있게 되는 것이다. 이러한 작업이 학생들의 러시아어에 대한 심도 있는 이해에 일조할 수 있을 것이라는 것은 두말 할 필요가 없다.

필자는 본서의 잠재적 독자군으로 러시아어 어휘나 문법을 적어도 중급 이상의 수준을 보유하고 있는 학부 고학년 이상의 대학생이나, 어학 전공의 대학원생, 러시아어는 모르지만 책의 내용에 상응하는 언어학적 지식을 가진 학자들일 것으로 판단하고, 그 수준에 맞추어 집필하였다.

필자가 언어학과 대학원 석사 과정에 입학하던 해에 서울대학교에 노어노문학과가 창설되었고 필자는 1985년 가을학기부터 학과 조교를 시작하였으니,

언어학도로서의 필자의 러시아어학에 관심은 그 즈음에 시작되었다고 볼 수 있다. 3년간의 조교 생활을 마치고, 필자는 1988년 가을학기에 UCLA에 석사 과정으로 입학하여 본격적인 슬라브어학을 공부하게 되었는데, 당시에 지금은 작고한 헨릭 비른바움(Henrik Birnbaum) 교수의 '고대교회슬라브어(Old Church Slavic)'와 역시 작고한 딘 워스(Dean Worth) 교수의 '현대 러시아어의 역사적 주석(Historical Commentary on Russian)'의 두 과목은 필자의 러시아 역사 언어학에 대한 눈을 뜨게 해 주었다. 필자로서는 현대 러시아어가 보이는 다양한 예외적 현상과 형태적 변동, 그리고 여러 슬라브 언어들이 보이는 대응 관계 등이 통시적 재구와 발달에 의해서 기술되고 설명될 수 있다는 점에 커다란 놀라움과 학문적 흥미를 느끼지 않을 수 없었다. 필자의 박사학위 지도교수였던 헤닝 안데르센(Henning Andersen) 교수의 동슬라브 역사 비교언어학, 발토-슬라브어 역사 언어학 등의 강의는 역사 언어학에 대한 경험적, 이론적 토대를 굳건히 하는데 결정적인 도움이 되었다. 캘리포니아 주립대(UCLA)대학원 시절 필자에게 슬라브어 공시 및 통시 언어학에 대해 눈을 뜨게 해 주고, 언어학적 연구 방법과 시각을 형성하게 해 준 여러 교수님들께 이 자리를 빌어 사의를 표하고 싶다.

필자는 충북대학교 노어노문학과에 '현대 러시아어의 역사적 주석' 과목을 설강한 후에 과목 내용에 걸맞는 교재를 집필하려는 생각을 지속적으로 가져왔다. 내용이 쉽지 않아 학생들의 눈높이에서 상세하게 그리고 반복적으로 공부할 수 있는 교재가 필수적이라고 생각했기 때문이다. 그러나 사정이 여의치 못한 관계로, 무엇보다도 필자 자신의 게으름으로 집필을 시작조차 하지 못했다. 그동안 그럴 듯한 교재 없이 필자의 강의를 들어 준 우리 학과 학생들에게 미안함과 고마움을 함께 전하고 싶다.

목차

제6장 | 운율의 변화

제7장 | 형태 변화-곡용과 활용

| 제1장 |

서론

1.1. 기술 목적 및 대상: 무엇을 공부하는가?

러시아어를 학습하는 한국 사람이면 대체로 러시아어가 보이는 형태적 다양성에 놀라곤 한다. 물론 학습의 초기 단계에서는 우리에게 익숙한 알파벳이 아닌 다소 생소한 문자("끼릴문자"라고 불리는 문자)로 쓰여져 있기 때문에 문자의 "이국(異國)적"인 모습에 놀라기도 하겠지만, 학습이 진행되어 중급 수준의 문법에 접하게 되다 보면, 다양한 종류의 형태적 변칙(變則, 특이성 혹은 유표성)이 존재하는 것에 어려움을 느끼는 것이다. 여기에서 변칙이라는 개념은 규범이라는 개념에 대비되어서 사용되는데 이 점에 대해서 살펴보면서, 이 책을 통해 공부할 내용이 무엇인지 그 대강을 알아보기로 하자.

중급 수준의 러시아어를 학습한 학생이면 잘 알고 있듯이, 러시아어 명사는 문장에 사용될 때 6개의 격(格)과 2개의 수(數)로 **형태 변화**(곡용曲用)하며, 이렇게 변화된 단어는 **어간**(語幹, основа)과 **어미**(語尾, окончание)로 구분된다. 가령, '물'을 의미하는 ВОДА는

(a) 형태 변화(곡용)형						
	주격	대격	생격	처격	여격	조격
단수	вода	воду	воды	воде	воде	водой
복수	воды	воды	вод	водах	водам	водами[1]

1 '어휘소'는 대문자로, 변화된 단어형은 소문자로 쓰기로 한다. 격은 '주격-대격-생격-처격-여격-조격'의 순서로 배열한다.

(b) 어간-어미						
단수	вод-а	вод-у	вод-ы	вод-е	вод-е	вод-ой
복수	вод-ы	вод-ы	вод-ø	вод-ах	вод-ам	вод-ами

(a)처럼 곡용하는데, 이들 각각의 단어형태(즉, 곡용형)는 (b)처럼 '어간-어미'의 통합체로 분석된다. 즉 '물'이라는 어휘적 의미를 표현하는 어간과 '수'와 '격'의 의미를 함께 표현하는 어미로 이루어져 있다. 곡용된 단어형들은 동일한 어휘적 의미를 공유하고, 수와 격에서만 서로 다르기 때문에, 어간은 형태 불변하고, 어미만 형태 변화하는 것이다.

그런데 주지하다시피 '잠'을 의미하는 СОН의 경우에는

단수	сон-ø	сон-ø	сн-а	сн-е	сн-у	сн-ом
복수	сн-ы	сн-ы	сн-ов	сн-ах	сн-ам	сн-ами

등으로 곡용하는데, 어간의 모음 /о/가 모든 어간에 나타나는 위의 ВОДА와 달리, 단수 주격 및 대격에서 출현하는 모음 /о/가 다른 격 형태들에서는 사라지는 특성을 가진다. 러시아어 문법 기술에서는 이러한 /о/를 전통적으로 '출몰(出沒, беглое) 모음'이라고 부르는데, 고정(固定, стабильное) 모음 /о/를 가지는 ВОДА와 달리, СОН은 **출몰 모음**을 가지는 어휘소이다. 이를 달리 설명하면, 러시아어 СОН이라는 명사의 경우, 어휘적 의미 '잠'[2]은 /сон-/과 /сн-/의 두 어간 형태로 실현된다는 것이다. 일반적으로 언어의 기호(단어)는 하나의 의미에 하나의 형태가 결합되어 있다는 점을 고려할 때, 하나의 의미가 두 형태로 실현

2 어휘소는 일종의 기호(記號, sign/знак)로 기의(記意, значение)와 기표(記表, форма)를 가진다. 어휘소의 기의는 어휘적 의미(줄여서 어휘의)로, 기표는 어휘적 형태(줄여서 어휘형)로 부르기로 한다. 어휘소는 어휘적 형태로 표상되고, 대문자로 적는다. 필요할 경우 어휘적 의미를 덧붙이기도 한다. 즉, ВОДА/VODA '물', 등. 어휘적 형태는 /voda/처럼 표상된다.

되는 СОН은 일종의 변칙적인 단어라고 할 수 있다. 이처럼 현대 러시아어에는 어간 모음이 모든 형태에서 고정적으로 나타나는 정상적인 단어가 있는가 하면, 출몰모음을 가진 변칙적인 단어도 공존하고 있는 것이다. 다른 예로는 ТЕНЬ '그늘'의 어간 모음 /е/는 고정 모음이지만(가령 тень тени тенью 등), ДЕНЬ의 /е/는 출몰 모음이다(день дня дню днём дне 등).

러시아어를 현재의(공시적) 시각에서만 보자면 어간에 나타나는 모음의 성격이 왜 다른지(출몰 vs. 고정) 설명하기란 쉽지 않다. 예컨대 СОН과 유사한 어휘적 형태를 가지는 СОК '즙', СОЛЬ '소금', СОМ '메기', СОР '먼지', 등의 어간 모음 /о/는 출몰모음이 아닌 고정 모음인데, 왜 СОН의 경우에만 출몰모음을 가지는지 설명하고, 예측하기란 쉽지 않다는 말이다. 러시아어를 학습하는 학생들로서는 그냥 СОН은 출몰 모음을 가지는 변칙적인 명사라고 암기하는 도리밖에는 없는 것이다.

그러나 역사적(통시적) 변화라는 시각에서 보면, 이 차이는 쉽게 이해된다. 본론에서 상술되겠지만, 위 두 부류(СОР류 vs. СОН류)의 어간 모음은 고대러시아어에서는 상이한 두 개의 모음에 대응되었었다. 즉, 전자의 어간 모음은 고대러시아어에서도 /о/였지만, 후자는 "약화(弱化, редуцированное) 모음"이라고 지칭되는 /ъ/(≒/ə/)이었다. 그런데 이 시기에 발생한 특정의 음성 변화의 결과 **약화모음**은 어떤 환경에서는 /о/로 바뀌고, 다른 환경에서는 소멸된다.

	고대러시아어	현대러시아어
(a) СОН	съ̲нъ съ̲на	со̲н сна
(b) СОР	со̲ръ со̲ра	со̲р сора

즉, 어간 모음이 고대 러시아어 시기에는 구별되었지만, 이제는 하나의 동일한 모음으로 합류되었고, 아울러 출몰모음 현상도 발생하게 된 것이었다. 이처럼 변칙적인 러시아어의 출몰모음 현상이 통시적인 시각에서 보면 쉽게 이해

되는 것이다. 말하자면, 출몰모음 현상은 고대러시아어 시기에 발생한 음성변화의 잔재로 현대 러시아어에 그대로 존속되는 현상인 것이다.

동사에서는 더 다양한 변칙들이 존재한다. 러시아어에서 어휘적 형태가 -ать로 끝나는 동사들, 예컨대 ДЕЛАТЬ '하다', КУСАТЬ '물다', СЛУШАТЬ '듣다', 등은 현재 형태 변화(활용活用)에서 제1식의 패턴을 보인다.

я	дела-ю	куса-ю	слуша-ю
ты	дела-ешь	куса-ешь	слуша-ешь
он/а	дела-ет	куса-ет	слуша-ет
мы	дела-ем	куса-ем	слуша-ем
вы	дела-ете	куса-ете	слуша-ете
они	дела-ют	куса-ют	слуша-ют

그러나 -ать로 끝나는 ПИСАТЬ '쓰다', РЕЗАТЬ '자르다', 등의 동사는 현재 활용에서 제1식으로 변화하더라도 어간모음 /а/가 탈락되고 어간 말 자음 /с з/ -> /ш ж/로 바뀐다.

я	пиш-у	реж-у
ты	пиш-ешь	реж-ешь
он/а	пиш-ет	реж-ет
мы	пиш-ем	реж-ем
вы	пиш-ете	реж-ете
они	пиш-ут	реж-ут

따라서 이러한 동사는 각각 현재에서는 /пиш-/ /реж-/, 과거 및 부정사형에서는 /писа-/ /реза-/의 두 어간 형태를 가진다. 역시 변칙적인 동사로 볼 수 있다. 문제는 부정사형을 어휘소의 형태로 간주한다면, -ать로 끝나는 동사가 현재 활용할 때 КУСАТЬ처럼 변화할지 ПИСАТЬ처럼 변화할지 예측하기란

불가능하다.

더 나아가 -ать로 끝나는 КРИЧАТЬ СЛЫШАТЬ 등의 동사는 현재 활용에서 제2식으로 변화한다.

я	крич-у	слыш-у
ты	крич-ишь	слыш-ишь
он/а	крич-ит	слыш-ит
мы	крич-им	слыш-им
вы	крич-ите	слыш-ите
они	крич-ат	слыш-ат

어휘적 형태가 -ать로 끝나는 동사 중 제2식 현재 활용을 하는 동사는 모두 경구개 쉬음(шипящие)을 어간 말 자음으로 가지지만, 모든 경구개 쉬음의 -ать 동사가 제2식 현재 활용을 하는 것은 아니다. 제1식 활용을 하는 КОНЧАТЬ, СЛУШАТЬ 같은 동사들도 존재한다.

따라서 **공시적 시각**에서 어휘적 형태가 -ать로 끝나는 위 각 부류 동사들의 현재 활용형을 정확하게 예측해 내는 문법을 기술하기란 불가능하다. 그렇기 때문에 학생들은 어떤 동사가 ДЕЛАТЬ처럼 변화하고, 어떤 동사가 ПИСАТЬ 혹은 КРИЧАТЬ처럼 변화하는지 그냥 외워야 하는 것이다. 다만 대부분의 -ать 동사는 ДЕЛАТЬ처럼 변화하기 때문에, 그 수가 많지 않은 후자의 동사들만 형태 변화상의 특성을 암기하면 될 것이다.

그러나 언어의 역사적 발달이라는 **통시적 시각**에서 본다면, 이들의 차이점은 명확하게 설명될 수 있다. 간단히 언급하면, ПИСАТЬ의 경우는 현재 활용형이 역사적으로 “치음의 경구개음화”와 “탈요트화”라는 음성변화를 겪었고 (4.5 참고), 그 결과가 현재까지 남아 있는 경우이다. КРИЧАТЬ는 그 부정사형이 원래 *krīkētei[3]였기 때문에 현대러시아어의 -еть 동사들(가령 СИДЕТЬ СМОТРЕТЬ 등)처럼 제2식 활용패턴을 보이는 것이다. 이 부정사형은 “제1차 연구개음의 경구음화”(4.3 참고)라는 음성변화를 겪으면서 현재의 부정사형 /kr'ičat'/가 나타나게 되었다.

다음과 같은 예들에서 보이는 특이성/변칙성 역시 통시적 설명으로 이해된다. 상세한 논의는 본문의 관련 장·절을 참고하기 바란다.

---

1. живу живёшь веду ведёшь vs. пеку печёшь (4.2)
2. говорить говорю vs. купить куплю, ходить хожу (4.5)
3. святить свячу vs. сократить сокращу (4.5)
4. знать знаю vs. начать начну (4.8), звать зову (3.4, 5.1), брать беру (3.4, 5.1)
5. петь пить vs. печь беречь (4.5, 7.5)
6. пеку пёк пекла, несу нёс несла, умру умёр умерла vs. веду вёл вела, мету мёл мела (4.9.2)
7. молоко ворота vs. млечный вратарь (4.7.1)
8. жена жёны vs. стена стены (5.3)
9. слово слова, сто триста vs. плечо плечи, двести (7.1.3.2)
10. кто, куда когда vs. что где (5.2)
11. кусок сахару vs. белизна сахара (7.1.3.1.2)
12. красивый vs. большой (5.1.2)

지금까지의 논의를 통해 이 책이 담고 있는 논의 내용과 목적이 분명해졌으리라고 생각한다. 요약하면 이 책은 현대러시아어의 다양한 형태적 특이성(공시)을 인지하고, 그러한 형태적 특이성의 역사적 원천과 발달 과정 및 결과(통시)를 이해하고자 한다.

3 “*”는 어떤 형태의 이전 모습에 대해 가설적으로 재구된 형태임을 나타낸다. 즉, 과거의 실제 형태가 문헌으로 확인된 경우가 아니라는 것이다. 또한 이전 모습이라고 해도 그 시기가 구체적으로 특정되지는 않는다.

1.2. 기술적 방식과 내용, 구성

1.1에서 공부의 대상과 목적을 인지하는 문제에 대해 논의했다면, 여기에서는 공부의 방식과 방법에 대해 간략하게 소개한다.

1.2.1 언어를 보는 눈

언어는 소통 과정에서 화자가 청자에게 전달하고자 하는 바를 표상하는 수단이라고 필자는 이해한다. 부연하면 화자는 전달하고자 하는 메시지를 언어로 표상하여 소리나 문자로 발화하고, 청자는 수신된 언어 표상체를 해독하여 화자가 전달하고자 하는 메시지를 추론한다. 따라서 화자의 **발화 과정**은 다음의 세 단계를 거친다고 본다.

I. 메시지	⇒	II. 언어로 표상(구현과 실현)	⇒	III. 말하기(글쓰기)
		‖		‖
		(언어, LANGUAGE)		(말, SPEECH)

메시지의 언어로의 **표상**은 **구현**(具現)과 **실현**(實現)의 두 하위 부분으로 구분할 수 있다. 구현은 메시지를 어휘소나 문법소(문법 형태소와 문법적 구성)의 의미로 대체하는 작업이고, 실현은 구현된 어휘소나 문법소의 형태로 대체하는 작업이다. 즉, 구현은 용법의 문제이고, 실현은 형식의 문제이다.

예를 들어 설명하면, 독서 행위를 완료했다는 메시지를 전달하고자 한다면, 해당 행위, 과거, 완료 등의 내용으로 이루어진 메시지를 러시아어의 어휘소나 문법소로 표상해야 한다. 행위의 수행이라는 메시지 내용은 ЧИТАТЬ라는 어휘소의 용법에 부합하므로 선택되며, 완료의 메시지 내용은 완료상이라는 문법소로 표상된다. 또한 발화 시점 이전의 과거 사건은 러시아어의 과거시제라는 문법소로 표상된다. 만약 해당 행위를 수행한 사람이 여성이고, 해당 여성을 표상하는 명사가 서술의 대상인 주어로 표상되었다면, 그러한 사실을 일치소로 구현되어야 한다.

I. 메시지 형성 어떤 여성의 완료된 독서 행위가 과거에 일어남

⇓

II. 언표화 단계

A. 구현 단계 '[[ЧИТАТЬ-완료상]-과거시제-여성단수일치]'

B. 실현 단계 /pro-čitá-l-a/

⇓

III. 발음 단계 [prəč'itálə]

이렇게 구현 표상체는 음운연쇄체의 형태로 실현된다. 구현 표상체에는 '의미'로 표상되기 때문에 위치는 표상되지 않고[4], 구성 성분 사이의 구조적 관계만 표상된다. 음운연쇄체로 실현되면서 각각은 자신이 발음되는 위치가 표상된다. '완료상'은 어간 초 위치에, '과거시제' 어간 뒤 위치에, '여성단수일치'는 과거시제 형태 뒤에 위치한다.

이 책은 용법의 문제, 즉 메시지에서 어휘소나 문법소로의 구현의 단계가 아니라, 형태의 문제, 즉 구현된 어휘소나 문법소 의미의 형태로의 실현 단계에 설명의 초점을 두고 있음을 강조한다. 예를 들면, 이 책은 시제의 문법소 중 과거시제는 언제 사용되며(어떠한 메시지 내용을 표상하며), 그 일반적 의미는 무엇인가라는 질문에는 답하지 않고, 대신 과거 시제의 의미는 어떻게 실현되며, 그 형태는 무엇인가라는 점에 대해 관심을 둔다는 것이다. 요컨대, 이 책은 러시아어 형태음운론의 과거와 현재를 기술한다.

---

4 메시지의 개념화 단계에서 상 > 시제 > 일치의 순서로 개념화될 가능성은 있다. 상은 사건 자체, 시제는 사건과 시간과의 관계, 일치는 서술 관계를 표상하기 때문이다. 상과 시제는 지시체 속성과 관련 있는 반면, 일치는 언어로 표상하는 단계에서 발생하는 기능적 속성과 관련 있다.

1.2.2 언어 단위: 단어와 형태소

모든 어휘소나 문법소는 실현의 형태를 가진다. **어휘소**(lexeme)는 어휘 사전(어휘부, lexicon)에 등재되어 있는 요소이며, 어휘적 의미(=어휘의意)와 어휘적 형태(=어휘형形)가 결합되어 있다. 가령 КНИГА라는 어휘소는 /книга/라는 어휘형과 '책'이라는 어휘의를 가진다.

이러한 어휘소가 화자에 의해 선택되어 문장에 사용되면, 해당 언어의 문법에 의해 규정되는 다양한 **문법소**가 해당 어휘소에 "할당"된다. 예컨대, КНИГА라는 명사가 문장에 사용될 때, 러시아어 문법은 이 어휘소가 지칭하는 책이 하나인지 둘 이상인지에 대한 메시지 내용을 언표화하기를 요구한다. 이러한 메시지 내용은 문법소 중의 하나인 '수(數, число)' 범주로 구현되고, 해당 어휘소의 어간에 접미되는 방식으로 실현된다. 또한 만약 해당 어휘소가 문장에서 행위의 대상으로 목적어의 통사적 기능을 가진다면 그 메시지 내용은 문법소 '격(格, падеж)' 범주로 구현되고, 이 또한 해당 어휘소의 어간에 접미되는 방식으로 실현된다.[5]

이 책에서는 어휘 차원의 (명사) 어휘소에 대응되는, 문장 차원에서 수와 격이 구현되고 실현된 문장의 요소를 **단어**(單語)라 지칭한다. Я читал книгу.라는 문장에서 книгу는 단어이다. 이 단어는 어휘소 КНИГА의 어휘적 의미와 문장 차원에서 할당된 '단수'와 '대격'의 문법적 의미를 가지는데, 이 두 종류의 의미를 실현한다. 실현되는 양상은 어휘적 의미는 어간으로 실현되며, 두 문법소의 의미는 어간에 어미 /-u/의 형태로 접미된다. 즉, /kn'ig-u/. 그러므로 книгу라는 단어는 '책-단수.대격'의 의미를 가지면서, /kn'ig-u/의 형태를 가진다.

이렇게 한 어휘소가 문장 차원에서 대응하는 단어로 출현하는 현상을 **굴절**(屈折, словоизменение/inflection)이라고 부르는데, 명사 어휘소의 대응하는 단어로의 굴절은 **곡용**(曲用, склонение/declension), 동사 어휘소의 굴절은 **활용**

---

5 러시아어에서는 수와 격 의미는 해당 명사의 어간에 중첩되어(즉, 하나의 형태로) 접미되는 방식으로 실현된다.

(活用, спряжение/conjugation)이라고 한다. 명사(와 형용사)의 단어는 곡용형이고, 동사의 단어는 활용형이다.

이 책에서 논의할 언어 단위는 단어이다. 특히, 단어의 형태이다. 특히 이 책의 내용을 이해하기 위해서는 단어가 어휘적 의미를 실현하는 부분과 문법적 의미를 실현하는 부분으로 분석된다는 사실을 인식하는 것이 매우 중요하다.[6] 전자를 **어간**(語幹, основа/stem)이라고 하고, 후자를 **어미**(語尾, окончание/ending)라고 하는데, 러시아어의 거의 모든 명사와 동사, 그리고 형용사 단어는 '어간-어미'로 분석된다. 고대러시아어나 공통슬라브어의 단어 역시 '어간-어미'로 분석된다는 사실에는 현대러시아어와 다르지 않다.

단어의 형태를 어간과 어미로 분석하는 것은 실제 러시아어 단어의 소리연쇄체를 분석하는 것이라고 볼 수 있다. 그런데 언어를 표기하는 방식이 소리를 표상하는(즉, 표음) 방식이라면, 간접적으로 단어의 형태를 적은 문자를 대상으로 분석할 수도 있을 것이다. 영어의 <played>라고 쓰인 단어형의 어간은 <play>로 쓰인 부분이고, 어미는 <ed>로 쓰인 부분이라고 말할 수 있는 것이다. 그런데, **끼릴문자**(кириллица)라는 표음문자를 사용하는 러시아어의 경우, 문자로는 정확하게 어간과 어미를 구분하는 것이 어려운 경우가 많이 발생한다(2.1 참고). 그렇기 때문에 이 책에서는 끼릴 문자로 쓰여진 러시아어 단어를, 필요한 경우, 국제음성부호(international phonetic alphabet)로 전사하여 표상할 것이다. 예컨대, книгу → kn'ig-u, друзья → druz'j-a, 등.

단어는 일차적으로 '어간-어미'로 구성된 통합체이지만, 어간이나 어미 모두 그 자체로 통합체일 수 있다. 어간은 어근(語根, root) 하나로 이루어질 수도 있고, '어근+파생접사'의 통합체로 이루어질 수도 있다. 예컨대, 단어 стол의 어간은 어근 /stol-/ 하나로 이루어졌지만, 단어 столик의 어간은 어근 /stol-/

---

6 의미와 형태가 이렇게 늘 일대일로 대응되는 것은 아님에 주의할 것. 또한 어휘소는 '어간-어미'로 분석되지 않는다. 어휘소에는 문장 차원에서 할당되는 굴절 의미가 실현되어 있지 않기 때문이다.

과 '작음'의 의미를 실현하는 파생접사 /-ik-/로 이루어진 통합체이다. 이때 어근 стол도 한 형태소(морфема/morpheme)이고, 접사 -ик도 한 형태소이다.

러시아어의 어미 역시 통합체일 수 있다. 단어 пеку의 어미 /-u/는 '현재' 시제와 '1인칭단수' 일치라는 두 의미를 실현하는 단일한 형태소이지만, пекла의 어미 /-l-a/는 '과거' 시제를 실현하는 /-l/과 '여성단수' 일치를 실현하는 /-a/의 두 형태소로 구성되어 있는 통합체이다.

1.2.3 변동: 공시적 기술

하나의 의미(어휘적 의미든지 문법적 의미든지)를 실현하는 형태는 일대일 대응 관계를 보이는 것이 일반적이다. 그러나 하나의 의미가 두 개 이상의 형태로 실현되는 현상이 존재하는데, 이러한 현상을 **변동**(變動, чередование/alternation)이라고 지칭한다. 여기서는 변동을 예시하고, 올바른 형태 분석이 왜 중요한지를 설명한 뒤, 변동의 종류에 대해 소략적으로 논의한다.

예컨대, ВИДЕТЬ의 시제 활용형은

현재	вижу	видишь	видит	видим	видите	видят
과거	видел	видела	видело	видели		

등인데, 이를 '어간-어미'로 형태 분석하면,

현재	v'iž-u	v'id'-iš	v'id'-it	v'id'-im	v'id'-it'e	v'id'-at
과거	v'id'e-l-ø	v'id'e-l-a	v'id'e-l-o	v'id'e-l'-i		

이러한 형태 분석을 통해 현재 활용형에서 /v'iž-/와 /v'id'-/의 두 어간형이 있고, 과거 활용형에서 /v'id'e-/의 어간형이 있음을 알 수 있다. 이를 통해 ВИДЕТЬ에는 세 개의 어간 변동형이 존재한다고 말할 수 있다. 변동의 공시적 기술에서는

이러한 변동형들의 분포를 적시해야 한다.

한편, 과거 활용형을 보면, 어미에서도 변동이 존재함을 알 수 있다. 즉, 과거 시제 형태소가 단수와 복수에서 /l/~/l'/의 두 형태로 변동한다.[7] 또한 мог могла, пёк пекла, 등에서 남성 단수의 과거형에서 보듯이, 과거의 의미가 영(零, zero)형태로 실현되고 있다. 이렇게 보면 과거 어미는 세 개의 변동형(/l/~/l'/~ø)을 보인다.

그런데, 변동 현상을 기술하기 위해 가장 중요한 점은 단어를 올바르게 형태 분석해야 한다는 것이다. 예컨대, работаю를 형태 분석하기 위해 IPA로 전사하면 /rabotaju/가 되는데, 이를 형태 분석할 때 어미가 /-u/인지 /-ju/인지 결정해야 한다. 같은 동사의 과거형 работала /rabota-la/와 견주어 보면, /rabota-/가 어간일 가능성이 높기 때문에 위 단어의 어미는 /-ju/로 결정하는 것이 타당할 것 같다. 그러나 이렇게 결정하게 되면, 뜻이 다른 단어, 가령 위의 вижу, 그리고 веду ношу 등과 견주어 보면, 이들의 어미가 /-u/인 것은 확실하기 때문에 우리는 러시아어 현재시제 및 1인칭단수 일치를 실현시키는 형태는 적어도 2개가 있다고 보아야 한다. 즉, 두 개의 어미 변동형(/u/~ /ju/)이 있다.

그러나 다른 시각에서 보자면, вижу веду хожу 등에서는 어미가 /-u/가 확실하기 때문에, /rabotaju/에서도 동일하게 /-u/가 현재 1인칭 단수 형태라고 주장할 수 있다. 이런 주장에 선다면, 우리는 이제 '일하다'라는 의미가 두 개의 어간 변동형(즉, /rabota-/~ /rabotaj-/)을 가진다고 해야 할 것이다. 러시아어 동사의 대부분은 두 개의 어간 변동형을 가지는 것이 일반적이기 때문에, 타당한 분석은 후자의 분석이다. 어미 변동으로 보는 시각을 취한다면, 개별 변동형의 분포가 일반화되지 않는다는 어려움이 있다. 전사의 중요성은 장을 달리하여 따로 논의된다(2.1 참고).

---

7 형용사 단형이나 과거 피동분사 단형의 경우에는 이러한 변동 현상이 관찰되지 않는다. 형용사 단형. нов нова ново новы, 과거 피동분사 단형. сказан сказана сказано сказаны.

분절음 변동은, 위 단락에서 이미 언급되었지만, **어간 변동**과 **어미 변동**으로 나누어진다(2.2 참고). 러시아어 출몰모음을 보이는 어휘소들은 어간 변동을 보이며, 위 단락의 동사들 역시 어간 변동을 보인다. 러시아어 명사의 곡용식(제1식 vs. 제2식 vs. 제3식)은 대표적인 어미 변동의 예이고, 동사의 활용식(제1식 vs. 제2식) 역시 어미 변동을 예시한다.

러시아어 강세 변동은 어간에의 강세 유무에 따른 변동이다. 예컨대, ШКОЛА는 강세 변동이 부재한 어휘소인 반면, ЖЕНА는 단수에서의 어간 무강세 (/žen-á -í -é -ú -ój -é/) vs. 복수에서의 어간 강세(/žón-i -ø -am -ø -am'i -ax/)라는 강세 변동이 발생하는 어휘소이다.

1.2.4 통시적 시각에서 본 변동

전절에서도 언급했듯이, 하나의 의미는 하나의 형태에 대응되는 것이 일반적인데, 변동은 하나의 의미에 하나 이상의 형태가 대응되는 현상이기 때문에 특이하고, 따라서 변칙이라고 볼 수 있는 것이다. 변동의 통시적 연구에서 중요한 점은 현재에 변동을 보이는 것도 과거에는 일대일 대응 관계를 가졌으리라고 가정하는 것이다. 그리고 시간이 흐르면서 의미는 변화하지 않지만, 형태는 여러 음성적 변화를 겪으면서 현재의 변동이 출현했다고 보는 것이다.

문장 차원에서 어휘소에 대응하는 것이 단어이고, 단어는 어간-어미의 통합체라고 했거니와, 하나의 어간은 다양한 어미와 통합될 수 있고, 또한 하나의 어미는 다양한 어간과 통합될 수 있다. 이처럼 '다(多)어간-다(多)어미'의 통합 가능성은 하나의 형태(어간이든, 어미이든)가 다양한 음성적 환경에 놓일 가능성을 함의한다. 실제로 어간 말(末)과 어미 초(初)는 직접적인 음성적 접촉에 놓이게 되는 자리인데, 어떤 음성 환경에서는 이 두 음성이 조화롭게 공존하기도 하지만 어떤 특별한 환경에서는 둘 중의 하나가 다른 쪽에 영향을 주거나 혹은 상호간에 영향을 받거나 하여 음성적 변화가 발생하게 되는 것이다. 역사적으로 발생한 이러한 음성적 변화가 공시적 변동을 초래하게 되는 경우가 많다. 역사적으로 실재했던 음성변화를 예로 들어 이를 설명해 보자(2.3도 참고).

공통슬라브어 시기에 모든 연구개음은 모든 모음 앞에 위치할 수 있었다. 그런데 어느 특정 시기에 모든 연구개음은 전설모음 앞에서 경구개음으로 변화하게 된다. 연구개음의 조음 위치가 후행하는 전설모음의 조음 위치(경구개 위치)에 영향을 받은 결과이다. 그러나 후설모음 앞에서는 연구개음은 아무런 영향도 받지 않는다. 후설 모음의 조음 위치와 연구개음의 조음 위치가 서로 정합되었기 때문이다. 아래의 예를 보라.

공통슬라브어					현대 러시아어
*pek-ām	>	*pek-am	>	*pek-ǫ	пеку
*pek-eši	>	*pek′-eši	>	*peč'-eši	печёшь

공통슬라브어 시기의 형태로 재구된 단어들에서는 '굽다'의 의미를 가지는 어휘소의 어간이 모두 동일하게 *pek-이었다고 가정된다. 어간 말 *-k는 후설모음을 가지는 어미 앞이라는 환경에서는 변하지 않지만, 전설모음 앞의 환경에서는 경구개 파열음(*k′)의 중간 단계를 거쳐, 경구개 파찰음(č')으로 변화하게 된다.[8] 그 결과 현대 러시아어에서 보는 바와 같은 어간 변동이 발생된다. p'ek- vs. p'eč-.

현대 러시아어 명사에서 보이는 출몰모음 현상이란, 이전에서(1.1절 참고) 잠깐 언급되었듯이, 어간 변동 현상의 일종이다. 예컨대, СОН에서 남성주격형에서는 son-ø인 반면, 여타의 곡용형에서는 가령 단수생격형에서는 sn-a이다. 그런데 고대 러시아어에서 전자는 сън-ъ, 후자는 сън-а였다. 말하자면 변동은 존재하지 않았었다. 현대 러시아어의 변동은 소위 "약화모음의 변화"라는 음성적 변화에 의해 나타난 현상이다. 고대 러시아어에 존재했던 약화모음 ъ는 어

8 이러한 변화를 슬라브 역사 언어학에서는 '제1차 연구개음의 경구개음화'라고 부른다.

떠한 음성적 환경에 있는가에 따라 상이한 발달을 보였는데, (1) 어말 위치나 완전한 모음 앞이라는 환경에서는 음가가 사라진(즉, 소멸된) 반면, (2) 소멸된 약화모음 앞에서는 완전 모음으로 변화하는 음성 변화가 발생한 것이다.

	고대 러시아어		현대 러시아어
(1) 단수생격형	сън-а	>	сн-а
(2) 단수주격형	сън-ъ	>	сон-ø

고대 러시아어에서는 어간이 동일했지만 음성 변화의 결과 현대 러시아어에서는 어간의 변동이 발생했음을 알 수 있다.

1.2.5 기술의 거시와 미시

이 책은 이렇듯 현재의 변동(변칙)에서 출발하여, 과거로 거슬러 올라가, 대응하는 과거의 형태를 추정(**재구**)하고, 그 형태에서 어떠한 역사적 과정을 밟아 현재의 형태에 이르렀는지 밝히는데 초점을 두고 있다. 그러나 실제의 논의에 있어서는 고려해야 할 점이 몇 가지 있다.

첫째, 이 책은 한편으로는 현대 러시아어의 변동을 인지하고, 역사적으로 이해하는 것이 주된 목표이기는 하지만, 그러한 목표를 달성하기 위해서는 러시아어사에서 발생한 음성 변화들의 정체성에 대한 이해가 전제되어야 한다. 따라서 역사적 음성 변화에 대한 서술이 공시적 변동에 대한 서술보다 앞서야 되는 것이 논리적으로 타당하다.

둘째, 공시적 변동형에는 역사적으로 다른 시기에 발생한 여러 개의 음성 변화 결과가 반영되어 있을 수 있다. 음성 변화는 이전의 음성 변화의 결과 발생한 형태와 구조, 체계를 배경으로 발생하는 것이기 때문에, 음성 변화 상호 간의 "**상대적 연대**(relative chronology)"에 대한 논의가 매우 중요하다(2.3.4 참고). 음성 변화에 대한 통시적 기술이 변동에 관한 공시적 기술을 선행해야 하는 또 다른 이유이다.

셋째, 하나의 음성 변화는 여러 품사들에 나타나는 공시적 변동에 반영되어 있을 수도 있다. 공시적 변동은 당연히 품사별로 기술될 수밖에 없기 때문에, 개별 공시적 변동을 서술하고 그 변동의 역사적 근원(즉, 통시태)을 서술하다 보면 내용이 중복되는 결과가 발생한다. 오히려 개별 음성 변화를 서술하면서, 해당 음성 변화에 의해 발생된 공시적 변동을 하나의 범주로 보아 기술하는 것이 이해를 높이는데 기여할 것으로 판단된다.

이러한 몇 가지 실제 상황 및 논리적 설명의 용이성 등을 고려하여, 이 책에서는 먼저 공통슬라브어 시기에 일어난 음성 변화를 그 발생 시기 순으로 서술하되, 자음과 관련된 음성 변화를 먼저 다루고, 모음과 관련된 변화를 그 다음에 서술하는 방식을 취하기로 한다. 그 다음에 고대러시아어 시기 이후에 발생한 음성 변화를 다룬다. 이 시기에 발생한 "약화모음(예르еры)의 소멸과 완전모음화"는 현대 러시아어 자음체계와 모음체계 형성에 결정적인 영향을 미친 중요한 음성변화이다. 그렇기 때문에 이 음성 변화에 대해 상세하게 논의한 뒤, 이어지는 여러 음성 변화를 다룬다.

음성 변화의 기술 개요
A. 공통슬라브어 음성 변화(제4장)
A-1. 자음의 음성변화
A-2. 모음의 음성변화
B. 고대러시아어 음성 변화(제5장)
B-1. 축약모음의 소멸과 완전모음화
B-2. 그 밖의 음성 변화

개별적 음성 변화에 대한 논의 구조는 다음과 같다. 먼저 해당 음성 변화의 결과 발생한 현대 러시아어 변동을 기술하고, 해당 음성 변화의 내용과 음성 변화의 조건 및 결과에 대해 논의한 뒤, 마지막으로 이전 시기의 형대(재구형)에 해

당 음성 변화가 어떻게 적용되어 현대 러시아어의 변동이 발생되었는지를 예시한다. 현대 러시아어의 변동 기술 시에는 다양한 품사에서의 변동을 함께 예시하는데, 그 이유는 해당 음성 변화가 품사의 경계를 넘어 발생하였고, 그 결과 역시 품사 경계를 넘어서 존재하기 때문이다.

요컨대, 거시적으로는 연대적으로 발생한 통시적 변화를 기준으로 서술하지만, 미시적으로는 공시에 기반해서 통시로 이동하는 방식을 취한다.[9]

1.3. 러시아어의 역사적 배경

1.3.1. 러시아어와 슬라브어족, 슬라브 조어

러시아어(Russian, R.)는 "**슬라브**(Slav)"라고 지칭되는 어족(語族, language family)에 속하는 언어이다. 친족(親族)이라는 용어가 동일한 조상을 가지는 사람들 부류를 나타내는 데에 사용되듯이, 어족이라는 용어는 동일한 조상어(parental language) 또는 **조어**(祖語, Proto language)를 공유하는 여러 자(子)-언어들(daughter languages)을 하나의 범주로 묶는 데에 사용된다. 물론 이렇게 하나의 조상어를 가정하는 근거는 해당 어족에 속하는 자-언어들 사이에는 다양한 어휘적, 문법적, 음성적 유사성이 존재하기 때문이다.

슬라브어족에 속하는 언어들은 다시 세 하위 어족으로 구분되어 소속된다. 대체로 지리적인 방위 개념으로 하위어족을 지칭하는데, 그것은 러시아어, 벨라루스어(Belarusian, Br.), 그리고 우크라이나어(Ukrainian, Ukr.)의 세 언어로 구성되어 있는 **동슬라브어**(East Slavic), 다른 하나는 폴란드어(Polish, P.), 체코어(Czech, Cz.), 그리고 슬로바키아어(Slovak, Slk.)의 세 언어로 구성되는 **서슬라**

9 본서에 소개되는 거의 모든 내용은 러시아어 역사 언어학 및 슬라브 역사 비교언어학 관련 기존 논저들에서 언급되고 논증된 내용들이다. 각각의 인용된 예들이나 증거, 그리고 논증 등에 대해서는 개별적으로 참고 문헌을 제공하지 않는다.

브어(West Slavic),[10] 그리고 마지막으로 주로 발칸(Balkan) 반도에 거주하는 슬라브인들의 언어로 불가리아어(Bulgarian, Blg.), 마케도니아어(Macedonian, Mk.), 세르비아어(Serbian, Sb), 크로아티아어(Croatian, Cr.), 그리고 슬로베니아어(Slovene, Slv.)를 구성원으로 가지는 **남슬라브어**(South Slavic)가 있다.[11]

동슬라브어	서슬라브어	남슬라브어
Russian	Polish	Slovene
Belarusian	Slovak	Serbo-Croatian
Ukrainian	Czech	Macedonian
		Bulgarian

10 서슬라브어파에 속하는 언어 중에 현 북동 독일 지역(엘바Elbe강 주위)에 거주했던 슬라브인들이 사용했던 폴라비어어(Polabian, 독일어로는 Wenden어)는 지금은 사어가 되었다. 폴란드 북부 발트해 지역에서 사용되는 카슈비아어(Kashubian)는 폴란드어의 방언으로 취급되기도 한다. 동부 독일의 Lusatia지역의 소르비아어(Sorbian)도 서슬라브어파에 속한다.

11 기존의 유고 연방(Yugoslavia)이 해체되면서, 이전의 "세르보-크로아티아어(Serbo-Croatian)"은 보스니아어(Bosnian), 크로아티아어(Croatian), 세르비아(Serbian)어, 몬테네그로어(Montenegrin)로 구분되어 지칭된다.

전술했듯이, 어떤 언어들이 동일한 어족에 속한다는 말은 이들 언어들이 같은 조어를 공유하며, 따라서 그 조어에서 역사적으로 분기된 언어들임을 의미한다. 따라서 이들 언어들은 어휘적 혹은 문법적으로 유사성을 보인다. 예컨대 슬라브 제어의 다음 단어들을 비교해 보라.

	'밤'	'뱉다'	'땅'
러시아어	ночь	плевать	земля
벨라루스어	ноч	пляваць	зямля
우크라이나어	ніч	плювати	земля
폴란드어	noc	pluć	ziemia
체코어	noc	plít	země
슬로바키아어	noc	pl'ut'	zem (zema)
불가리아어	нощ	плюя	земя
마케도니아어	ноќ	плука	земjа
세르보-크로아티아어	nôć	pljùvati	zèmlja
슬로베니아어	nôč	pljuváti	zémlja
슬라브 조어	*nokt-	*pjuv-	*zemja

현대의 개별 슬라브어들 사이에 보이는 다양한 종류의 유사성에 근거해서 재구된 가설적 언어를 **슬라브 조어**(Proto-Slavic, PS) 혹은 **공통슬라브어**(Common Slavic, CS)라고 부르는데(자세한 논의는 1.3.3 참고), 이 가설적 언어의 출현 시기는 기원전 2000년 이후로 추정된다. 슬라브 조어의 모습을 가설의 형태로밖에 구축할 수 없는 이유는 당연히 슬라브 조어로 쓰인 기록물이 현존하지 않기 때문이다.[12]

12 '슬라브어 역사 비교언어학'이란 현대 슬라브 제어의 언어를 비교하여, 이전 조어의 공시적 모습을 재구하고, 다시 이렇게 재구된 가설적 체계에서 개별 슬라브 제어로의 통시적 변천 과정을 연구하는 학문이다.

1.3.2. 인구 조어, 발트-슬라브 조어

슬라브어족은 보다 상위 어족인 **인구어**(印歐語, Indo-European languages)족에 속하는데, **인구어족**은 슬라브어족 뿐만 아니라 리투아니아어나 라트비아어의 발트어(Baltic languages)족, 영어나 독일어, 네덜란드어, 덴마크어, 노르웨이어 등의 게르만어(Germanic languages)족이나, 프랑스어, 스페인어, 이태리어, 라틴어 등의 로만스어(Romance languages)족, 인도의 산스크리트어, 베다어, 이란의 페르시아어 등의 인도-이란어(Indo-Iranian languages)족, 그리스어, 켈트어(Celtic languages)족 등을 포함하는 대단위 어족이다

예컨대, '밤'을 나타내는 어휘들을 보면,

러시아어	ночь
그리스어	núks nuktós
라틴어	nox noctis
산스크리트어	nák nâktis
리투아니아어	naktis
영어	night

등으로 매우 유사한 음성연쇄체를 보인다. 러시아어와 영어의 단어들을 비교해 보아도

러시아어	три	дверь	угол	снег	слабый
영어	three	door	ankle	snow	sleep

등으로 두 언어 사이에 상당한 음성적 유사성이 존재한다는 것을 알 수 있다.

이상과 같은 유사성을 근거로 현대의 모든 인구어들의 조상어, 즉 **인구 조어**(Proto-Indo-European language)가 가설적으로 설정되는데, 슬라브조어는 이러한 인구조어에서 분화되어 나온 언어인 것으로 보는 것이다.

그런데, 인구조어에서 최초로 분기된 언어는 슬라브 조어가 아니라 현재의 발트어족(리투아니아어, 라트비아어, 고대프러시아어)과 슬라브어족에 공통적인 조상어인 **발트-슬라브 조어**(Proto Balto-Slavic)이었다고 생각하는 학자들도 있다. 왜냐하면, 이 두 어족 사이에는 다른 어족과 변별되는 다양한 유사성이 발견되기 때문이다. 예컨대, 부정(negation)의 맥락에서 정격인 주격이나 대격 대신에 생격을 사용하는 등의 통사적 유사성이나 다음의 단어들에서,

리투아니아어	교회슬라브어	러시아어
trys	три	три
keturì	четыри	четыре
penkì	пѧти	пять
devyni	дєвѧть	девять
ranka	ржка	рука
galvà	глава	голова
ausìs	оухо	ухо

음성적 유사성을 보인다. 그러나 이러한 유사성을 두 어족이 발토-슬라브 조어라는 언어 통합체(language unity)를 형성했기 때문에 나타난 것이기보다는 오히려, 지리적 인접성으로 인한 두 언어 사용자들의 항시적인 언어 접촉(language contact)에 기인하는 것으로 이해하는 학자들도 있다.

언어 통합체론이든 언어접촉론이든, 슬라브 조어와 발트 조어는 이미 서력기원(Christian Era) 이전부터 제각기 별개의 독자적인 방향으로 발전하기 시작했다. 그럼에도 발트어가 슬라브어(또한 러시아어)의 통시태 및 공시태 이해에 일정한 기여를 할 것임은 자명하다.

1.3.3. 언어사 시대 구분: 공통슬라브어

이렇게 인구 조어에서 분기된 **슬라브 조어**는 학자들이 역사 언어학적 연구

방법론(비교 연구와 내적 재구)에 의해 재구된 슬라브인들이 사용한 최초의 가설적 언어라고 이해할 수 있다. 이렇게 재구된 최초의 슬라브어인 슬라브 조어가 단일한 언어로서 다른 인구어들과는 차별적인 언어 변화를 겪으면서 독자적으로 발전하는데, 이렇게 독자적으로 발전하는 언어를 **공통슬라브어**(Common Slavic, CS)라고 별도로 지칭한다. 공통슬라브어 시기는 크게 두 시기로 나뉘는데, **전기 공통슬라브어**(Early Common Slavic, ECS 혹은 단순히 CS) 시기와 **후기 공통슬라브어**(Late Common Slavic, LCS) 시기가 그것이다. (E)CS 시기는 언어 단일체를 그대로 유지하는데, 이때 발생하는 언어 변화는 현대의 모든 슬라브어에 적용된다. 대체로 서기 4세기-6세기까지 지속되는 것으로 본다. 이후 슬라브인들의 점진적인 이주로 인해 지역적 방언이 발생하게 되는데, 이처럼 방언적 특색을 동반하지만 여전히 언어 단일체를 유지하는 시기, 즉, 공통슬라브어라는 언어 단일체가 붕괴되기 이전 단계까지의 시기를 학자들은 후기 공통슬라브어 시기로 부른다는 것이다.

인구 조어

⇓

(발트-슬라브 조어)

⇓

슬라브 조어

⇓ 전기 공통슬라브어(언어 단일체 유지)

⇓ 후기 공통슬라브어(방언적 분화)

공통 동슬라브어(혹은 고대 러시아어)

슬라브 조어를 사용한 당시의 슬라브인들은 자신들의 거주지역[13]의 서쪽 방

13 슬라브 조어 사용자들의 원래 거주지역(прародина)은 대체로 동쪽 경계는 현재 폴란드의 부크 강, 북쪽 경계는 벨라루스와 우크라이나 국경의 프리페트(R. припять) 강, 동쪽 경계는 돈 강, 남쪽 경계는 드네프르 강 중류인 것으로 알려져 있다.

면에 거주하고 있었던 게르만인들과 접촉하였고, 남동쪽 방면으로는 인도-이란어 사용 거주민들과 접촉한 것으로 알려져 있다. 전자의 경우, 대체로 정치적-군사적 용어가 슬라브조어로 차용해 들어왔는데, 가령,

P-Germanic	*kuningaz	→	LCS	kъnędźь	R.	князь
	*hláifs	→		xlěbъ		хлеб
	*helmaz	→		šelmъ		шлем

등이 있다.[14] 후자의 경우는 대체로 종교적인 용어가 차용된 것으로 알려져 있다.

Avestan	*baga	→	LCS	bogъ	R.	бог
Old Iran.	*ray '부(富)'	→		rajь		рай
Sanskrit	*nābhas	→		nebo		небо

전기 공통슬라브어 시기는 비교적 언어 단일체를 유지하던 시기였기 때문에 이 시기에 발생한 언어 변화는 보편적으로 모든 슬라브 제어에 동일한 흔적을 남기고 있다(예컨대, 제1차 연구개음의 경구개음화, 4.2 참고). 그러나 서기 4-6세기 이후 시작되는 후기 공통 슬라브어 시기는 이미 방언적 분화를 보이는 시기였기 때문에, 이 시기의 음성변화는 지역적으로 국한되어 발생하거나[15] 혹은 지역적으로 상이한 결과를 보인다.[16]

14 슬라브 조어로 차용되어온 단어들은 공통슬라브어 시기에 발생한 다양한 음성변화를 겪었다. 예컨대, 이중모음 [ai]는 [ě]로 단모음화되고, 모음 [u]는 [ъ]로, 동음절 위치의 [in]은 비자음(nasal)으로, [x]는 전설모음 앞에서 [š]로 변화된다.

15 예컨대, 언어 개신이 슬라브 중심 지역에 국한되고, 주변 지역으로 갈수록 개신의 강도가 약해지거나 혹은 개신이 전혀 일어나지 않는다.

16 개신의 결과가 방언마다 다를 수 있다.

동슬라브 지역의 경우, 동슬라브어족에 국한된 음성 변화들이 나타났기 때문에, 이 시기에 이미 동슬라브 방언이 발생했다고 볼 수 있다. 뿐만 아니라, 동슬라브 영역 내에서도 노브고로드-프스코프(Novgorod-Pskov) 지역의 방언(북부 방언 혹은 북서 방언)과 키예프(Kiev) 지역의 방언, 로스토브-수즈달(Rostov-Suzdal') 지역의 방언 등 지역적 색채를 띤 하위 방언들도 아울러 존재하고 있었다.

러시아 학자들은 동슬라브 방언적 요소를 가진 후기공통슬라브어를 "**공통러시아 조어**(общерусский праязык)"라고 부르기도 하는데, "조어"라고 하는 이유는 이 언어가 전혀 기록으로 남겨져 있지 않기 때문이다. 그러나 11세기 이후에는 이 언어로 기록된 여러 종류의 문헌(예: руська правда)이 현재까지 내려오고 있는데, 이렇게 기록으로 남아 있는 언어를 "**고대 러시아어**(древнерусский язык)"라고 지칭한다. 주의할 점은 이때의 고대 러시아어는 현재의 러시아어, 벨라루스어 그리고 우크라이나어 세 언어 모두의 조상어라는 점이다.[17] 이러한 용어는 현재의 세 국가로 나누어지기 이전 시기에 만들어지고 사용된 것이기 때문에, 고대 러시아어라는 용어보다는 "**공통 동슬라브어**(Common East Slavic Language, CES)"가 보다 더 객관적이고 중립적이다.

동슬라브 지역의 후기공통슬라브어에서 발달한 공통동슬라브어는, 자체적으로 방언적 요소(위 참고)를 포함한 채, 13세기 몽골 지배 시기 이전까지 지속되고, 그 이후에 현재의 러시아어, 벨라루스어, 우크라이나어로 개별적으로 발달하게 된다.

---

17 소비에트 시기의 러시아학자들은 현재의 러시아는 "대러시아(Velikorusskij)", 벨라루스는 "백러시아어(Belorusskij)", 우크라이나어는 "소리시아어(Malorusskij)"로 지칭했다. 그리고 이들 세 나라 국민은 모두 '러시아인(rusy)'으로 지칭되었었다.

공통슬라브어(고대러시아어) 13세기 중반(1250)까지

⇓ 북서 방언, 북동 방언, 남부 방언

중세 러시아어 13세기 중반 - 17세기 말

⇓ 13세기 중반 - 14세기 말 (이행기)

⇓ 15세기-16세기 (모스크바 공국 시기)[18]

⇓ 17세기 (유럽의 언어와의 접촉)

현대 러시아어 18세기 이후

정치사적으로 보았을 때, 공통 동슬라브어의 붕괴는 몽골의 침입과 더불어 시작되었지만, 언어사 내적으로는 소위 "약화모음의 변화"[19]라는 음성변화의 종료와 더불어 세 언어로 분화되었다고 말할 수 있다.

1.3.4. 고대 교회 슬라브어

이미 앞에서 언급했듯이, 공통슬라브어로 기록된 문헌이나 기념물은 존재하지 않는데, 이것은 이 시기의 슬라브인들에게는 기록 수단인 문자가 없었기 때문일 것으로 추정된다. 그러나 9세기 중엽(AD 863)에 최초의 슬라브 문자가 두 명의 그리스 형제 선교사(**콘스탄틴**Constantine과 **메토디우스**Methodius)에 의해 만들어졌는데, 이들은 살로니카[20]에서 사용되는 마케도니아어의 방언적 색채를 띤 공통슬라브어를 사용하면서 동시에 그리스어를 말할 줄 아는 이중언어(bilingual) 사용자들이었다. 이들은 자신이 만든 끼릴문자(кириллица)[21]를 사용하여, 당시의 그리스어로 쓰인 성경과 예배서들을 마케도니아어의 방언적 색채가 가미된 공통슬라브어를 바탕으로 하여 번역하였다(이 시기의 번역된 문헌은 현

18 몽골 지배하의 13-14세기, 모스크바 공국이 러시아의 중심지가 되는 15-16세기에 우크라이나어와 벨라루스어는 완전히 러시아어와 독립되어 별개의 언어로 발달하기 시작한다.

19 약화모음의 변화는 후기공통슬라브어 말기에 나타나서 모든 슬라브어에 그 흔적을 남긴, 공통슬라브어 최후의 음성변화이다

20 그리스의 제2도시인 테살로니카(θεσσαλον κη) 지역을 말한다.

21 콘스탄틴(나중에 승려가 된 이후에 Кирилл로 개명)이 만들어 낸 문자는 Кириллица가 아니라, Глаголица라 불리는 문자였다는 것이 학계의 일반적인 견해이다.

재 남아 있지 않다). 이러한 번역 작업은 이들이 선교활동을 하기 위해 머물렀던 모라비아(Moravia), 슬로바키아, 그리고 판노니아(Pannonia, 지금의 헝가리 서부지역)에서도 지속되었는데, 이때에는 서슬라브어의 방언적 색채가 가미된 공통슬라브어로 번역되었다(가령, "Kievan Fragments" 등). 885년에 정치적인 이유로 이 지역에서 추방된 선교사들은 마케도니아(지금의 Ohrid 지역)과 불가리아(Preslav 지역)로 와서 이러한 번역작업을 10세기 이후에도 계속 진행한다.

그리스어에서 번역된 교회 관련 문헌에 나타나는 언어를 학자들은 **고대교회슬라브어**(Old Church Slavic, 러시아 학자들은 старо-славянский язык)라고 부르는데, 이 언어는 실제 일상생활의 소통 수단으로 사용되지는 않은 문어(文語, written language)이고, 여러 종류의 그리스 차용어 및 통사적 요소가 담겨 있는 인위적인(artificial) 언어이다. 그러나 이러한 문어적이고 비-슬라브어적 요소에도 불구하고, 고대 교회 슬라브어는 후기 공통슬라브어에 근접한 언어라고 볼 수 있다.

동슬라브 지역에서도 10세기 말(988년)에 블라디미르(Владимир)공에 의해 기독교가 도입된 이래로 소위 "러시아판 교회슬라브어(Russian recension of Church Slavic, RChSl)"로 쓰여진 복음서 및 예배서, 성자전등이 현재까지 전해오고 있다. 러시아판 교회슬라브어로 쓰인 문헌은 고대교회슬라브어 문헌을 번역한 것이기 때문에, 남슬라브어적인 요소가 많이 포함되어 있었는데, 그럼에도 불구하고 텍스트 이해에는 별 문제가 발생하지 않았다. 이는 이 당시 고대교회 슬라브어가 슬라브인들의 문어 매체(written medium)였고, 일종의 문법적 규범(norm)과 같은 존재였음을 말해 준다.

따라서 10세기경 동슬라브 지역에는 고대 러시아어(즉, 공통 동슬라브어)가 일상생활 언어, 즉 구어로 사용되었고, 복음서, 예배서, 성자전 등 문헌 작성에 사용된 언어는 대체로 **러시아어판 교회슬라브어**, 즉 러시아어적 요소를 담지한 교회슬라브어였다. 그러나 민중의 생활에 관련된 내용(가령, 개인사적 내용이나 매매 관련 내용을 담은 편지 형식의 문헌)을 담은, '자작나무 문서(берёзные грамоты,

Birch Bark letters)' 같은 문헌도 존재했었다. 이들 문서는 순수한 고대 러시아어로 작성된 것들이기 때문에, 러시아어 발달사 연구에 매우 중요한 사료로 그 가치가 높다.

참고로 고대러시아어 문헌에 사용된 **끼릴 문자**와 그러한 문자로 쓰인 문헌들의 단편적 내용을 소개한다.

글자	이름	전사	기수사
а	азъ	a	1
б	боукы	b	
в	вѣдѣ	v	2
г	глаголи	g	3
д	добро	d	4
є	єстъ	e	5
ж	живѣтє	ž	
ѕ	ѕѣло	ʒ(dz)	6
ꙁ,з	зємля	z	7
и	ижє	i	8
і,ї	и	i	10
к	како	k	20
л	людиє	l	30
м	мыслитє	m	40
н	нашь	n	50
о	онъ	o	70
п	покои	p	80
р	рьци	r	100
с	слово	s	200
т	тврьдо	t	300

글자	이름	전사	기수사
оу, ꙋ	оукъ	u	400
ф	фрьтъ	f	500
х	хѣръ	x	600
ѡ	отъ	o	800
ц, ц	ци	c(ts)	900
ч, ч	чрьвь	č	90
ш	ша	š	
щ	ща	št	
ъ	юръ	ŭ(ъ)	
ъı	юры	y	
ь	юрь	ĭ(ь)	
ѣ	ѣть	ě	
ꙗ	я	ja	
ѥ	ѥ	je	
ю	ю	ju	
ѫ	ѫсъ	ǫ	
ѭ	ѭсъ	jǫ	
ѧ	ѧсъ	ę	900
ѩ	ѩсъ	ję	
ѯ	ѯи [ksi]	ks	60
ѱ	ѱи [psi]	ps	700
ѳ	фита	θ[th]	9
ѵ	ижица	ü	400
ҁ	копа	q	90[22]

22 ѯ ѱ ѳ ѵ 등은 그리스어 단어를 전사하거나 숫자를 나타낼 때 사용되며, ҁ는 음성을 나타내지 않고, 숫자적 의미만 가진다.

위의 끼릴 문자로 쓰인 문헌 중 고대러시아어가 반영된 자작나무문서(11세기말 12세기 초 문헌으로 추정)의 텍스트 하나를 소개한다.

<문서 # 109>

грамота : ѡтъ жизномира : къ микоулє :
коупилъ єси : робоу : плъсковє : а нынє мѧ :
въ томъ : ѧла кънѧгыни : а нынє сѧ дроу"
жина : по мѧ пороучила : а нынє ка посъ"
ли къ томоу : моужеви : грамотоу : єли
оу нєго роба : а сє ти хочоу : конє коупи"
въ : и кънѧжъ моужъ въсадивъ : та на съ"
воды : а ты атчє єси нє възалъ коунъ :
тєхъ : а нє ємли : ничьто жє оу нєго :

<현대러시아어 번역>

Грамота от Жизомора к Микуле. Ты купил рабыню во Пскове, и вот меня за это схватила княгиня. А потом за меня поручилась дружина. Так что пошли-ка к тому мужу грамоту, если рабыня у него. А я вот хочу, коней купивъ и посадивъ [на коня] княжеского мужа, [идти] на очные ставки. А ты, если [еще] не взял тех денег, не бери у него ничего.

| 제2장 |

예비적 논의

본서는 러시아어 형태음운론의 공시와 통시에 대한 연구이기 때문에, 여기에서는 형태음운론 기술에 필수적인 개념 및 용어를 소개한다. 먼저, 형태음운론 연구에 필수적인 **형태 분석**을 위한 러시아어 **전사 체계**에 대해서 논의한다.

2.1. 러시아어 음운 표기

공시태이든 통시태이든 러시아어 형태음운적 현상에 대한 논의는 단어의 형태 분석을 전제한다. 형태음운론이란 결국 단어 층위에서의 형태 결합 및 변동에 관한 연구 분야이기 때문이다. 형태 분석은 단어를 구성하고 있는 성분들이 무엇인지 인지하고, 해당 성분들 사이의 결합 관계를 기술하는 것인데, 형태 분석 시 특히 단어를 어간과 어미로 나누는 것이 아주 중요하다. 그런데 러시아어 표기 문자인 끼릴 문자는 그 자체로는 형태 분석을 모호하게 만든다는 데에 문제가 있다.

2.1.1. 문제 인지

예컨대 다음과 같은 끼릴 문자[23]로 표기한 단어를 생각해 보자.

a. мой моя моё мои
a'. наш наша наше наши
b. читаю читаешь читает читаем читаете читают
b'. веду ведёшь ведёт ведём ведёте ведут

23 끼릴 문자는 표음문자이고 개별 글자는 음운을 표상한다.

만약 위의 예에서처럼 끼릴 문자로 쓰인 단어를 형태 분석하고자 한다면, 우리는 a와 a'에서 각각의 어미가 두 개의 형태를 가지는 것으로 분석해야 할 것이다.

a. мо-й мо-я мо-ё мо-и
a'. наш-øнаш-а наш-е наш-и

(a)에서는 '나'를 의미하는 어간 мо-로 분석하고, 어미는 각각 -й -я -ё -и로 분석해야 할 것이다. 한편 (a')에서는 '우리'를 의미하는 어간 наш-와 -ø-а -е -и로 분석될 것이다. 이러한 형태 분석은 러시아어에서 소유대명사의 단수주격어미들이 두 개의 형태를 가지고 있음을 나타낸다. 즉, '남성'은 й~ø, '여성'은 я~а, '중성'은 ё~е.

마찬가지로 (b)의 형태 분석은 아래와 같이,

b. чита-ю чита-ешь чита-ет чита-ем чита-ют
b'. вед-у вед-ёшь вед-ёт вед-ём вед-ёте вед-ут

'읽다'는 чита-로, '인도하다'는 вед-의 어간으로, 어미는 각각 ю~у ешь~ёшь ет~ёт ем~ём ют~ут으로 두 개의 형태를 보인다고 해야 한다. 이것이 올바른 형태 분석인가? 여기에 대한 답변은 부정적이다. 왜냐하면 끼릴 문자 표기법에 의한 형태 분석은 올바른 어간-어미 경계를 왜곡할 여지가 있기 때문이다. 이 부분에 대해 상론해 보자.

2.1.2 끼릴 문자 표기법의 중의성

러시아어의 **끼릴 문자 표기법**은 다음의 몇 가지 측면에서 중의적 성격을 보인다는 점에서 형태 분석을 위한 표상 방식으로는 적절하지 않다.

2.1.2.1 모음의 표기

러시아어 모음은 두 종류의 글자에 의해 표시된다. 하나는 소위 "**경모음글자**"이고, 다른 하나는 "**연모음글자**"이다. 전자는 <ы э о а у>이고, 후자는 <и е ё я ю>이다. 자음 글자 뒤에 위치할 경우, 선행하는 자음이 경자음일 때는 전자가 사용되고, 연자음일 때는 후자가 사용된다. (경자음, 연자음에 대해서는 다음 단락 2.1.2.2 참고.)

/모음/ ⇢ (경자음 뒤) <ы э о а у>
⇢ (연자음 뒤) <и е ё я ю>

하나의 모음을 표기하는 방식에 두 가지가 있고, 그 분포가 (자음 뒤 위치에 국한할 경우) 서로 상보적이라 함은 이 모음 글자가 일종의 "**변이자**(allo-letter)"임을 시사한다.[24]

그러나 단어 초에 위치할 경우에는 연모음 글자의 음가(音價)는 경자음 글자의 음가와 상이하다(2.1.2.3 참고). 따라서 이 위치에서 이 두 세트의 글자는 변이자가 아닌 별개의 독립적 글자이다.

2.1.2.2 연자음 표기

러시아어 음운론에서 자음은 **연음성**(softness, мягкость)의 자질의 유무로 음운적 대립을 이룬다는 것은 주지의 사실이다(2.2.2 참고). [연음성]의 음성자질을 가지는 자음을 '**연자음**(мягкий согласный)'이라 하고, [경음성]의 음성자질을 가지는 자음을 '**경자음**(твёрдый согласный)'[25]이라 한다. 그런데 러시아어

---

24 '변이-(allo-)'의 개념은 음운론에서 먼저 출발하였지만, 지금은 형태론 및 통사론에서도 등장한다. 하나의 의미나 기능을 가지는 언어 단위가 그 실현태에 있어서 두 개 이상의 모습으로 나타낼 때 이 언어 단위는 변이를 보인다고 말한다. 일반적으로 해당 변이체들은 그 출현 분포가 서로 배타적(상보적)이다. 좀더 자세한 논의는 xxxx 참고.

25 조음 시 연자음은 혀가 전설 모음 [i]를 발음할 때의 위치로 가 있는 상태에서 발음하고, 경자음은 혀가 중립 위치에 있으면서 발음된다. 따라서 조음적으로 연자음은 유표적이다.

끼릴 문자는 경자음은 별도의 독립적인 글자로 표기하지만, 연자음은 독립적인 글자로 표기되지 않는다. 즉, 러시아어에는 연자음을 표기하는 독립적인 글자가 존재하지 않는다. 예컨대, 다음의 경자음들에 대응하는 글자는 존재하지만,

경자음	/p	b	f	v	m	t	d	s	z	l	r/
글자	<п	б	ф	в	м	т	д	с	з	л	р>

각각의 경자음에 대립되는 다음의 연자음들을 표기하는 독립적인 글자는 존재하지 않는다.

연자음[26]	/p'	b'	f'	v'	m'	t'	d'	s'	z'	l'	r'/
글자	<?	?	?	?	?	?	?	?	?	?	?>

그렇다면, 이들 연자음은 어떠한 방식으로 표기되는가? 연자음 표기 방식에는 두 가지가 있다. 그리고 이 두 가지 방식은 상보적인 분포를 보인다. 첫째, 연자음 뒤에 자음이 뒤따르거나 단어 말에 위치할 경우에 해당 연자음을 표기하는 방식은 해당 연자음에 조음적으로 대응하는 경자음을 나타내는 글자 바로 뒤에 소위 '**연음부호**(мягкий знак)'를 붙인다. 예컨대, 연자음 /s'/의 표기는, 자음 바로 앞 위치이거나 어말 위치일 경우에, 경자음 /s/ 글자인 <с> 바로 뒤에 <ь>를 붙인다는 것이다. 가령, письмо гуськом; гусь 등. 둘째, 그러나 연자음 뒤에 모음이 뒤따를 경우에는 위에서 논의한 "연모음글자", <и е ё я ю>를 사용하여 선행 자음이 연자음임을 나타낸다. 즉, /t'i t'e t'o t'a t'u/에서 연자음 /t'/는 <ти те тё тя тю>으로 후행 연모음 글자에 의해 간접적으로 표시된다.

---

26 연자음은 "'"으로 표시한다. "[ ]"은 음성 표시, "< >"는 글자 표시이다.

/연자음/ → <경자음 글자+ь>
→ <경자음 글자+{и е ё я ю}>

2.1.2.3 /j/ 표기

전이음 /j/ 역시 두 가지 방식으로 표기된다. 첫째, 어말 위치나 자음 앞 위치에서는 글자 <й>로 표기된다. 예컨대, <музей> <гений>; <яйцо> <действие>, 등.[27] 그러나 뒤에 모음이 뒤따르는 경우에는 'j'와 해당 모음의 연쇄체를 연모음 글자를 사용한다. 즉, /ji je jo ja ju/의 연쇄체는 <йы йэ йо йа йу>로 표기되는 것이 아니라, <и[28] е ё я ю>로 표기된다는 것이다. 가령, /moji jevo jejo moja moju/는 <мои его её моя мою>로 적힌다.

/j/ → <й>
→ <{и е ё я ю}>

이상의 논의는 러시아 연모음 글자 <и е ё я ю>는 그 음성적 가치 표현에 있어서 중의적임을 말해 준다. 즉, 이들은 자신에 대응하는 모음을 나타내면서 동시에 (1) 자음 글자 뒤에 위치할 때는 선행 자음이 연자음을 나타내지만, (2) 그 외의 위치에서는 /j/의 음가를 포함한다. 예컨대, <я>는 <язык моя>에서는 /ja/를 나타내지만, <дядя тетя>에서는 /'a/를 나타낸다(/d'ad'a t'ot'a/).

2.1.2.4 <e> 문제

모음 /o/는 연자음 뒤에 올 때에는 <ё>로 표기된다. 그러나 이것은 /ó/에 강세가 있는 경우에 한한다. 이 위치에서 무강세 /o/는 <e>로 표시된다.

---

27 외래어 표기 시 예외적인 경우도 있다. 가령, Нью-Йорк 등.
28 단어 초의 <и>는 /j/없이 그냥 /i/이다. /ira/ → <Ира>.

/ó/ → (연자음 뒤에 위치) <ë>
/o/ → (연자음 뒤에 위치) <e>

따라서 <e>는 /e/와 /o/인지 불투명하다. <e>의 중의성은 사실은 더욱 심각하다. 왜냐하면 러시아어 교육적 서적을 제외하고는 글자 <ë>의 윗 방점은 표시되지 않기 때문이다. 이럴 경우 <e>는 강세 여부와는 무관하게 /e/ 또는 /o/를 나타낸다. 예컨대, легкий мертвый의 <e>는 /ó/를 나타내고, легче смерть의 <e>는 /é/를 나타낸다.[29]

2.1.3 음운 전사(phonemic transcription)

2.1.2의 논의에서 우리는 러시아어 단어의 정확한 형태 분석을 위해서는 끼릴 문자로 표기된 단어를 음운 기호로 전사할 필요가 있음을 알게 된다. 우선 개별적인 글자 하나하나에 음운 기호를 하나하나씩 대응시켜 본다.

자음 글자	б	г	д	ж	з	й	к	л	м	н	п
음운 기호	b	g	d	ž	z	j	k	l	m	n	p

자음 글자	п	р	с	т	ф	х	ц	ч	ш	щ
음운 기호	p	r	s	t	f	x	c	č	š	šč

모음 글자	а	э	ы	о	у
음운 기호	a	e	i	o	u

29 이처럼 <e>가 강세 /ó/와 /é/를 표기하는 경우에는 음운의 결정에 문제가 없다. 강세 모음은 음성적으로 명백하게 구별이 되기 때문이다. 그러나 무강세일 경우에는 음운 결정이 쉽지 않은데, 그 이유는 러시아어 표준 발음(ikan'e 발음)에서 연자음 뒤에 일어나는 무강세 /o/와 /e/는 음성적으로 둘 다 [i]로 발음되기 때문이다. 이와 관련해서 2.2.2. 참고.

모음 글자	я	е	и	(ё)	ю
음운 기호	'a, ja	'e, je	'i, ji[30]	('o, jo)	'u, ju

연음 부호	ь	경음부호	ъ[31]
음운 기호	'	음운 기호	''

이러한 대응 관계를 바탕으로 끼릴 문자로 표시된 러시아어 단어를 음운 기호로 전사해 본다.

<основные сведения по истории разработки>
→ /osnovnije sv'ed'en'ija po istor'iji razrabotk'i/
<исторической грамматики русского языка>
→ /istor'ič'eskoj grammat'ik'i russkovo jazyka/

2.1.4 형태 분석

2.1.1에서 제기한 문제, 즉 끼릴 문자 표기법은 형태 분석을 왜곡할 가능성이 있다는 점에 대해 논의해 보자. 다음은 앞에서 예시된 단어를 음운 표기로 전사해서 형태분석을 한 결과이다.

끼릴 표기	мой	моя	моё	мои
음운 표기	moj	moja	mojo	moji
형태 분석	moj-ǿ	moj-á	moj-ó	moj-í

30 어두의 <и>는 /i/로 전사한다. <игра> → /igra/.

31 경음부호는 접두사와 어간 사이에 표기되어 이 두 부분을 분리해서 발음하라는 기능을 가진다. 즉, съесть는 /sjest'/로 음운표기된다. 경음부호로 분리되지 않는 сесть는 /s'est'/로 음운표기될 것이다.

끼릴 표기	наш	наша	наше	наши
음운 표기	naš	naša	našo	naši
형태 분석	náš-ø	náš-a	náš-o	náš-i

음운 표기법으로 전사된 형태들에서 우리는 '나'의 소유 대명사의 어간은 /moj-/로 분석해 낼 수 있고, 각각의 어미는 /-ø, -a, -o, -i/로 분석된다. 마찬가지로 '우리'의 소유 대명사의 어간은 /naš-/이고, 각각의 어미는 '나'의 소유대명사에 나타나는 어미 형태들과 동일하다. 중성형 наше의 <e>는, 2.1.2.4에서 논의한 바와 같이, <мое>의 <e(ë)>가 강세 /o/를 표기한 것임을 볼 때, 무강세일 경우에도 동일하게 /o/를 표기한 것이라고 볼 수 있다. 이것은 끼릴 문자 표기를 대상으로 한 형태분석의 결과 두 개의 어미가 있다는 기술과 달리 단일한 어미가 있다고 기술함을 의미한다. 음운 표기에 의거한 형태 분석이 타당하다는 것은 논의의 여지가 없다.

이와 유사하게 다음의 예에서도

끼릴 표기	читаю	читаешь	читают
음운 표기	č'itaju	č'itajoš	č'itajut
형태 분석	č'itáj-u	č'itáj-oš	č'itáj-ut

끼릴 표기	веду	ведёшь	ведут
음운 표기	v'edu	v'ed'oš	v'edut
형태 분석	v'ed-ú	v'ed'-óš	v'ed-út

어간이 '읽다'는 /č'itáj-/, '인도하다'는 /v'ed-/로 분석되고, 어미는 두 동사 모두 /-u, -oš, -ut/로 분석되어서, 두 개의 어미 형태가 존재한다고 기술하는 이전의 분석과는 뚜렷하게 차이난다. 끼릴 문자의 표기 체계로 인해 불투명한 어

간-어미 경계가 음운 표기 방식에 의해 투명해짐을 알 수 있다.

형태음운론적 현상에 대한 일반화나 설명이 타당성을 담보하기 위해서는 올바른 형태 분석이 선행되어야 함은 두말할 나위도 없거니와, 올바른 형태 분석은 음운 표기에 의거하기 때문에 본서에서는 형태 분석이 요구되는 모든 경우에 해당 단어를 끼릴 문자 대신에 음운 표기법으로 전사한다.

2.2. 음성과 음운, 음운 체계

2.2.1 음성

인간의 의사소통은 화자에 의해 만들어진(조음調音) "소리"가 공기를 통해 청자에게 전달됨으로(청취聽取) 이루어진다. 이처럼 인간이 소통을 위해 인위적으로 만들어내는 소리를 말소리 또는 **음성**(音聲, звук)이라고 하며, 이러한 인간의 음성을 연구하는 학문을 **음성학**(фонетика)이라고 한다. 음성학은 음성의 조음 측면에 초점을 맞추는 조음음성학과 음성의 물리적 측면을 기술하는 음향음성학으로 구별될 수 있는데, 이 책의 내용에 관여적인 분야는 조음음성학이기 때문에 그와 관련된 중요한 개념과 용어에 대해서 간략하게 소개한다.

살아 있는 인간은 숨을 쉬는데, 숨을 쉰다는 것은 바깥 공기를 들이 마시고(들숨) 몸(허파) 안의 공기를 내 보내는(날숨) 일련의 생리적 운동이다. 그런데 이러한 인간 생존의 기본 요소인 숨(공기)은 음성 생성의 기본 재료이기도 하다. 부연하면 음성은 몸 안의 공기를 바깥으로 내 보내면서 만들어지는 것이다.[32]

음성은 크게 모음(гласный/vowel, V)과 자음(согласный/consonant, C)으로 나누어지는데, 모음은 날숨의 공기가 구강(口腔) 내에서의 어떤 막음이나 장애

32 숨쉬기와 소리내기는 분명히 다른 생리적 현상이다. 숨쉬기는 들숨과 날숨이 교체되는 것을 말하지만, 말하기는 날숨의 공기에 의해서 만들어진다. 인간은 소리 내기와 숨 쉬기를 동시에 수행할 수 없다. 말하기와 먹기가 상보적이듯이, 소리 내기와 숨쉬기도 상보적이다.

가 없을 경우에 들리는 소리이고, 자음은 막음이나 장애에 의해 발생되는 소리이다. 가령 모음 [i, a]와 자음 [p t]를 발음해 보라.

2.2.1.1. 모음. 모음에 속하는 음성들의 다양성은 구강 내 혀의 위치와 입술의 모양 등에 의해 발생한다. 턱이 내려가면 혀도 내려가고, 그렇게 되면 구강 내의 소리 통로가 넓어지는데, 이러한 상태에서 형성되는 모음을 **저(低, low)모음**이라 부른다. 반대로 혀가 올라가서 구강 내 통로가 좁아진 상태에서 형성되는 모음을 **고(高, high)모음**이라 한다. 그리고 혓몸의 앞부분이 입 앞쪽(경구개 쪽)에 맞대응한 상태에서 형성되는 소리를 **전설(前舌)모음**, 혓몸의 뒷부분이 입 뒤쪽(연구개 쪽)에 맞대응한 상태에서 나는 소리를 **후설(後舌)모음**이라고 한다. 또한 입술을 앞으로 내면서 오므린 상태에서 나는 소리를 **원순(圓脣)모음**, 그렇지 않은 모음을 **평순(平脣)모음**이라고 한다. 러시아어의 모음 소리 중 몇 개를 위의 잣대로 기술해 보면,

음성	끼릴자	음성 특성	예
[i]	<и>	[+전설, +고, -원순]	тигр
[ɨ]	<ы>	[-전설, +고, -원순]	тыква
[e]	<е>	[+전설, -저, -고, -원순]	сеть
[ɛ]	<э>	[+전설, +저, -고, -원순]	сэр
[o]	<о>	[-전설, -저, -고, +원순]	тон
[u]	<у>	[-전설, +고, +원순]	туда
[a]	<а>	[-전설, +저, -원순]	там

"+"는 해당 음성 특성을 가지고 있음을 나타내고, "-"는 해당 음성 특성을 가지고 있지 않음을 나타낸다. 가령, [i]와 [ɨ]는 둘 다 고모음이면서 평순모음인데, 전자는 전설성을 가지는 반면, 후자는 그렇지 않음으로 음성이 구별된다.

한편, 날숨의 공기는 후두(喉頭)의 성문을 통해 나가는데, 이때 성대(vocal

cords)의 진동으로 인해 성(聲, voice)이 발생하기도 한다. 이처럼 성을 동반하는 소리를 **유성음**(voiced sound)이라고 한다. 그리고 이러한 성대 진동이 없이 발생되는 소리를 **무성음**(voiceless sound)이라고 한다. 모음은 본래적으로 성을 동반하는 유성음이다.[33]

2.2.1.2. 자음. 입안의 어떤 지점을 닫음으로 인해 공기의 흐름에 장애(저항)이 있고, 그 결과 만들어지는 소리들이 자음이다. 입술이 닫히면서 나는 소리는 **양순음**(губный), 아랫입술이 윗니를 닫으면서 내는 소리(губно-зубный), 혓끝으로 치경 부분을 닫으면서 내는 소리는 **치(경)음**(зубный), 혓몸으로 경구개 부분을 닫으면서 내는 소리는 **경구개음**(палаталный), 혓 뒷부분으로 연구개 영역을 닫으면서 내는 소리는 연구개음(веларный)이라고 한다. 이러한 자음의 분류를 조음 위치에 따른 분류라고 한다.

한편, 자음은 조음 방식에 따라 분류되기도 한다. 막음이 있은 뒤 갑자기 터트리는 장애 방식을 **파열**(explosion) 방식이라고 하고, 막음이 있은 뒤 천천히 터트리는 장애 방식을 **파찰**(affrication) 방식, 그리고 약간의 틈을 만들어 공기를 내보내는 **마찰**(friction) 방식, 혀의 가운데는 닫되 양 옆을 열어 두어 공기를 내보내는 **측(側)음**(lateral)화 방식, 혀를 치경에 대고 한번 두드리거나(**단타음** flap), 혹은 혀를 여러 번 떠는 **전(轉)음**(trill)화 방식, 비강으로도 공기가 나갈 수 있게 열어 두는 **비음**(nasal)화 방식 등이 있다.

조음 위치와 조음 방식에 따라 러시아어 자음 음성들을 기술해 보면 다음과 같다.

---

33 무성의 모음 발음도 가능하다. 한국어의 '축축해'에서 모음 [ㅜ]가 무성으로 발음되기도 한다. 어두의 첫 음성이 모음일 경우('아버지', '어머니' 등), 해당 모음을 발음하기 위해서는 후두의 성문을 닫는 조음 동작이 선행되어야 한다. 초성 위치의 <ㅇ>은 이 조음 동작을 나타내는 것으로 볼 수 있다.

음성	끼릴자	음성 특성	예
[p, b]	<п, в>	[양순, 파열]	папа, бабушка
[f, v]	<ф, в>	[순치, 마찰]	футбол вдруг
[t, d]	<т, д>	[치경, 파열]	том, дом
[s, z]	<с, з>	[치경, 마찰]	слон, зло
[c]	<ц>	[치경, 파찰]	отец
[č]	<ч>	[경구개, 파찰]	час
[š, ž]	<ш, ж>	[경구개, 마찰]	шуба жить
[k, g]	<к, г>	[연구개, 파열]	кошка год
[x]	<х>	[연구개, 마찰]	хлеб
[m]	<м>	[양순, 비음]	мама
[n]	<н>	[치경, 비음]	нога
[l]	<л>	[유음]	луна
[r]	<р>	[전음]	рука

자음 중 [l r m n]은 장애가 있지만 지속적으로 발음될 수 있고, 음절핵을 형성할 수 있어 특히 **공명(자)음**(sonorant)이라고 하고, 이들을 제외한 나머지 자음은 진(眞)자음 혹은 **장애음**(obstruent)이라고 한다. 위에 열거되지 않았지만, 모음적 성격을 가진 **반자음**(즉, 무(無)마찰 지속음)인 **전이(轉移)음** [j](<й>), [ʊ]도 있다.

2.2.2 음운

화자는 소리를 만들어서 자신의 메시지를 전달하기 때문에, 일련의 음성 연쇄체는 의미를 담고 있다. 예컨대, [ruká]라는 음성 연쇄체는 '손'이라는 의미를 담고 있다. 그런데 세상에는 매우 다양한 개체(인물과 사물)가 존재하기 때문에, 그러한 개체를 나타내는 의미 또한 매우 다양하다. 다양하다는 것은 다르다는 것을 말하는데, 이러한 의미적 다름은 음성적 다름에 의해 나타내어진다. 만약

[muká]라고 소리를 낸다면, 위의 [ruká]와 음성적으로 다르며, 그러한 음성적 차이로 '밀가루'와 '손'이라는 의미적 다름이 드러나게 되는 것이다. 한국어의 '팔'과 '발'의 의미적 차이는 [ㅍ]과 [ㅂ]의 음성적 차이로 드러난다. 이처럼 러시아어의 [m, r], 한국어의 [ㅍ, ㅂ]는 의미적 차이를 드러내 준다는 점에서 해당 음성은 기능적이라고 볼 수 있다. 어떤 음성이 의미적 차이를 드러내 주는 기능을 할 때 우리는 그 음성을 '**음운**(фонема/phoneme)'이라고 하고, 음성의 기능적 측면을 다루는 학문을 **음운론**(фонология)이라고 한다. 어떤 음성이 음운임을 특별히 나타내 주기 위해 '//'를 사용한다.

러시아어의 모음 음운은 다음의 5개이다.

	평순	원순
고	i	u
중	e	o
저	a	

모음 [ɨ](<ы>)는 음운 /i/가 특정 환경에서 발음되는 '**변이음**(allophone)'으로 간주된다. 다시 말해 [ɨ]와 [i]의 음성적 다름은 의미적 다름을 나타내어 주는 기능을 하지 못한다. 또한 <сэр>의 [ɛ]는 <сеть>의 [e]와 음성적으로 다르지만, 이 둘 역시 의미적 다름을 나타내어 주는데 사용되지 못한다. 이 둘 사이의 의미적 다름을 나타내는 소리는 [r]과 [t']이다. 사실 [ɛ]와 [e]의 음성적 차이는 후행하는 경자음 [r]와 연자음 [t']에 의해 발생된다는 점에서, 러시아어에서 [ɛ]와 [e]는 한 음운의 변이음들이라고 볼 수 있다. <тут>의 [u]는 원순의 후설모음인 반면, <ключ>의 [ü]는 원순의 전설모음이지만, 역시 의미를 변별하는데 사용되지 않는다. [ö, ä][34]도 이와 유사하다. 개별 음운의 변이음들을 위의 표에 삽입

34 <тётя> <мять>에서 관찰되는 음성들이다.

시켜 보면,

	평순	원순
고	i, ɨ, ɪ	u, ü, U
중	e, ɛ	o, ö, ɔ
저	a, ä, ɑ	

각각의 셀에 위치한 음성들이 한 음운의 변이음들이다. [ɪ, U]는 /i/와 /u/의 '비강세'[35] 위치에 출현했을 때의 변이음이고, [ɔ, ɑ]는 /o/와 /a/가 치경의 경(硬)자음(특히 [l]) 앞에 출현할 때의 변이음이다.[36]

러시아어 자음의 경우, 구개음화(palatalization)나 유성음화(voicing)의 부차적 음성적 특성이 의미 변별의 기능을 담당한다. 구개음화된 자음을 보통 [**연음성**мягкость]의 음성 특성을 가지고 있는 **연자음**이라고 부르는데, 연자음은 발음 시 혀 앞부분이 경구개 쪽으로 올라가는 조음 동작이 수반된다. 예컨대, <тюрьма>의 [t', r']를 <тура>의 [t, r]와 비교해 보라. <дал>과 <даль> 두 단어의 의미가 변별되기 위해 사용되는 소리는 어말 [l]와 [l']이다. 러시아어에 [**유성성**звонкость]이 의미 변별 기능이 있음은 주지의 사실이다. 예: <дом> vs. <том>, 등.

러시아어의 자음의 음운 체계는 다음과 같이 기술될 수 있다.

---

35 강세 바로 앞 위치를 제외한 비깅세 위치를 말한다.

36 <дал> <даль>에서 경자음 [l]과 연(軟)자음 [l'] 앞에서 /a/의 음성적 차이를 음미해 보라.

		순음		치음		경구개음		연구개음	
		무성	유성	무성	유성	무성	유성	무성	유성
파열	경	p	b	t	d			k	g
	연	p'	b'	t'	d'			k'	g'
마찰	경	f	v	s	z	š	ž	x	
	연	f'	v'	s'	z'			x'	
파찰	경			c					
	연					č'			
유음	경				l r				
	연				l' r'				
비음	경		m		n				
	연		m'		n'				
전이음						j			

파찰음/c/는 무성음이면서 경자음이고, /č'/는 무성음이면서 연자음이다. 이들에 대응하는 유성음이나 경-연자음은 의미 변별 기능을 가지고 있지 않다. 경구개 마찰음 /š ž/는 유성 자음의 경자음으로 [유성성]은 의미 변별 기능을 하지만, [경음성]의 음성 자질은 잉여적이다. 경자음 [š ž]와 변별되는 [š' ž']가 러시아어에 존재하지 않기 때문이다. /v v'/는 모음이나 공명자음 앞에서 [ʋ](무마찰 지속음)으로 발음되기 때문에(예: <вода> [ʋa], <власть> [ʋl], 등 vs. <вдруг> [vdru]) [ʋ]는 /v/의 변이음이다.

음운론은 이처럼 음성들 가운데 의미 구별이라는 기능적 역할을 담당하는 음성들과 그렇지 않은 음성들을 분류하고, 개별 음운의 변이음들의 분포를 기술함과 동시에, 하나의 음운이 음성적 환경에서 다른 음운으로 바뀌는 모습을 기술한다. 음운론은, 가령 <город> /górod/의 /d/가 /t/[t]로 바뀌는 어말무성음화 현상이나, 두 번째 /o/가 /a/[ə]로 바뀌는 모음약화 현상 등에 대해 연구한다.

여기에서는 러시아어 음운론적 현상 몇 가지를 개관해 본다. 모음에서는 우

선 방금 전에 언급한 **모음약화 현상**이 있다. 이 현상은 근본적으로 강세를 받지 못하는 저(低)모음들(즉 /e o a/)이 자신의 조음적 동작을 적극적으로 취하지 않는 현상이다. 경자음 뒤의 환경에서 /o/는 [원순]의 조음 동작을 취하지 않고 따라서 /a/와 음성적으로 구별되지 않게 발음한다. 예컨대, /gorodá/ -> |garadá| -> [gəradá]. 한편, 연자음 뒤의 환경에서는 /o a/외에 /e/도 참여하여, 이들 세 모음이 음성적으로 구별되지 않게 된다. 현대 러시아어 표준 발음에서는 비강세 음절 에서 이들 모음은 모두 /i/와 동일하게 발음된다. 연자음의 조음 동작(즉, 혀의 경구개쪽으로의 이동)이 후행 저모음들에 영향을 미쳐 이들 역시 모두 고모음으로 발음되는 것이다. 가령, сентября /s'ent'abr'á/ -> |s'int'ibr'á| -> [s'ɪnt'ibr'á].

경자음 뒤의 /o a/는 음성적으로 동일하게 발음되지만, 비강세 위치에 따라 음성적 가치는 조금 다르다. 강세 바로 앞 (그리고 어두) 위치에서는 [a]로 발음되지만, 그 외의 비-강세 위치에서는 (일반적으로) [ə]로 발음된다. 연자음 뒤의 /e o a/는 강세 바로 앞 위치에서는 [i], 그 외의 비-강세 위치에서는 [ɪ]로 발음된다. [əɪ]는 이완(lax)모음이면서 짧은(short) 모음이다(좀 더 자세한 논의는 6.3 참고).

자음의 경우에는 자음 군(群)에서의 **동화(同化)** 현상이 있다. 장애음들이 군을 형성하는 경우, [유성성]이라는 음성적 특성이 모든 장애음에서 동일해야 한다는 제약이 있다. 가령, сделать /<u>sd</u>'elat'/ -> [<u>zd</u>'élat'], свaтьба /svá<u>t'b</u>a/ -> [sʋá<u>d'b</u>ə], 등.

러시아어 **유성성 동화**는 비-장애음(즉, 공명자음이나 모음) 앞에서는 발생하지 않는다. 따라서 장애음 /v/는, 모음이나 공명자음 앞에서는 전이음 [ʋ]로 발음되기 때문에, 자신 앞 장애음을 유성음화 시키지 못한다. 예컨대, /ot vdovi/에서 무성음 /t/는 후행 유성 장애음 /v/ 앞에서 유성화되지만, /ot vnuka/에서 무성음 /t/는 후행 /v/가 전이음 [ʋ]로 발음되기 때문에 그대로 무성음으로 발음된다(최성호 2015).

자음군에서의 동화 현상의 다른 예로는 [연음성] 특성이 동일해야 한다는 제약이다. 가령, снимать /sn'imát'/ [s'n'], здесь /zd'es'/ [z'd'], 등.

연음성 동화는 모든 자음군에서 발생하는 것은 아니며, 또 발생한다고 해도 상당한 변이(variation)를 보인다. 우선, '양순음+치경음'에서는 발생하지 않지만, '치경음+양순음'의 경우에는 변이를 보인다. избить /izb'it'/ [z'b']~[zb']. 그러나 같은 치경음이라도 파열 치경음은 덜 동화적이다. отбить /otb'it'/ [tb']~?[t'b']. 둘째, 연구개음 앞에서는 동화가 발생하지 않는다. лапки /lapk'i/ [pk'], таблетки /tabl'etk'i/ [tk'], мягкий /m'agk'ij/[x'k'](예전) ~ [kk'](지금). 셋째, 조음 방식이라는 측면에서, 마찰음은 파열음보다 동화가 더 잘 발생하고(раздел [z'd']~[zd'] vs. отсеть [ts']~?[t's']), 동일한 조음 방식을 보이는 자음군이 이질적인 조음 방식을 보이는 자음군보다 동화가 더 잘 발생한다(поддержка [d'd']~[dd'] vs. подвёл [dv']~?[d'v']). 전반적으로 현대 러시아어에서는 연음성 동화가 그 힘을 잃어 가고 있다고 볼 수 있다(Timberlake 2004 참고).

2.2.3 형태음운론

의미를 담고 있는 어휘소나 단어 등 모든 형태소들의 형태(기표)는 음운으로 표시된다. 그런데, 하나의 형태소로 이루어져 있는 어휘소(가령, ДОМ ЖЕНА 등)도 있지만, '어근-접사'의 파생어(가령, ДОМИК КНИЖКА 등)나, '어근-어근'의 합성어인 어휘소(예컨대, ВОДОВОЗ МЛЕКОПИТАЮЩИЙ 등)도 있다. 또한 모든 굴절된 단어는 '어간-어미'의 복합체로 이루어져 있다. 그런데, 어휘소나 단어 내부의 형태소 경계에서도 음운의 바뀜 현상이 발생할 수 있다. 이처럼 형태소 경계에서 형태소를 이루고 있는 음운의 바뀜 현상을 **형태음운적 변동**(видоизменение)이라고 한다. 가령, КНИГА는 이근(=어간)이 /kn'ig-/로 나타나지만, 파생 형용사 КНИЖНЫЙ에서는 어근이 /kn'iž-/로 나타난다. '책'의 어휘적 의미를 실현하는 기본 형태를 /kn'ig-/로 본다면, 위 파생 형용사에서는 기본 형태의 음운 /g/가 /ž/로 변동한다고 말한다. 또는 형태소의 구성 음운 /g/와 /ž/가 서로 **교체**(чередование)한다고 말할 수도 있다. 그러나 본고에서는 교체를 보이는 두 음운 중 하나는 보다 기본적(basic)인 반면, 다른 하나는 기본 음운이 특정 조건에서 바뀐(변동된) 음운이라고 본다. 어휘형과 기본어간을 상정하는 이유가 여기에 있다. 이렇게 표면적으로는 여러 모습으로 나타나지만, 본질적으로는 모두 같다고 보는 견해는 변동을 보이는 어간들이 예전에는 모두 동일했다고 보는 통시적 가정과 일맥상통한다. 서론의 2.3절 참고.

파생뿐만 아니라 굴절에서도 변동은 나타낸다. МОЧЬ는 현재 시제 활용에서 /mog-ú/, /móж-oš/ 등의 활용형을 보인다. 기본 형태 /mog-/의 /g/가 2인칭단수 활용형에서 /ž/로 변동하는 것이다.

2.2.3.1 변동 조건. 형태음운적 변동은 음운의 바뀜을 발생시키는 조건의 성격에 따라 다음의 두 가지로 분류된다. 하나는 음성적 환경이 조건인 변동, 즉 음성적으로 조건화된 변동이다. ГОРОД는 단수주격에서 /góro[t]/로 발음된다. 이는 어말이라는 음성적 위치에서 모든 유성음이 무성음으로 바뀐다는 어말 무성음화 현상으로 생기는 변동이다. 또한 강세 후 모음 음운 /o/가 [ə]로 발음되는데(/gór[ə]d/), 이것은 'a-음화(аканиe)'라는 음운 바뀜 현상으로 인해 발생하는 변동이다. 즉, '비-강세 음절'이라는 음성적 조건에 의해 발생된 것이다. 음성적으로 조건화된 변동은 음운론적 바뀜 현상이기 때문에 형태음운론에서 따로 기술되지는 않는다

형태음운론에서 논의되고 기술되어야 하는 변동은 이웃하는(경계에 있는) 형태소 자체가 조건인 변동, 즉 형태론적으로(형태소에 의해) 조건화된 변동이다. ХОДИТЬ는 현재시제 활용에서 /xo[ž]-ú/ ~ /xó[d']-at/의 자음 바뀜을 보이는데, 이 어휘소의 기본 어간 형태가 /xod'i-/이기 때문에, 1인칭단수형에서 /d'/→/ž/로 바뀐 것으로 이해할 수 있다. 러시아어에서 음운 /u/ 앞이라는 음성적 환경에서 반드시 /d'/→/ž/로 바뀌어야 하는 음운론적 제약이 존재하지 않기

때문에,[37] 위의 자음 바뀜은 1인칭단수 현재를 표현하는 형태소(어미)에 의해 발생되었다고 보아야 한다.

2.2.3.2 변동 영역. 형태음운적 변동에서는 조건뿐만 아니라 해당 변동이 어떠한 어휘소 부류에서 일어나는가, 즉 영역의 문제도 중요하다. 조건이 충족된다고 해서 모든 어휘소에서 해당 변동이 발생하는 것은 아니다. 예컨대, 어간 말에 /d/를 가지고 있다고 해서 현재시제 1인칭 단수 어미 앞에서 /d/→/ž/의 변동을 보이는 것은 아니다. ВЕСТИ는 어간 /v'od-/이지만, 1인칭단수 현재형은 /v'od-ú/(*/v'ož-u/)이다. 이러한 변동을 보이는 어휘소는 어휘형이 /-it'/로 끝나는 제2식활용 동사에 국한된다. ВОДИТЬ /vod'it'/ → /vožú/, САДИТЬ /sad'it'/ → /sažú/, 등.

명사에서 보이는 '모음~영(零)'의 교체, 즉 출몰모음 현상도 영역의 문제가 중요하다. ПОСОЛ '대사'은 마지막 /o/는 출몰모음이어서, 곡용 시 소멸된다(/posl-a posl-u posl-om/). 그러나 СТОЛ '탁자'의 마지막 /o/는 고정모음이다(/stol-a stol-u stol-om/). 출몰모음은 영형태를 가지는 단수주격형(예: сон сна сном)이나 복수생격형(окно окон), 자음으로 시작되는 어미를 가지는 단수조격형(예: церковь церкви церковью) 등 해당 어미가 변동 조건이 되어 발생하지만, 출몰모음을 보이는 영역은 제한되어 있다는 것이다.

변동이 발생하는 영역은 어간과 어미로 크게 나누어진다. 어간 변동은 동일한 어휘적 의미를 가지는 어휘소의 어간에 형태 변동이 발생하는 경우로, 위의 출몰모음 현상 같은 것이 어간 변동에 속한다. 어미 변동은 동일한 문법적 의미를 가지는 문법소의 형태에 변동이 발생하는 경우인데, 러시아어에서 '복수-생격'이라는 의미는 명사의 어미로 '-ov~-ej~-ø'의 세 형태로 변동된다. 또한 '3인

---

37 ДЯДЯ의 단수대격형 /d'ád'u/에서 대격 어미 /-u/ 앞에서, ДЮДИНА의 어휘형 /d'úd'ina/에서는 음운 /u/ 앞에서 /d'/가 나타난다.

칭복수-현재'의 의미는 동사의 어미로 '-ut~-at'의 두 형태로 변동된다.

2.2.3.3 변동 음운. 변동되는 음운의 측면에서 볼 때, 크게 분절음 변동과 강세 변동, 2가지로 나누어 볼 수 있다. 여기에서는 러시아어사에 발생한 역사적 변화와 관련한 중요한 자음의 변동에 대해 간략하게 알아본다.

(1) 연음성 변동. 경자음 /p b f v m t d s z n l r k g x/ 등이 각각에 대응하는 연자음 /p' b' f' v' m' t' d' s' z' n' l' r' k' g' x'/ 등으로 변동한다.

a. /e/로 시작되는 모든 어미 앞에서 어간 말 경자음은 모두 연자음으로 바뀐다. 예: /stol-ø-a -u -om/ vs. /stol'-e/ '단수처격', /kras'iv-ij/ vs. /kras'iv'-eje/ '비교급', 등.

b. 동사 현재 활용에서, 어간 말 경자음은 /o/로 시작하는 어미 앞에서 모두 연자음으로 바뀐다. 예: /id-u -ut/ vs. /id'-oš-ot -om -ot'e/.

c. 명령형에서도 어간 말 경자음이 연자음으로 변동한다. 예: /vod-u/ vs. /vod'-i/, /vstan-u/ vs. /vstan'-ø/.

(2) 치경 파찰음 /c/, 연구개 파열음 /k g x/ 등이 각각 경구개 파찰음 /č/, /č ž š/로 변동된다. 예: /ot'ec-ø/ vs. /otč-estvo/, /p'ok-u -ut/ vs. /p'oč-oš-ot -om -ot'e/, /lovk-ij/ vs. /lovč-eje/ '비교급'.

(3) 치경음 /t d s z/가 경구개 파찰음 /č ž š ž/으로 각각 변동된다. 예: /nos'i-t'/ vs. /noš-u/, /p'isa-t'/ vs. /p'iš-u/, /glad-k-ij/ vs. /glaž-e/ '비교급', 등. 치경 /t d/의 변동 음운은 /č ž/ 외에, /š č ž d/를 보일 수도 있다. 예: /osv'et'i-t'/ vs. /osv'ešč-u -onn-ij/, /osvobod'i-t'/ vs. /osvoboždu -onn-ij/

(4) 순음 /p b f v m/가 연자음 /l'/을 덧붙인다. 예: /kup'i-t'/ vs. /kupl'-u -onn-ij/.

2.2.3.4 공시적 변동의 기술 방식. 위의 논의를 바탕으로 변동은 다음과 같은 형식으로 기술된다.

변동의 기술 형식
음운 Px는, 어떤 영역(Domain, D)의 어휘소나 문법소를 구성하는 요소이고, 어떤 조건(Condition, C)에 놓여 있을 때, 음운 Py로 바뀐다. Px <D, C> → Py

여기에서 Px/Py는 음성적으로 영(zero)일 수 있음은 물론이다. 가령, купить куплю купит 등의 활용형에서 보이는 어간 변동 기술은 '어간 말 음운 /p/는, 제2식 활용을 하는 동사류에서(D), 1인칭단수현재 어미와 결합했을 때(C), 음운 /pl'/로 변동'한다고 기술된다. 이와 유사하지만 영역과 조건에서 상이한 변동을 예시해 보면, дремать дремлю дремлет 등의 활용형에서 보이는 어간 변동은 '어간 말 음운 /m/은, 제1식 활용을 하는 동사류에서(D), 현재 어미와 결합했을 때(C), 음운 /ml'/로 변동'한다고 기술된다.

2.3. 통시적 변화

언어가 시간이 흐름에 따라 변화한다는 것은 경험적으로 확인된 사실이다. 가령, 중세 한국어와 현대 한국어는 의미적 측면뿐만 아니라 음성적 측면에서도 서로 다름은 우리 모두에게 잘 알려진 사실이다. 예전의 존재했던 음성이 사라지거나, 또는 새로운 음성이 생겨나기도 하는 것은 자연 언어의 발달사에서 비일비재하게 볼 수 있는 현상이다.

2.3.1 음성 변화

음성 변화는 어떠한 과정을 거쳐 발생하는가? 통시적 음성 변화는 음운의 음성적 실현(발음)이 바뀌면서 시작된다. 부연하면, 어떤 음운이 음성으로 실현될 때에 주변의 음성적 환경에 영향을 받아 원래 음성의 조음적 특성이 변화함으로써 음성 변화가 발생한다는 것이다. 이전에는 해당 음성이 주변의 음성적 환경에 반응을 보이지 않았지만, 어떤 언어 내적 이유로 반응을 보이기 시작하는 경우도 있고, 주변의 음성적 환경 자체가 변화하여 해당 음성의 발음이 변하기 시작하는 경우도 있다. 어느 경우이든, 해당 음성의 조음적 특성의 변화는 급격하게 발생하는 것이 아니고, 천천히 그리고 점진적으로 발생한다.

서론에서 언급한 공통슬라브어 시기에 발생한 연구개음의 경구개음화라는 변화를 예로 들어 설명해 보자. 변화가 일어나기 전에 연구개음은 아마도 다음과 같은 변이음으로 발음되었을 것으로 추정할 수 있다(/CVK-/는 어간을, /-V/는 어미를 나타낸다).

/CVK-V°/	->	[CVKV°]	K: 연구개음, V°: 후설모음
/CVK-V'/	->	[CVK'V']	K': 경구개화된 연구개음
			V': 전설모음

즉, 어간 말 연구개 파열음은 후설모음 앞에서는 연구개를 조음 위치로 가지는 정상적인 음성이었지만(가령, 한국어의 [카]), 전설모음 앞에서는 전설모음의 조음 위치인 경구개 영역으로 이끌려서 발음되는 약하게 경구개화된 연구개 파열음으로(가령, 한국어의 [키]) 발음되었을 것으로 추정된다. 그러나 본격적으로 변화가 시작되면서 경구개음화된 연구개 파열음은 더욱 심화(전진前進)된 경구개의 조음 동작을 가지게 되어 경구개 파열음으로 발음되다가, 결국에는 경구개 자음의 무표적 조음 방식인 파찰음으로 발음하게 된다(가령, 한국어의 [치]). 이것이 연구개음의 경구개음화라는 음성 변화(phonetic change)이다.

Ⅰ.	/CVK-V'/	->	[CVK'V']	K': 경구개화 연구개음
Ⅱ.	/CVK-V'/	->	[CVǨV']	Ǩ: 경구개 파열음
Ⅲ.	/CVK-V'/	->	[CVČ'V']	Č': 경구개 파찰음

III-단계의 공통슬라브어 공시태는 연구개음 /K/는 [K]~[Č]의 변이음을 가진다고 기술하고, 공통슬라브어에 발생한 음성 변화라는 통시태의 시각에서 보면 전설모음 앞에서 [K] (> [K'] > [Ǩ]) > [Č']로 변화했다고 기술한다.

이상의 단계별 진행에 대한 추정 시나리오는 음성 변화는 급진적으로(abrupt) 변화하는 것이 아니라, 점진적으로(gradually) 변화한다는 주장을 함의한다. 모든 화자들이 하루 밤 사이에 경구개음화된 연구개 파열음에서 경구개 파찰음으로 바꿔서 발음하는 그러한 상황이 발생했을 것으로 상상하기란 어렵다. 그리고 한 화자에게서 두 단계의 발음이 관찰될 수도 있다. 또는 사람마다 발음이 서로 다를 수가 있어서 어떤 이는 이전 단계의 발음을, 어떤 이는 다음 단계의 발음을 할 수도 있을 것이다. 특히 세대 간의 발음 차이도 있을 수 있다. 젊은 세대에게는 상대적으로 새로운 발음이 등장하고, 나이든 세대는 이전의 발음이 유지될 수 있다. 이러한 모든 상황은 음성 변화가 점진적으로 진행됨을 가리킨다.

2.3.2 음운적 재해석

위의 음성 변화의 결과 기본어간 말 연구개 음운 /K/는 음성적 환경에 따라 두 음성으로 나타나게 된다. 즉, 후설모음 앞에서는 여전히 연구개 파열음으로 발음되는 한편, 전설모음 앞에서는 이제 경구개 파찰음으로 발음된다.

/CVK-/ → [CVK-]~[CVČ'-]

[Č']는 전설모음 앞에서 분포하는 /K/의 실현음의 하나로, [K]와 [Č]는 서로

상보적 분포를 이루는 **변이음**들인 것이다. 즉, 전자는 오직 후설모음 앞에서만 분포하고, 후자는 오직 전설모음 앞에서만 분포한다. 이처럼 한 음운의 변이음들은 그 분포가 서로 **상보적**(배타적)이다.

연구개음의 경구개음화 종료 후 [K]와 [Č']의 관계: 변이음 단계		
어휘소어간	어간 변이음	조건
/CVK-/	[CVK-]	후설모음 앞
	[CVČ'-]	전설모음 앞

그러나 후대의 어떤 음성 변화에 의해 [Č']가 후설모음 앞에도 분포하게 된다면, 이제 [Č]는 [K]와 동일한 환경서 나타날 수 있게 되었기(더 이상 상보적 분포를 보인다고 할 수 없기) 때문에 독립된 음운으로 인정받게 되고, [Č']는 음운 /K/가 아니라 새로운 음운 /Č/의 구체적 실현 음성이라고 해석된다. 이를 음운적 재(再)해석이라고 한다.

실제로 공통슬라브어 시기에 ∗[Kē]에서 변화된 ∗[Č'ē]는 그 후에 ∗[Č'ā]로 재차 변화한다. 이러한 변화로 인해 경구개음 [Č']가 [ā]라는 후설모음에 분포할 수 있게 되고, 따라서 [K]와 [Č]는 동일한 환경에 분포하게 되어 결국 개별적인 독립 음운으로 재해석되는 것이다. 이러한 음운적 재해석에 의해 이전의 /CVK-/는 이제 /CVK-/와 /CVČ-/두 개의 변동형을 가지는 것으로 해석된다.

∗[Čē] > ∗[Čā] 변화 후 [K]와 [Č']의 관계: 음운적 재해석 단계		
어휘소어간	어간 변동	조건
/CVK-/	/CVK-/	후설모음 어미 앞
	/CVČ-/	전설모음 어미 앞

음운적 재해석이 일어나기 전에는 하나의 어간을 가진 어휘소가 두 가지 음성(즉, 변이음)으로 발음되었다면, 음운적 재해석이 일어난 후에서는 두 개의 변동 어간을 가진 어휘소로 변화되었다고 기술된다는 것이다.

2.3.3 형태음운적 변화: 패러다임 단순화(leveling)와 유추(analogy)

2.3.2의 음운적 재해석으로 인한 변동형의 발생이 음성 변화에 의해 촉발된 경우라면, 이렇게 생겨난 변동을 여러 이유로 소멸시키거나 혹은 확산시킴으로 해당 형태소를 구성하는 음운에 변화가 발생할 수 있다. 예컨대, 변동형의 발생으로 복잡해진 어간 패러다임을 단순화하기 위해 해당 변동을 소멸시킬 수도 있고, 해당 변동을 유사한 다른 형태에 적용하여 해당 변동을 확대할 수도 있는 것이다. 이러한 방식으로 발생한 음성 변화를, 음성적 조건에 의해 발생하는 음성 변화(음운 변화)를 구별하여, **형태음운적 변화**라고 부른다. 이러한 변화 유형에 대해 러시아 발달사에 발생한 변화를 예로 들어 설명한다.

고대러시아어에서 전설 이완(lax) 모음 /e/는, 후대 발달 결과를 고려해 볼 때, 두 개의 변이음으로 발음되었을 것으로 추정된다. 즉, 경자음 앞 강세 음절에서는 좀 더 후설화(backward)되고 원순화(labialized)되는 경과음(off-glide)을 가지는 이중모음으로 발음되는 반면(가령, [e$_{o}$]), 연자음 앞에서는 순수 전설모음으로 발음되었을 것이다.

음성 변화(변이음)		
/C'éC'/ (연자음 선행 위치)	→	[C'éC']
/C'éC°/ (경자음 선행 위치)	→	[C'é$_{o}$C°]

그런데, 시간이 흐를수록 경자음 앞의 강세 모음 /e/의 구체적 실현 음성 [é$_{o}$]의 [e] 음성 특성 중 전설성이 선행하는 연자음의 연음성에 일부 흡수되면, 상대적으로 후행 경과음이 음성적으로 더욱 강화하게 되면서, 종국에는 완전모

음으로 발달하고, 따라서 이제는 선행 완전모음 /e/가 경과음(on-glide)화 된다. 즉, [é$_{o}$] > [$_{e}$ó]. 이렇게 발달한 [$_{e}$ó]는 이제 음운 /o/로 재해석된다. 이것이 소위 '/e/ > /o/' 변화이다(5.3 참고).

음운적 재해석(음운 변화)
/C'<u>é</u>C°/ [C'é$_{o}$C°] > [C'$_{e}$óC°] /C'<u>ó</u>C°/

가령 현대 러시아어에서 ЖЕНА는 단수에서 /žen-á/이지만, 어간 모음에 강세가 있는 복수에서는 /žon-i/(жёны)이다. ПЕЧЬ는 /p'éč/[p'éč']인 반면, 경자음 앞 환경에 있는 경우엔 /p'ók/이다. 다른 예를 더 들어 보면,

сестра /s'estrá/	сёстры /s'óstri/
сельский /s'él'skij/	сёла /s'óla/
Петя /p'ét'a/	Пётр /p'ótr/

сельский Петя의 경우에는 후행하는 연자음으로 인해 'e > o' 변화가 발생하지 않았고, сестра의 경우에는 비강세 /e/이었기 때문에 해당 변화가 발생하지 않은 것이다. 현대 러시아어에서 강세 모음을 가지는 전자의 경우[38] 어간 변동을 가진다. 즉, 통시적 'é > ó' 음성 변화는 공시적 'é ~ ó' 변동을 가져 왔다.

이러한 어간 모음 'é ~ ó'의 교체라는 형태음운적 변동은 기원적으로 어간 모음 /e/를 가지지 않았던 어휘소들에게로 유추 확장되었다. 예컨대

38 сестра의 경우, 비강세 /e/는 그대로 남아 있었지만, 비강세 모음의 약화현상에 의해 /e/와 /o/가 연자음 뒤 환경에서 모두 [i]로 발음되는(즉, 중화) 변화에 의해 현대 러시아어에서 сестра는 /s'ostrá/로 분석한다. 이렇게 분석하는 이유는 물론 복수주격형 сёстры/s'óstri/에 있다. 글자 <e>는 /e/와 /o/ 모두를 표상할 수 있다(2.1.2.4 참고).

	고대러시아어		현대러시아어	
звѣзда	zvězdá	zvězdi	zv'ezdá	zv'ózdi
дѧсна	däsná	däsni	d'esná	d'ósni

이들 명사는 'e > o' 변화가 발생할 당시, 어간 모음이 /ě/ 또는 /ä/이었기 때문에 당연히 이 변화를 겪지 않았다. 그러나 'e > o' 변화가 종료된 후에 이들 어간 모음은 모두 /e/로 합류(merge)되는 음성 변화를 경험하게 된다. 이러한 합류 후에 이들 명사들은 이제 어간에 /e/를 가지게 되고, /e/를 가지는 다른 명사들(위에 인용된 жена, сестра 등)이 보이는 변동을 유추적으로 따르게 된다. 따라서 이들 어휘소들에서 보이는 어간 모음의 변화 /ě ä/ > /o/는 음성 변화(와 뒤따르는 음운적 재해석)의 결과가 아니라, 유추에 의한 형태음운적 변화이다.

이러한 유추에 의한 변동의 영역 확대와는 달리 변동이 오히려 제거되어 굴절 패러다임이 단순화 경우도 있는데, 이 역시 형태음운적 변화의 한 종류이다. 다음의 예를 보면,

'e > o'	단순화
берёза /b'er'óza/	на берёзе /b'er'óz'e/
клён /kl'ón/	о клёне /kl'ón'e/
мётлы /m'ótli/	мётел /m'ót'el/ cf. метла
несёт /n'es'ót/	несёте /n'es'ót'e/

왼쪽 세로열의 굴절형은 모두 'e > o' 음성 변화의 결과 나타난 형태이다. 원래의 /e/가 강세 하에 그리고 경자음 앞 위치에서 /o/로 음운적 재해석을 경험한 형태인 것이다. 그러나 오른쪽 세로열의 형태들은 /é/가 연자음 앞의 위치에 있었기 때문에 'e > o' 음성 변화를 겪지 않았다. 그럼에도 /o/가 나타난 것은 예컨대 /b'er'óz-/~/b'er'éz-/의 변동을 제거하여 패러다임 내 어간 단순화를 만들어 낸 결과이다.

2.3.4. 음성변화의 상대적 연대

음성 변화는 역사적으로 실재했던 '사건'이었기 때문에, 그리고 음성 변화들은 발생 시기가 서로 달랐기 때문에, 만약 음성 변화들의 발생 시기가 알려져 있으면, 변화들 상호간의 역사적 발생 순서도 정립될 수 있을 것이다. 이를 음성 변화들의 **절대적 연대**(absolute chronology)라고 한다.

그러나 예전의 언어 모습을 추정해 볼 수 있는 문헌 자료가 부재한 경우에, 음성 변화의 실재 연대를 확인하거나 추정하기가 어렵다. 또한 언어 발달사나 통시적 공시태 연구에 중요한 것은 절대적 발생 시기에 대한 지식보다 오히려 음성 변화 상호 간에 발생의 선후 관계를 확인하는 작업이 더 중요하다. 이처럼 개별적 음성 변화들 상호 간의 선후 관계를 **상대적 연대**(relative chronology)라고 한다.

예를 들어 설명해 보자. 현대 러시아어 형용사 КНИЖНЫЙ/kn'ižnij/의 어근 /kn'iž-/의 어근 말 자음 /ž/는 명사 КНИГА/kn'iga/의 어근 말 자음 /g/와 변동하고 있는데, 음성적 시각에서 볼 때 경구개 유성음 /ž/는 연구개 유성음 /g/에서 변화한 음성이라고 볼 충분한 근거가 있다. 문제는 /g/가 /ž/로 바뀔 음성적 조건이 형용사 /kn'ižnij/에서 발견되지 않는다는 점이다. 다시 말해 *kn'ig-n-에서 /g/가 후행 자음 /n/앞에서 /ž/로 변화할 음성적 이유는 존재하지 않는다는 것이다. 그런데, 이 변화와는 별개의 독립적인 음성 변화가 있었다는 사실이 주목된다. 즉, 현대 러시아어 명사의 형용사화 접미사 /-n/은 원래 */-ĭn/이었는데, 이 단모음 /ĭ/는 약화모음(예르) /ь/로 변화한 뒤 소멸되는 음성 변화를 겪어서 현대 러시아어에는 보이지 않는다는 것이다. 그러니까 /kn'ižnij/라는 형용사는 'g > ž'(=I)라는 음성변화와 'ь > ø'(=II)라는 음성변화를 겪었다고 가정할 수 있다. 또한 I의 변화가 발생할 때, II의 변화는 아직 발생하지 않았다고 가정한다면, 우리는 /kn'ižnij/에서 I의 음성 변화를 이해할 수 있는 것이다. 즉, I의 변화는 여전히 전설모음 /ĭ/가 존재하고 있었던 시기에 발생했었고, 바로 이 전설모음이 조건화되어 발생했던 것이다. 즉, *knig-ĭn- > *kniž-ĭn-. II의 변화는 I의 변화가 종결된 후에 발생했을 것으로 짐작할 수 있다. 만약 II의 변화가 I의 변화보다 먼저 발생했다면, I의 변화가 발생할 조건이 사라졌기 때문에, 현대 러시아어의 /kn'ižnij/라는 형태는 아마도 존재하지 않았고, 오히려 ?/kn'ignij/라는 형태로 남아 있을 것으로 상상할 수 있다. 따라서 우리는 'I ⇨ II'의 상대적 연대를 추론해 낸다.

	*knig-ĭn-		*knig-ĭn-
I	kniž-ĭn-	II	knig-øn-
II	kniž-øn-	I	--
현재	книжный	현재	?книгный

하나 더 예를 들어 보자. 이전에 논의한 바 있던 현대 러시아어 단수 жена/žená/는 복수형이 жёны/žóni/인 반면, стена/st'ená/는 стены/st'éni/이다. 전자는 'e > o' 변화의 결과인데, 그렇다면 후자는 왜 이 변화를 겪지 않았을까? 그것은 стена의 어간 모음 /e/는 원래 장모음 ē에서 발달한 고대 러시아어 모음 /ĕ/(<ѣ>)이었다는 사실에서 찾을 수 있다. 즉, стена의 /e/는 음성(음운) 변화 'ĕ와 e의 합류(=ĕ >< e)' 결과인 것이다. 따라서 우리는 'e > o' 변화가 발생할 당시, 'ĕ와 e의 합류'는 아직 발생하지 않았다고 추정할 수 있다. 만약에 이 두 변화사이의 상대적 연대가 그 반대였다면, 아마도 стена역시 'e > o' 변화를 겪었을 것이기 때문이다.

	OR	žen-á	žén-i	stěn-á	stěn-i
I.	ĕ >< e	--	---	st'en-á	st'én-i
	e > o	--	žón-i	--	st'ón-i
	현재	жена	жёны	стена	?стёны
II.	e > o	--	žón-i	--	--
	ĕ >< e	--	--	st'en-á	st'én-i
	현재	жена	жёны	стена	сте́ны

I의 순서로 음성변화가 일어났다고 보면, 그릇된 현재 형태를 산출하는 반면, II의 순서는 올바른 현재형을 산출하기 때문에, 'e > o' ⇨ 'ĕ >< e'의 상대적 연대가 정립된다.

| 제3장 |

인구 조어에서 슬라브 조어로의 변화

현대 러시아어에 발견되는 형태음운론적 변동 현상 중에는 그 역사적 근원을 공통슬라브어 시기에 발생한 음성 변화에서 찾을 수 있는 변동들이 많다. 이러한 음성 변화를 기술하기 위해서는 슬라브조어의 음운 체계가 어떠했는지를 먼저 알아야 한다. 음성 변화 자체에 대한 이해도 중요하지만, 그러한 음성 변화로 인해서 어떠한 체계적 변화가 초래되었는지에 대한 이해도 중요하기 때문이다.

이전의 논의(1.3.2)에서 지적되었지만, 슬라브 조어(Proto-Slavic, PS)는 인구 조어(Proto-IndoEuropean, PIE)에서 분화된 결과이고, 인구 조어에서 분화되었다는 말은 당시에 인구 조어 방언 중 오직 슬라브 관련 방언에서만 발생한 음성 변화가 존재했었다는 사실을 의미하기 때문에 슬라브 조어의 음운체계란 결국 이러한 음성 변화들의 결과 형성된 독자적 체계라는 것을 의미한다. 따라서 슬라브 조어의 음운체계에 대해 기술하기 전에 먼저 인구 조어 중 슬라브 관련 방언에 국한되어 발생한 음성 변화에 대해 알아본다.

3.1. 인구 조어의 음운 체계

먼저 인구조어의 음운 체계에 대해 간략하게 소개한다. 인구 조어의 음운 체계는 크게 장애음(obstruents) 체계, 공명음(sonorants) 체계, 그리고 모음(vowels) 체계로 나누어 기술된다.

먼저 장애음 체계는 다음과 같다.

인구 조어 장애음 체계				
순음	치음	연구개음		
		연구개음	경구개화된 연구개음	원순화된 연구개음
p	t	k	ḱ	k^w
b	d	g	ǵ	g^w
b^h	d^h	g^h	$ǵ^h$	g^{wh}
	s			

인구 조어의 장애음 체계에서 보이는 특징은 첫째, 연구개에 3원 대립([+경구개화palatalization], [+원순화labialization])이 재구되고, 둘째 유성음에 2원 대립([±기식성aspiration])이 있으며, 셋째, 마찰음으로는 유일하게 /s/만 재구되고, 유성마찰음 /z/와 연구개 마찰음 /x/가 부재하다는 점이다.

공명음으로는 비음 /m n/, 유음 /l r/, 전이음 [j w]이 재구되는데, 비음과 유음은 음절의 핵으로 기능할 수 있었다. 즉, /m̥ n̥ l̥ r̥/으로 적절한 음성적 환경에서는 [성절성syllabicity]을 가진다. 가령, 자음 사이에 공명음이 위치할 때, 해당 공명음이 음절의 핵을 형성한다. 전이음 [j w]는 단모음 /i u/가 모음 앞에 위치할 때 출현하는 변이음으로 볼 수 있다.

인구 조어 모음 체계는 다음과 같이 재구된다.

모음 체계		
i ī		u ū
e ē	ə	o ō
	a ā	

장단(長短, long vs. short)의 운율 대립이 재구됨이 특징적이다. 단모음 ə는 인구어 역사비교언어학에서는 많은 논쟁을 불러일으킨 소위 "후두음(laryngeal)"

이라 불리는 음인데, 슬라브 조어에서는 대개 *o(또는 *u)에 대응된다.

3.2 인구 조어에서 슬라브 조어로의 이행 시기에 발생한 음성 변화

이러한 인구조어의 음운체계를 배경으로 하여 슬라브 조어로 이행하던 시기에 발생한 음성 변화를 살펴보자.

3.2.1 장애음의 [기식성] 소실

인구 조어에서 음운적 기능을 담당하고 있었던 [기식성]은 슬라브 조어에서 그 기능을 소실하고, 따라서 유성성 대립만 존속된다. 가령, PIE *p vs. *b vs. *b^{h} > PS *p vs. *b, 등.[39]

PIE	*d^{h} > PS *d	PIE *b^{h} > PS *b
Skt.	d^{h}ūmás ‘smoke’	b^{h}árāmi ‘I take’
Lat.	fūmus	ferō
PS	*dūmos > OR dymъ	*berām > OCS berǫ
CSR	дым	беру

3.2.2 공명음의 [성절성] 소실

이미 언급한 바와 같이, 공명음은 장애음 사이에서 성절음이 되는데, 슬라브 조어에서는 성절성을 상실하게 된다. 즉, 모든 공명음은 비성절음이 된다.

39 “*”는 재구된 형태나 음운(음성)임을 나타낸다.

	PIE	*ṃ	*ṇ	*ḷ	*ṛ
>	PS	*im/um	*in/un	*il/ul	*ir/ur

비성절화되면서 출현하는 선행 모음은 단모음 [i] 아니면 [u]이었지만, 그 환경을 예측하기란 어렵다. 예컨대,

PIE	*tṛg- >	PS	*turg-
	*tṛp- >		*tirp-

전자는 현대러시아어의 torg- (торг), 후자는 t'erp- (терп-еть)에 대응된다.[40]

3.2.3 이른바 RUKI 변화

인구 조어에는 재구되지 않는 연구개 마찰음 /x/는 슬라브 조어에서는 존재하는데, 이는 소위 RUKI라는 음성 변화의 결과 도래된 것이다. RUKI 변화는 PIE *s가 /r u k i/ 중 하나와 모음 사이에 위치할 때, PS *x로 변화하는 것을 말하는데, "RUKI"라는 명칭은 그 음성적 환경을 지칭하는 데에서 비롯된다.

PIE *s /{r, u, k, i} _ V > PS *x

PIE	*teis- Lith. teisùs '공정한'	OCS	tixъ
		R.	тихий
	*blus- Lith. blusà '벼룩'	OCS	blъxa
		R.	блоха
	*pors- OIceland. fors '폭포'	OCS	porxъ
		R.	порох
	*leiks- Gk. λείψανον '나머지'	OCS	lixъ
		R.	лихо

---

40 자세한 변화는 5.1 참고. 후설 [u]는 후설 [o], 전설 [i]는 전설 [e]와 대응됨을 보라.

마지막 예의 경우, 모음 앞 *s가 *x로 변화한 뒤, 이러한 변화의 조건이었던 선행 *k가 후대의 공통슬라브어시기에 발생한 자음군 간소화 변화(4.9 참고)에 의해 탈락한 경우이다. 다음의 예도 참고.

PIE	*mūsi 'mouse'	PS *mūxi	OCS	myšь
			R.	мышь
PIE	*musu 'moss'	PS *muxu	OCS	mъxъ
			R.	мох
PIE	*auso 'ear'	PS *auxo	OCS	uxo
			R.	ухо
PIE	*kostisu[41] 'bone'	PS *kostixu	OCS	kostьxъ
			R.	костях

그렇지만 *s가 자음 앞 환경이라면, RUKI 변화를 겪지 않는다. *s가 어근 말에 위치하고 자음 또는 모음으로 시작되는 접사들이 후행한다면, 해당 어근은 변동을 보이게 된다. 다음의 예를 보라.

PIE	*pors-o-	PS *porx-	R. порох '가루'
	*pr̥s-t- > *pirs-t-	PS *pirs-t-	R. персть '먼지'

첫 번째 것은 모음이 후행하기 때문에 RUKI 변화를 겪지만, 두 번째 것은 자음이 후행하기 때문에 변화를 겪지 않는다. 그 결과 's ~ x'의 어근 자음 변동 현상이 발생한다.

소위 단순과거(Aorist) 시제는 인구조어 시기부터 존재했었다. 이 시제는 접사 *-s-에 의해 실현되었는데("시그마 아오리스트 Sigmatic Aorist", 7.5.2.2 참고), 이

41 이 예의 *s는 복수처격 어미의 일부이다. 인칭대명사 мы вы의 처격형 нас вас에 그 흔적이 남아있다.

접사는 후행 어미의 성격에 따라 변동을 보인다. 따라서 후기 공통슬라브어(혹은 고대 교회 슬라브어)에서 's ~ x'의 변동이 보인다.

PIE	*rēk-s-om 'I spoke'	PS *rēk-x-om	OCS	rěxъ
	*rēk-s-te 'you spoke'	PS *rēk-s-te	OCS	rěste
PIE	*bū-s-om 'I was'	PS *bū-x-om	OCS	byxъ
	*bū-s-ta 'You-DU were'	PS *bū-s-ta	OCS	bysta

*x가 특정한 환경(즉, {r, u, k, i} — V)에서만 분포하고 이 외의 환경에서는 *s가 분포하기 때문에 RUKI 변화가 종료된 직후의 두 음성은 변이음의 관계에 있었을 것이다(즉, /s/[s~x]). 그러나 *x가 위의 음성 환경 이외에서도 나타나기 시작하는데, 그러한 분포 확대는 유추의 결과이다. RUKI의 결과 1인칭단수-아오리스트 굴절형에 -x-가 나타나는데(예: rěxъ byxъ žixъ molixъ), 예컨대 žaxъ의 경우(R. жечь), 아래의 발달 과정을 거쳐,

PIE *gēg-s-om > *gēk-x-om > *žē-x-om > žaxъ

/i/ 이외의 모음에도, 즉 /a/ 뒤에도 -x-가 분포하게 된다. 이제 원래 RUKI라는 음성적 환경에 맞지 않았던 동사의 아오리스트형들, 예컨대, znaxъ 등에도 나타나게 된다(즉, znasъ → znaxъ). 이러한 유추로 인해 두 음성 *s와 *x는 동일한 환경에서 출현할 수 있게 되었고, 이들은 이제 두 개의 별개의 음운으로 기능할 수 있게 된다. 즉 변이음 [x]는 이제 새롭게 음운 /x/로 재해석된다. 이는 슬라브 조어에 인구어에는 없었던 새로운 음운 *x가 연구개음의 하나로 정착하게 됨을 의미한다.

이처럼 슬라브조어의 *x는 RUKI 변화 및 유추에 의해 출현한 음인데, 그렇다면 현대 러시아어의 ходить나 хлеб 등에서 보이는 어두 위치의 [x]는 어떻

게 나타난 것일까? [x]는 '{r, u, k, i} 뒤'라는 음성 환경에서만 나타났기기 때문이다. ходить의 [x]는 아마도 다음과 같은 접사화 동사에서 발생한 [x]에 유추된 결과가 아닐까 추측된다.

PIE	*per-sod-	PS	*per-xod-	R.	переходить
	*prei-sod-		*prei-xod-		приходить
	*au-sod-		*au-xod-		уходить

хлеб 등의 단어는 차용어임에 틀림없다.

Goth. *hláifs ↠ LCS xlěbъ.
cf. Old Eng. hlāf > Mod. Eng. loaf '빵'

Proto-Gmc. *helmaz 'helmet' > PS *xelmu > *šelmu >
OCS šlemъ, R. шлем

3.2.4 연구개음의 [원순성]의 소실

인구 조어의 *kʷ gʷ[42]는 자신의 원순성을 소실하고 *k g와 합류한다. 가령,

PIE *kʷo- kʷi- 'who, what' > PS *kŭ- *kĭ-
OCS kъto čьto

cf. Goth. hwas, Lat. quis, Eng. who what

[기식성]과 [원순성]의 소멸로 인해 슬라브조어의 연구개음 체계는 인구 조어의 연구개음 체계보다 상대적으로 단순화되었고, 다음 절에서 논의할 변화로

42 이는 *gʷʰ에서 온 *gʷ도 포함된다.

인해 연구개 파열음은 단 두 개만 남게 된다.

PIE		PS
k ḱ k^w		
g ǵ g^w	>	k g
g^h $ǵ^h$ g^{wh}		

3.2.5 사템 마찰음화

인구조어의 경구개화된 연구개음 *ḱ ǵ가 슬라브 조어(그리고 발트 조어)에서 자신의 [막음성closure]을 소실하고 각각에 대응하는 마찰음 *s z로 변화하는 과정을 "사템 마찰음화(Satem Assibilation, SATEM)"라고 부른다. 사실 이 음성 변화는 발트-슬라브어뿐만 아니라 산스크리트어와 고대 페르시아어의 인도-이란어족, 아베스탄어(Avestan), 아르메니아어 등에서도 나타난다. 이와 달리 *ḱ ǵ가 자신의 [경구개성palatalization]을 소실하고 연구개음 *k g와 합류되는 언어들도 있는데, 영어와 독일어의 게르만어족, 라틴어의 로만스어족, 켈트어족 등의 언어들이 여기에 속한다. 다음의 '백(100)'을 나타내는 인구조어의 단어들을 비교하라.

PIE *ḱṃtom
Lat. centum, Goth. hund, Eng. hundred
Av. satəm, LCS sъto, R. сто

인구어비교언어학자들은 '백'이라는 단어를 이용하여 *ḱ가 *k와 합류된 언어들은 "**켄툼**(centum)**어**"(라틴어 단어)라고 부르고, *ḱ가 마찰음화되는 언어들은 "**사템**(satəm)**어**"(아베스탄어 단어)라고 부른다.

한편, 켄툼어에서는 *k (< *k & ḱ)와 원순화된 연구개음인 *k^w가 변별되는

반면, 사템어에서는 *k (< *k & *k^{w})와 *ḱ(의 후대 발달음인 마찰음)이 변별된다. 다음의 예도 참고.

PIE	*ḱ	Gk. kléwos
		R. слава, Lith. šlove, Skt. śrávas
PIE	*ḱ^{h}	Gk. καρδία, Goth. haírtō, Eng. cardiology
		LCS sьrdьce, R. сердце, Lith. širdìs
PIE	*ǵ	Eng. comb
		R. зуб, Lith. žambas, Skt. jámb^{h}as
PIE	*ǵ^{h}	Eng. goat wagon
		R. заяц воз

전술했던 바와 같이 원래 PIE *s의 경우에는 RUKI 변화의 결과 특정 환경에서 *x로 변화하였는데, 그렇다면 사템 마찰음화에 의해 출현한 *s(< *ḱ)는 RUKI 변화를 겪었을까? 현대러시아어의 유사 형태에 대한 내적 재구(internal reconstruction) 방법 및 다른 인구어 및 슬라브어와의 비교 연구(comparative study)는 RUKI가 SATEM 이전에 나타난 음성변화라는 상대적 연대에 관한 추정을 가능케 하고, 따라서 SATEM *s는 *x로 변하지 않음을 보여준다. 이 상대적 연대에 대해 설명해 보자.

현대 러시아어의 пхать '찧다'와 писать '쓰다'의 OCS 형태는 pьxати와 pisati인데, 다른 인구어와의 비교 연구는 이들의 PIE 형태는 각각 *pisa-[43]와 *p(e)iḱa-로 재구될 수 있음을 암시한다. 즉, 전자는 PIE *s를, 후자는 PIE *ḱ를 가지고 있었다. 만약 'SATEM ⇨ RUKI'의 시간적 순서로 두 변화가 일어났다고 가정하면

43 현대 러시아어 '절구(공이)'는 пест인데, 재구형은 *pois-t-으로 가정된다. *pois-t- > (RUKI) __ > *pěst- > pest-.

PIE	*pisa-	*p(e)iḱa-
SATEM	—	*peisa-
RUKI	*pixa-	*peixa-
OCS	pьxa-	*pixa-

OCS에서 '쓰다'는 pixati로 나타났을 것으로 추정된다. 그러나 실제로 나타난 형태는 pisati였기 때문에, 이러한 상대적 연대 설정은 타당치 않은 것으로 판명된다. 그러면 RUKI ⇨ SATEM으로 발생했다고 가정하면 어떨까?

PIE	*pisa-	*p(e)iḱa-
RUKI	pixa-	—
SATEM	—	peisa-[44]
OCS	pьxa-	pisa-
R	пхать	писать

위에서 보는 바처럼 실제로 나타난 형태와 부합되기 때문에 위의 상대적 연대로 발생했다는 가정이 타당함을 알 수 있다.

3.2.6 후설 저모음의 합류

인구조어의 후설모음 중 저모음은 원순 *o/ō와 평순 *a/ā 두 종류가 있었다. 슬라브 조어에서는 단모음과 장모음 둘 다 하나의 음운으로 합류(merge)된다.

PIE	*o >< *a	PS	*α(a)
	*ō >< *ā		*ᾱ(ā)

44 이중모음 *ei는 후대에 발생한 음성변화에 의해 모음 *ī로 변했다가, 결국 i로 변한다.(xxx 참고)

그런데 합류된 단모음과 장모음은 질적 차이가 있었다고 추정된다. 공통슬라브어 시기의 후대 발달형을 고려하여,[45] 합류된 단(短)모음은 조음적으로 [o]에 가까운 반면, 장(長)모음은 [a]에 가까운 것으로 추정된다. 이러한 질적 차이를 반영하여, 전자는 <o^{a}>로, 장(長)모음은 <ā^{o}>로 표기하기도 하지만, 표기의 단순성과 용이성을 위하여 여기에서는 둘 모두 *a *ā로[46] 나타내기로 한다. (*ə 역시 *a(*o)로 합류된다.) 이 두 모음이 합류되었지만, 단모음과 장모음의 질적 차이가 반영된 발달이 일어났음을 보여주는 다음의 예를 보라.

PIE	Lat.	Lith.	OCS	R.
*oui-	ovis '양'	avìs	овьса	овца
*sali-	salis '소금'	saldùs	solь	соль
*dō-	dōnō '(나) 준다'	dùoti	dati	дать
*māter-	māter '어머니'	móte	mati	мать

단모음 *o와 *a는 러시아어에서 /o/로, 장모음 *ō와 *ā는 /a/로 발달했음이 확인된다. 비-슬라브어계인 라틴어에서는 두 모음이 구별되는 반면, 교회 슬라브어에서는 구별되지 않음을 보아 합류가 슬라브 조어에서 발생했음을 추정할 수 있다.

이러한 두 모음의 합류는 슬라브조어에서의 차용어에서도 드러난다.

Iranian	taparā	LCS toporъ '도끼'	R. топор
Gothic	asilus (Eng. ass)	LCS osьlъ '당나귀'	R. осёл
Gothic	katil(u)s	LCS kotьlъ '주전자'	R. котёл

45 단모음은 *o로, 장모음은 *a로 변화힌다.
46 또는 중립적으로 *α/*ᾱ로 표기하기도 한다.

3.3 슬라브 조어의 음운 체계

인구 조어에서 슬라브 조어로의 이행 시기에 발생한 여러 음성 변화의 결과 **슬라브 조어의 음운 체계**는 다음과 같았다고 재구된다.[47]

장애음			공명음	모음
순음	치음	연구개음		
p b	t d	k g	m n	i ī u ū
	s z	x	l r	e ē a ā
			(w/v) (j)	

인구 조어에 없었던 *z는 PIE *ǵ ǵ^{h}에 사템 마찰음화가 발생한 결과이고, *x는 RUKI 변화의 결과이다. 슬라브 조어의 연구개 파열음 목록이 인구 조어의 연구개 파열음 목록에 비해 상당히 단순화되었음이 확인된다. 인구 조어의 성절 공명음은 비성절화의 결과 모두 소멸되었고, 단모음 *i와 *u는 모음 앞 환경에서 비성절 마찰 지속음인 *i̯(>j)와 *u̯(>w)를 가진다. 변이음 관계였던 이들은 나중에(이중모음의 단모음화 이후?) 음운의 지위를 가진 것으로 추정된다.

슬라브 조어의 모음 체계에서 중요한 점은 다양한 이중모음의 존재이다. 첫째, '저모음+고모음'의 연쇄체, 즉 "구강 이중모음(oral diphthong)", 둘째, '유음+모음'의 연쇄체, 즉 "유음 이중모음(liquid diphthong)", 셋째, '비음+모음'의 연쇄체, 즉 "비음 이중모음(nasal diphthong)의 세 종류의 이중모음이 존재했었다.[48]

---

47 제시된 슬라브조어의 음운체계는 많은 슬라브어 역사언어학자들이 동의하고 있지만, 학자들에 의해 재구된 가설(hypothesis)적 체계임에 유념해야 한다.

48 만약 이들 연쇄체가 모음 앞에 위치한다면, 공명음은 후행 음절 초성으로 기능하게 된다. CorC- Cor.C (이중모음) vs. CorV > Co.rV (후행 음절의 음절 초성).

구강 이중모음	유음 이중모음	비음 이중모음
*ei ēi ai āi	*il īl ul ūl el ēl al āl	*im īm um ūm em ēm am ām
*eu ēu au āu	*ir īr ur ūr er ēr ar ār	*in īn un ūn en ēn an ān

이들 이중모음은 자음을 선행할 때 음절 핵으로 기능했다. 모음을 선행하는 경우에는 구강 이중모음의 고모음(*i/u)은 전이음으로 후행 음절의 초성(onset) 자음으로 기능했고, 다른 이중모음의 유음과 비음 역시 후행 음절의 초성 자음으로 기능했다. 즉,

*/eiC/	/elC/	/emC/	-ei.C	-el.C	-em.C
*/eiV/	/elV/	/emV/	-e.jV	-e.lV	-e.mV

("."는 음절 경계 표시)

전설 저모음 *e/ē의 음가는 [e]보다 더 낮은 [ɛ]로 추정되며, 후설 저모음 중 모음 *a는 원순성이 보다 강화되고 약간 높은 음인 반면, 장모음 *ā는 원순성이 약화되고 단모음 *a보다 더 낮은 음이었을 것으로 추정된다(3.2.6 참고). 그러나 이러한 질적 차이는 음운적으로 기능하지 못했으며, 양적 차이(즉, 장단 대립)가 변별적 기능을 수행하고 있었다.

음절의 초성 위치뿐만 아니라 종성 위치에 자음이 하나 나 둘 이상이 나타날 수 있었다.

3.4 슬라브 조어에서의 아블라우트

아블라우트(ablaut, apophony)란 어근 모음의 교체를 지칭하는데, 그러한 교체의 기능은 주로 문법적 범주에 관한 정보를 나타내는 데에 있다. 대표적으로

영어의 sing-sang-sung-song 등에서 어근 /s_ng/은 '노래'라는 어휘적 의미를 공유하면서 '현재', '과거', '과거분사', '명사' 등의 문법적 의미 또는 통사 범주(품사)를 표현하는 데에 아블라우트 방식을 사용한다.

슬라브 조어에서도 이러한 아블라우트 현상이 존재하고 있었는데, 슬라브어 아블라우트는 대체로 인구 조어의 아블라우트에서 전승된 것이다. 인구 조어의 아블라우트에 참여하는 모음은 *e/ē, *o/ō, 그리고 모음의 부재(ø)이었다. 여기서 모음의 부재는 공명음이 음절핵을 담당하는 경우이다. 즉,

	표준(normal)-단계			장음(lengthened)-단계	
	e-단계	o-단계	영-단계	ē-단계	ō-단계
PIE	*CeC-	*CoC-		*CēC-	*CōC-
	*CerC-	*CorC-	*Cr̥C-		

(l̥ m̥ n̥도 마찬가지)

우선 *e를 가지는 단어를 **e-단계**(e-grade), *o를 가지는 단어를 **o-단계**(o-grade)라고 지칭하고, 어근 모음 대신 성절 공명음을 가지는 단어를 **영-단계**(ø-grade)로 부른다. 이 세 범주의 단어를 **표준-단계**(normal grade)라 한다. 그리고 장모음을 가지는 단계를 **장음-단계**(lengthened grade)라 부른다.[49]

이러한 인구 조어의 아블라우트 체계는 그대로 슬라브 조어로 전승되지만, 인구 조어와 두 가지 차이점이 존재한다. 하나는 음성변화의 결과로 나타나는데, 성절 공명음의 비성절화(3.2.2 참고)에 의해 고모음이 표준-단계에 참여하게 된다는 점이다(아래 (1) 참고). 다른 하나는 유추에 의한 것인데, 고모음이 표준-단계에 참여함에 따라, 이제 고모음도 저모음과 마찬가지로 장음-단계로 아블라우트에 참여하게 된다(아래 (2) 참고).

---

49 이중모음의 음성적 환경에서 장단 대립은 중화되었다. 즉, CōrC > CorC. 그러나 모음 앞 환경에서는 장단 대립이 유지됨은 물론이다. 즉, CōrV vs. CorV. 각주 9) 참고.

	e-단계	a-단계	영-단계	영-단계	
(1) PS	*CerC-	*CarC-	*CirC-	*CurC	(공명음 앞)
	*CeC-	*CaC-	*CiC-	*CuC	(장애음 앞)
	*CeuC-	*CauC-	*CuC-		(u 앞)
	*CeiC-	*CaiC-	*CiC-		(i 앞)
⇢	e ~ a ~ i/u		(공명음, 장애음 앞)		
⇢	e ~ a ~ ø		(u/i 앞)		
(2) PS	*CēC-	*CāC-	*CīC-	*CūC-	(장음-단계)
⇢	ē ~ ā ~ ī/ū				
(3) PS 아블라우트 대립					
e ~ a ~ i/u ~ ø ↕ ↕ ↕ ē ~ ā ~ ī/ū					

이러한 아블라우트 체계가 구현된 예들을 제시한다.

슬라브 조어		공통 동슬라브어	
Normal	Lengthened	Normal	Lengthened
*tik-ai-s		tьći	
*tek-a-nti	*au-tēk-ā-tēi	tekutь	utěkati
*tak-a-s	*au-tāk-jā-tēi	tokъ	utačati
*kes-ā-tēi		česati	
*kas-ā		kosa	
*leg-tēi	*lēg-ā-tēi	leči	lěgati
*lag-ī-tēi	*nā-lāg-ā-tēi	ložiti	nalagati
*xid-la-s	*au-xīd-i-s	šьlъ	ušidь
*xad-ī-tēi	*au-xād-iā-tēi	xoditi	uxažäti
*teix-a-s		tixъ	
*au-taix-ā		utěxa	

*kvit-a-nti		ćvьtutь	
*kveit-tēi		ćvisti	
*kvait-a-s		ćvětъ	
*geu-ka-s		žükъ	
*gau-ar-a-s		govorъ	
*rud-ē-tēi	*rūd-ia-s	rъděti	ryžь
*raud-ā		ruda	

다음의 예에서 e-단계는 동작을, o-단계는 동작과 관련한 사물을 나타낸다.

e-단계	o-단계
*bred- 'wade'	*brod- 'ford'
*stel- 'spread'	*stol- 'table'
*greb- 'dig, root'	*grob- 'grave, rut'
*kes- (> čes-) 'comb'	*kos- 'braid'
*vel- 'order'	*vol- 'will'
*tek- 'flow'	*tok- 'stream'
*ber- 'take'	*-bor- 'gathering'

한편 이동동사류에서 e-단계는 일방향을, o-단계는 양방향을 나타내기도 한다. 또한 상태동사 어근에는 영-단계가, 사역동사 어근에는 o-단계가 사용되기도 한다.

PS	*nes-tēi 'carry'	OCS	nesti	R.	нести
	*nos-ī-tēi		nositi		носить
PS	*bud-ē- 'wake'		bъděti		бдеть
	*boud-ī- 'awake'		buditi		будить

장음-단계는 불완료상 어근이나 아오리스트 어근에 나타나기도 한다.

	표준-단계	장음-단계
PS	*pras-ī- 'ask'	*prās-i-ā- (불완)
OCS	prositi	prašati
PS	*plet- 'braid'	*su-plēt-ā- (불완)
OCS	plesti	sъplětati
PS	*nes-ām 'carry'	*nēs-s-ām (Aor.)
OCS	nesǫ	něsъ

성절 공명음의 예는 다음을 참고하라.

PIE	*pors-o-	(o-단계)	PS	*porx-	R.	порох '가루'
	*pr̥s-t-	(영-단계)	PS	*pirs-t-	R.	персть '먼지'
	*ḱerd-	(e-단계)	PS	*serd-	OCS	srěda '중간'
	*ḱr̥d-	(영-단계)	PS	*sird-	OCS	srьdьce '폐'

| 제4장 |

공통슬라브어 시기에 발생한 음성 변화

본격적으로 공통슬라브어 시기에 발생한 음성 변화를 논의하기 전에 이 시기에 작용하고 있었던 음절(音節, слог/syllable) 형성과 관련된 두 가지 중요한 제약에 대하여 논의한다. 이 시기의 모든 음성 변화는 이 두 제약과 관련해 발생했기 때문이다.

4.1 음절 제약 원리

4.1.1. 공명도 상승

공통슬라브어 시기에 음절 형성과 관련된 제약 중 하나는 음절 내 구성 성분의 '공명성(共鳴性, sonority)' 자질과 관련 있는 소위 "**공명도 상승**(Rising Sonority)"의 법칙이라는 것이고, 다른 하나는 음절 내 구성 성분의 '음조성(音調性, tonality)' 분포를 제약하는 소위 "**음절 공조화**(syllabic synharmony)" 혹은 "음절 내 조화" 법칙이라는 것이다.

공명도 상승의 법칙(=RS)은 음절이 적격한 음절이 되기 위해서는 해당 음절을 구성하는 요소들의 공명도가 상승해야 한다는 것이다. 이것은 모음이 공명도가 가장 높기 때문에, 만약 모음 뒤에 공명도가 낮은 어떤 음이 출현한다면, 그것은 음절 내에서 공명도가 하강한다는 것이고 따라서 이 법칙에 위배되는 결과가 도출된다. 이럴 경우 해당 음절은 공명도가 상승하는 방식으로 재구조화된다. 따라서 음절은 반드시 모음으로 끝나는 '열린 음절(open syllable)'이어야 한다. 이런 의미에서 공명도 상승의 법칙은 '열린 음절의 법칙'이라고도 불린다.

그렇다면 분절음(segments)의 공명도에 따른 위계는 어떠한가? 공명도가 높은 소리란 해당 소리를 조음할 때 상대적으로 높은 에너지가 소모된다는 것이고, 그것은 청각적으로 상대적으로 큰 소리가 난다는 것이다. 따라서 동일한 에너지로 조음할 때 모음은 자음보다 크게 들린다. 저항이 없는 모음이 저항이 있는 자음보다 에너지 소실이 상대적으로 덜하기 때문이다. 이와 유사한 이유로 같은 모음이라도 저모음은 고모음보다 크게 들리고, 같은 자음이라도 파열음이 마찰음보다 크게 들린다. 이렇게 분절음은 공명도에 따라 다음과 같은 위계가 성립된다.

공명도 위계
I. 모음 > 공명음 > 장애음
II. 저모음 > 고모음
III. 마찰음 > 파찰음/파열음

이러한 위계에 의거한다면, 음절 초에 '마찰음-파열음'이나 '마찰음-파찰음' 연쇄는 허용되지만, '파열음-마찰음' 연쇄는 허용되지 않는다. 또한 '장애음-공명음-모음'의 연쇄는 허용되지만, '장애음-모음-공명음'의 연쇄는 허용되지 않는다. 슬라브 조어에 형성된 다양한 이중모음 연쇄체가 변화를 겪지 않을 수 없는 이유가 여기에 있다(4.3, 4.7, 4.8 참고할 것). 예컨대, 단어 굴절형이 'CVSCV'(C: 자음, V: 모음, S: 공명음)의 분절음 연쇄체를 보인다면, 이 굴절형은 공명도 상승의 법칙에 부합되는 음절 형성이 불가능하게 된다. 왜냐하면 CV.SCV ("."는 음절 경계)의 음절 경계는 두 번째 음절이 이 법칙에 부합되지 않고('하강-상승'), 만약 CVS.CV로 음절이 분리된다고 하더라도, 이번에는 첫 번째 음절이 해당 법칙에 부합되지 않기('상승-하강') 때문이다.[50] 이러한 상황을 극복하기 위해 음

50 다음을 비교. 음절 경계: CV.SCV vs. CVS.CV
공명도 ↗ ↗↘ ↗↘ ↗

절은 재구조화되는데, 재구조화는 당연히 공명도 상승의 법칙을 준수하는 방식으로 이루어진다.

인구 조어의 음절 구조를 그대로 계승한 공통슬라브어는 자체적으로 형성한 이러한 RS 제약 원리에 의해 많은 음성 변화를 겪게 된다. 닫힌 음절(closed syllable, 자음으로 끝나는 음절)이 사라지고, 어두에 모음으로 시작하는 단어는 소위 '어두 반모음(prothetic semi-vowel)'을 형성하거나, 음절 초 자음군에서의 변화를 초래하거나, 여러 이중모음의 구조적 변화를 가져왔다.

4.1.2. 음절 내 조화

음절 내의 공명도 상승의 법칙이 소위 공명성(sonority) 자질의 분포에 대한 제약이라면, 음절 내 조화(=IH)의 원리는 분절음의 음조성(tonality) 자질의 분포에 대한 제약 원리이다. 즉, 전자는 음절은 '약한 소리 → 센 소리'의 방식으로 형성되어야 한다는 것이라면, 후자는 음절 내 구성원은 음조성에서 동일하거나 유사해야 한다는 것이다. 즉, '높은 소리 + 높은 소리' 혹은 '낮은 소리 + 낮은 소리'의 조합이 적합한 음절 구성이라는 것이다. 음조성은 조음적으로 경구개성과 밀접한 연관성을 가지고 있는데, 자음은 경구개음, 모음은 전설모음이 경구개 영역에서 발음되는 소리이기 때문에 '경구개자음 + 전설모음'의 조합이 최적의 음절 구성이 되는 셈이다.

이러한 원리에 의해 공통슬라브어 시기에 연구개음(velars)들이 전설모음 앞에 위치할 때 경구개음으로 변화하게 되고, 또한 치음이나 순음들조차 경구개 전이음(즉, *j '요드 jod') 앞에서 경구개음으로 변화하거나 경구개음이 개입하는 변화가 발생하고, 역으로 경구개 자음 뒤에서 후설모음들이 전설성을 획득하는 변화가 나타나기도 한다. 기실 현대 러시아어의 소위 '연음성(sharping)'이라는 음운 자질이 발생한 것도 음절 내 조화라는 원리에 기인한다.

이제 공통슬라브어 시기에 발생한 변화에 의해 발생한 현대러시아어 변동에 대해 알아보기로 한다.

4.2 제1차 연구개음의 경구개음화

4.2.1. 공시적 변동

현대 러시아어 자음 변동 중에는 **연구개음**과 **경구개음**이 변동하는 경우가 다양하게 존재한다. 우선 명사/형용사 곡용에서의 어간 변동을 살펴보면,

	변동	형태 분석
명사	око/очи	ok-o/oč-i
	ухо/уши	ux-o/uš-i
	бог/боже (мой)	bog-ø/bož-e
형용사	строгий/строже	strog-ij/strož-e
	сухой/суше	sux-oj/suš-e

위의 예들에서처럼, 어간 말에서 연구개음 k g x와 경구개음 č ž š가 교체하고 있다. боже는 이전의 호격(vocative)형의 잔재이고, очи уши는 복수주격형이다. 형용사 비교급에서 보이는 변동도 아울러 관찰하라.

동사 활용에서는 더욱 다양한 어간 변동이 나타난다.

현재	пеку/печете	p'ok-u/p'oč-ot'e
	могу/можете	mog-u/mož-ot'e
	плакать/плачу/плачете	plaka-t'/plač-ot'e
	махать/машу/машете	maxa-t'/maš-ot'e
피·분	-пеку/-печенный	-p'ok-u /-p'oč-onn-ij
	-стригу/-стриженный	-str'ig-u/-str'iž-onn-ij

현재와 피동분사 활용에서 k~č, g~ž, x~š의 교체가 보인다. 연구개음을 가진 어간을 기본어간으로 본다면, 어간 말 연구개음이 특정 형태론적 조건에서 대응하는 경구개음으로 변동함을 알 수 있다. 즉, [유성성]과 [마찰성]을 그대로

유지하면서 [연구개성]과 [경구개성]의 음성 자질이 변동한다는 것이다.

굴절뿐만 아니라 파생에서도 이러한 어간 변동은 다양하게 관찰된다.

명사	рука/ручка	ruk-a/ruč-k-a
	нога/ножка	nog-a/nož-k-a
	пророк/пророчица	prorok-ø/proroč-ic-a
	тих/тишина	t'ix-ø/t'iš-in-a
	много/множество	mnog-o/množ-estv-o
	как/качество	kak/kač-estv-o
	слуга/служба	slug-a/služ-b-a
형용사	волк/волчий	volk-ø/volč-ij-ø
	бог/божий	bog-ø/bož-ij-ø
	око/очный	ok-o/oč-n-ij
	ухо/ушный	ux-o/uš-n-ij
	книга/книжный	kn'ig-a/kn'iž-n-ij
동사	снег/снежить	sn'eg-ø/sn'ež-i-t'
	стук/стучать	stuk-ø/stuč-a-t'
	бег/бежать	b'eg-ø/b'ež-a-t'

이미 통시적 변화에 관한 예비적 논의(2.3.4 참고)에서 지적한 바 있지만, 현대러시아어의 자료만을 검토해 본다면, 어간(어근)말 연구개음의 경구개음으로의 변동을 조건 짓는 음성적 환경을 일반화하기란 불가능하다. 전설모음 앞에서 연구개가 경구개로 변동하는 것은 쉽게 이해되지만, 후설모음 앞(가령, стук/стучать) 또는 자음 앞(가령, слуга/служба) 위치에서 그러한 변동이 일어난다고 보기는 어렵다.

어간 초에서도 연구개음~경구개음 교체가 관찰된다. 이러한 교체를 곧바로 형태음운론적 변동의 예로 볼 수 없는 경우도 있다. 관련되는 두 단어가 의미적으로 다르기 때문이다.

어근 초 자음 변동	
кто/что	k-to/č[š]-to
коса/чесать	kos-a/čes-a-t'
гореть/жар	gor'-e-t'/žar-ø
ходить/шёл	xod'-i-t'/šo-l-ø

이들 예에서 보이는 연구개~경구개 교체는 역사적으로 어근 모음의 차이(즉, 아블라우트)에서 유래한다.

이상의 공시적 변동을 이해하기 위해 관련된 통시적 변화에 대해 알아보자.

4.2.2. 역사적 변화

전장에서 언급한 슬라브 조어의 음운 체계를 배경으로 해서 공통슬라브어 시기에 발생한 자음 관련 음성 변화는 슬라브 조어의 세 개의 연구개음이 전설 모음 앞에서 대응하는 경구개음으로 변화한 것이다. 이러한 음성 변화를 '**제1차 연구개음의 경구개음화**(первая палатализация задненёбных, I-PAL)'라고 부른다. '제1차'라고 한정하는 것은 공통슬라브어 시기에 연구개음이 몇 차례에 걸쳐 경구개음으로 변화했기 때문이다.

I-PAL은 공통 슬라브어 연구개음 *k g x가 전설 모음 앞이라는 음성적 환경("/ __ V^f"로 표기)에 위치해 있을 때 각각에 대응하는 *č' ž' š'로 변화한 음성 변화를 말한다. 약간의 예를 제시한다.

I-PAL

CS	*k g x / __ V^f (V^f: 전설모음, i/j ī e ē) > *č' ž' š'[51]

51 이 형식은 다음과 같이 읽는다. "공통슬라브 어의 연구개음 k g x는 전설모음 앞의 위치에서 *č' ž' š'로 변한다."

CS	*uilk-e	OCS	vlьče 'wolf-voc'
	*bag-e		bože 'god-voc'
	*daux-e		duše 'ghost-voc'
	*dālek-je		daleče 'farther'

이 음성 변화가 공통 슬라브어 특유의 현상이었음을 보이는 다음의 비교 언어학적 예들을 참고하라.

PS	여타 인구어	LCS
*kerd-ā	Goth. haírda	čerda 'herd'
*milk-ē-tēi	Gk. μαλαχός	mьlčati 'silent'
*gelēz-	Lith. geležìs	želězo 'iron'
*gen-	Gk. γυνή, Avest. gənā	žena 'woman'
*g^{w}īw-	Lith. gývas	živъ 'alive'
*dūx-ē-tēi	Latv. dušêt	dyšati 'breathe'
*graịx-in-	Latv. grèizs 'crooked'	grěšьnъjь

한편, PS *sk *zg 등의 연구개 자음군 역시 I-PAL의 변화를 겪었는데, 경구개음화는 연구개음을 넘어 선행하는 치음에까지 영향을 주었다.

CS	*sk zg / __V^{f} > *š' č' ž' ǯ'				
CS	*mazg-ik-	LCS	*mož'ǯ'ьkъ	R.	мозжечок
	*pīsk-ē-tēi		*piš'č'äti		пищать
	*drazg-i-ai		*drož'ǯ'i		дрожжи

I-PAL이 전설모음 앞에서만 발생한 조건적 변화(conditional change)이었기 때문에, 전설모음 앞 이외의 다른 음성 환경에서는 *k g x가 그대로 연구개음으로 남아있었다.

CS	*vilk-as	OCS	vlьkъ 'wolf-NOM'
	*bag-as		bogъ 'god-NOM'
	*daux-as		duxъ 'ghost-NOM'

다시 말해서 I-PAL 직후에 *k g x와 *č' ž' š'는 상보적 분포를 보이는 한 음운의 변이음이었다.

그러나 후대의 다른 음성변화들에 의해 이들 분포의 상보성은 제거되어 결국 별개의 독립적 음운들로 재해석된다. 그러한 음성변화들 중의 하나가 I-PAL의 결과 출현한 경구개음(과 *j)을 후행하는 장(長)모음 *ē의 후설모음 *ā로의 변화이다(아래 1). 이 음성변화 결과 이제 후설모음 *ā 앞 환경에서는 원래의 연구개음과 변화된 경구개음 모두 (중첩적으로) 분포하게 되고(아래 2와 3), 이로써 경구개음들은 독립된 음운으로 재해석된다(아래 3).

*ē > *ā				
1. CS *ē / {Č, j} _	>	*ā		
2. *č'ē ž'ē š'ē	>	*č'ā ž'ā š'ā (vs. *kā gā xā)		
3. I-PAL		*ē > *ā		
/k g x/ [č' ž' š']+V^f	>	[č' ž' š']+V^f		
[č' ž' š']+ē		[č' ž' š']+ā	⇒	/č ž š/
[k g x]+$V^°$		[k g x]+$V^°$[ā]		

I-PAL과 *ē > *ā의 두 변화의 결과, 이제 경구개음은 전설과 후설 모음 앞에 두루 위치하게 되었지만, 반대로 연구개음은 후설모음 앞에서만 위치하게 되는 분포 상 제약이 발생하게 된다.

I-PAL은 음절내 음조성 일치라는 음절 제약 원리에 의해 발생한 것으로 설명된다. 연구개음은 [-음조성tonality]이고 전설모음은 [+음조성]으로 [음조성] 자질에서 서로 불일치하므로 연구개의 조음 위치를 경구개 쪽으로 이동시킴으

로서(즉, [k] > [ḱ]), 그러한 불일치를 해소한다. 기실 공통슬라브어에 일어난 음절 내 음조성 일치는 모두 [-음조성]을 [+음조성]으로 변화하는데 있었다. 앞으로 다루게 될 II-Pal이나 III-Pal, 탈요트화(dejotation), 우믈라우트(umlaut), 그리고 연음화(sharping assimilation) 등은 모두 [-음조성] 분절음이 [+음조성]을 갖게 되는 변화들이다.

4.2.3. 변동에 대한 역사적 설명

위에서 기술한 현대러시아어에 다양하게 존재하는 '연구개음~경구개음'의 변동은 그 역사적 원천이 I-PAL에 있음을 쉽게 이해할 수 있다. 예컨대, 현대러시아어의 око/очи, бог/боже, ухо/уши 등에서 보이는 변동은 CS 연구개음 *k g x가 현재에도 유효한, 전설모음 앞이라는 음성적 환경에서 경구개음으로 바뀐 결과인 것이다.

R.	око/очи	CS	*ak-am/*ak-ī
	бог/боже		*bag-am/*bag-e
	ухо/уши		*aux-am/*aux-ī

плакать/плачешь, двигать/движешь, махать/машешь의 동사에 보이는 변동 역시 I-PAL에 그 근원을 두고 있다.

R.	плакать/плачешь	CS	*plāk-ā-tēi/*plāk-i-eši[52]
	двигать/движешь		*dwig-ā-tēi/*dwig-i-eši
	махать/машешь		*māx-ā-tēi/*māx-i-eši

그런데 рука/ручка, слуга/служба, ухо/ушный 등의 예에서는 연구개음이 경구개음을 바뀔 음성적 조건이 발견되지 않는다. 공시적 시각에서만 보

자면, 연구개음이 뒤따르는 자음 앞에서 경구개음으로 바뀔 음성적 이유는 없다. 그런데, 역사적인 시각에서 보면 이들 파생접사(-к-, -б-, -н-)는 모두 원래 CS 단모음 *ĭ를 가지고 있었다는 사실이 확인된다. 즉, CS *-ĭk-, *-ĭb-, *-ĭn-. 이는 I-PAL이 발생했을 당시에는 어근 말 연구개음이 전설모음 앞에 위치해서 경구개음으로의 변화를 겪었음을 추정케 해 준다. *ĭ는 I-PAL이 종료된 이후 어느 시점에 약화모음 ь로 변화한 뒤, 고대 러시아어 시기에 소멸된다(5.1 참고). 현대 러시아어에서 경구개음 č ž š가 자음 바로 앞에 위치하게 된 이유이다.

пеку/печёшь 등에서는 경구개음 č가 후설모음 o앞에 나타나지만, 이것은 CS 전설모음 *e가 고대러시아어 시기 후에 (특정 환경에서) o로 변화된 것이다(5.3.3 참고). 현대 러시아어의 변동은 이처럼 역사적 변화들 사이의 상대적 연대에 대한 정보를 제공해 준다. 즉,

(1) I-PAL	⇨	*ē> *ā
(2) I-PAL	⇨	ь ъ의 소멸
(2) I-PAL	⇨	e > o

한편, *ē > *ā의 변화는 특히 접사의 변동을 가져 왔다. 첫째, 현대 러시아어의 최상급을 나타내는 접사는 -eiš- ~ -aiš-의 변동을 보인다(7.3.3 참고).

R.	красивый	최상급	красивейший	/kras'iv'-ejš-ij/
	строгий		строжайший	/strož-ajš-ij/.

최상급 접사 초에 출현하는 e는 CS *ē로 재구되는데, 어간 말 연구개음은

52 전설모음 *i는, 전술했던 바와 같이, 모음 앞에서 *j로 일종의 반자음이었는데, 선행 연구개음을 경구개음화시키는 조건으로 작용하다가 나중에 탈락하는 변화를 겪는다. X장 참고.

이 전설모음 앞에서 I-Pal를 겪게 되어 경구개음으로 변화한다. 그러나 I-Pal의 조건으로 작용했던 *ē는 후에 *ē > *ā의 변화로 *ā로 변하게 된다. 비-연구개음인 /v/에는 당연히 I-PAL이 발생하지도 않았고, 따라서 *ē > *ā의 변화도 부재한다. 현대 러시아어에 최상급 접사 모음에서의 변동의 역사적 뿌리이다.

둘째, 현대 러시아어 접사 -el'<-ель> 역시 변동형 -al'<-аль>을 가지는데, 이 역시 동일하게 설명된다.

R.	печаль '슬픔'	CS	*pek-ēl- > *peč'-ēl- > *peč'-āl-
	гибель '소멸'		*gūb-ēl-
	метель '눈보라'		*met-ēl-

셋째, 동사 어간 접사 -e- 역시 유사한 음성적 환경에서 -a-를 가진다. сидеть висеть 등의 2식 활용을 하는 동사들은 -e-를 가지지만, 같은 2식 활용의 동사들 лежать стоять 등은 -a-를 가진다. 후자의 어간이 경구개음으로 끝나는 점을 보라.

R.	висеть '걸려 있다'	CS	*vīs-ē-
	сидеть '앉아 있다'		*sēd-ē-
	лежать '누워 있다'		*leg-ē- > lež-ē- > lež-ā-
	стоять '서 있다'		*stoj-ē- > stoj-ā

현대러시아어의 лежать кричать 등의 동사가, 접사 -a를 가지는 대부분의 동사들이 제1식 활용식을 보이는 것(слушать писать 등)과 달리, 제2식 활용을 하는 것은 동사 접사 -a-가 역사적으로 *ē의 후대 발달음으로, *ē를 가지는 다른 동사 висеть, сидеть 등이 2식 변화를 하는 것과 동일하다.

마지막으로 아블라우트로 인해 I-PAL의 경험과 부재가 발생한 단어들도 있다. 가령, 현대러시아어 의문대명사 кто/что가 보이는 연구개음~경구개음의 대립은 CS *kŭ- vs. *kĭ-의 어근 모음의 차이에 연유한다. 전자는 I-PAL의 대상이 되지 않아 그대로 연구개음을 유지한 반면, 후자는 I-PAL을 겪는다. 단모음 *ŭ *ĭ는 그 뒤 각각 약화모음 ъ ь로 바뀐 뒤 소멸된다.[53] 이러한 아블라우트 교체가 조건 지은 연구개~경구개음의 변동을 보이는 몇 가지를 아래에 소개한다.

R.	коса '땋은 머리'	CS	*kas-ā		
	чесать '(머리) 빗다'		*kes-ā- > čes-ā-		
R.	гореть '타다'		*gar-ē-		
	пожар '불'		*po-gēr-		
R.	гнать		*gun-ā-	OCS	gъnati
			*gen-ān-ti		ženutь
R.	ходить		*xad-ī-	OCS	xoditi
	-шедши		*xid-ux-ī		šьdъši

4.3 제1차 공통슬라브어 모음 추이(First Common Slavic Vowel Shift, I-CSVS)

4.3.1. 공시적 변동

현대 러시아어에서 어간 접사로 -ova를 가지는 동사들은 접사의 변동을 보인다. 즉, 부정사형과 과거형에서 출현하는 -ov(a)가 현재형과 명령형에서는 -uj(#)-로 출현한다.

рисовать/рисую	r'is-<u>ov</u>a-t'	r'is-<u>uj</u>-u
танцевал/танцуй	tanc-<u>ov</u>a-l-ø	tanc-<u>uj</u>-ø

53 что의 ч는 현대러시아어에서 [š]로 발음되는데, 이는 고대 러시아어 시기 이후에 발생한 변화의 결과이다.

접사가 아니라 어근에 ov를 가지는 동사류에서도 이러한 변동이 나타난다.

совать/сую	sov-a-t'	suj-u
ковать/кую	kov-a-t'	kuj-u
плевать/плюю	pl'ov-a-t'	pl'uj-u

한편 ПЕТЬ 동사나 ПИТЬ 동사들도 어근의 모음과 관련된 변동을 보인다.[54]

петь/пою/поёт	p'e-t'	poj-u	poj-ot
пить/пью/пьёт	p'i-t'	p'j-u	p'j-ot

전자는 e~oj, 후자는 i~j의 어간 모음 변동이다. ПЕТЬ와 같은 모음 변동은 지시 대명사 TOT의 단수조격 어미에서도 발견된다.

тем-ISM/тою(той)-ISF	t'-em	t-oju

4.3.2. 통시적 변화

공통슬라브어에 제1차 연구개음의 경구개음화가 종료된 후에, 이제 모음의 영역에서도 변화가 발생한다. 모음에서도 몇 차에 걸쳐 변화가 발생하기 때문에 I-PAL을 바로 뒤따르는 모음의 변화를 **제1차 공통슬라브어 모음 추이**(First Common Slavic Vowel Shift, I-CSVS)라고 한다. 그 내용은 다음과 같다.

첫째 고모음의 장(長)모음인 *ū가 원순성을 소실하여 *ȳ가[55] 되고, 둘째, 음

54 МЫТЬ РЫТЬ도 이와 유사하게 어근 모음의 변동이 발생하지만, 그 역사적 근원은 ПЕТЬ류와는 다르다.

55 왜 원순성을 소실하였는지 현재로서는 명확한 이유를 알 수 없다. 아마도 슬라브 조어에서 후설 저모음의 합류(/o/ >< /a/)가 원순성의 잉여자질화를 촉진했을 것이고, 이러한 경향성이 /ū/의 원순성의 소실을 가져왔을 것으로 추정된다. 그러나 이중모음 *au̯의 *ū의 변화는 곧 원순성을 회복한다. 이 변화는 아마도 "drag chain" 효과로, 전자의 원순성의 소실로 인해 생긴 조음적 공간으로 인해, *au > *ū의 변화를 유도했을 것으로 이해할 수 있다.

절의 핵을 형성하는(동(同)음절 이중모음) 구강 이중모음은 아래와 같이 단(單)모음화한다. 셋째, 모음 앞에 위치하는 구강 이중모음(즉, 이(異)음절 heterosyllabic 이중모음)의 경우, off-glide인 비성절 고모음이 후행 음절의 초성으로 기능하여 음절 재구조화된다.

CS		ei̯	ēi̯	ai̯	āi̯	eu̯	ēu̯	au̯	āu̯
(동음절)	>	ī	ī	ē~ī[56]	ē	jū	jū	ū	ū
(이음절)	>	ij	ēj	aj	āj	av	ēv	av	āv

이와 관련하여 몇 가지 사항을 일러둔다.

a. 동음절 위치의 이중모음들은 모두 장(長)음의 단(單)모음으로 바뀌지만, 이음절 위치의 이중모음들은 장단(長短) 대립이 그대로 남아 있게 된다.

b. *ū> *ȳ 변화가 만들어낸 후설 고모음의 조음적 빈자리에 *au/āu̯에서 변화된 *ū가 들어가게 된다.

c. 이음절 *ei̯의 *e는 고모음으로 상승되고, 이음절 *eu̯의 *e는 제한적이지만 *a로 후설화된다.

d. 이음절 off-glide *i̯/u̯는 후행 음절의 초성으로 기능하게 되면서, j/v로 전이음화된다.

이러한 이중모음의 단모음화를 촉발시킨 배경에는 공명도 상승 법칙이라는 음절 제약 원리가 자리 잡고 있었다. 이중모음이 음절 핵을 형성하기 때문에 공명도는 필연적으로 하강한다. 선행하는 저모음이 후행하는 고모음적 반모음보다 공명도가 높기 때문이다. 따라서 동음절 내의 이중모음은 공명도 상승 법칙

56 대체로 어말에서는 *ī, 어중에서는 *ē로 변한다. 명령형 단수 CS *nes-ai > OCS nes-i vs. 복수 *nes-ai-te > nesěte (7.5.2.4 참고).

에 위배되기 때문에 이를 해소하는 방식으로 단모음으로 변화한 것이다.[57] 그러나 뒤에 모음이 따르는 이음절 위치에서는 비-성절 off-glide이 후행 음절의 초성으로 기능하면서 공명도 상승의 제약을 피해 갈 수 있다.

(1) 동음절 위치

CS *pai̯-C pai̯C > pē.C
                  ↗↘   ↗ ↗

(2) 이음절 위치

CS *pai̯-V pai̯V > pa.jV > pa.jV
                  ↗↘   ↗ ↗   ↗ ↗

(1)에서 동일 음절 내에 위치한 이중모음은 공명도 상승의 법칙에 위배되어서, 단모음으로 변화함으로써 그 제약에서 벗어나게 된다. (2)의 모음 앞에 위치한 이중모음의 오프-글라이드는 후행 음절의 초성으로 재해석되면서 법칙에 순응하게 된다. 음절의 초성으로 재해석된 *i̯가 점차 자음으로서의 조음 자질(즉, j)을 획득하게 되는 것은 자연스럽다.

4.3.3. 역사적 설명

위에서 설명한 것처럼 ПЕТЬ에서 보이는 공시적 변동은 이중모음의 단모음화에 그 역사적 뿌리를 두고 있다. CS 이중모음 *ai̯는 동음절 위치에서 *ē로 단모음화되는 반면, 이음절 위치에서는 *aj로 변화한다. ПИТЬ의 변동도 이와 유사하게 설명된다.

---

57 그러나 변화의 초기 단계에서는 아마도 이중모음을 구성하는 요소들을 전위(轉位, metathesis)하는 방식으로 공명도 상승을 도모했을 것으로 추정된다. 즉, *ei > ie, *ai > ia, *eu > ue(?), *au > ua. 고모음이 저모음을 선행함으로써, 공명도 상승 법칙에 어긋나지 않게 되는 것이다.

R.	петь	/p'e-t'/	CS	*pai̯-tēi̯	>	pē-tī		
	пою	/poj-u/		*pai̯-am		paj-am	>	poj-ǫ[58]
R.	пить	/p'i-t'/	CS	*pej-tēi̯	>	pī-tī		
	пью	/p'j-u/		*pej-am		pij-am	>	pьj-ǫ

-ovat' 동사들에서 보이는 변동들도 이중모음의 단모음화에 역사적 뿌리를 두고 있다.

R.	совать	/sova-t'/	CS	*sau̯-a-tēi̯	>	sav-a-tī		
	сую	/suj-u/		*sau̯-j-am	>	sū-j-am	>	su-j-ǫ

이중모음의 단모음화에 기원하는 현대러시아어 변동 몇 가지 예를 더 든다. 마지막 예는 아블라우트를 동반한다.

R.	вить/вью	CS	*vej-tēi/*vej-am
	север/шуйца		*sēu̯-er-/*sēu̯-j-[59]
	остров/струя		*a-strau̯-a/*strau̯-j-ā
	вить/венец		*u̯ei̯-tēi̯/*u̯ai̯-n-ik-as

<I-PAL/I-CSVS 이후의 공통슬라브어 음운체계>

I-PAL과 I-CSVS의 결과 나타난 공통슬라브어 음운 체계는 다음과 같다. 밑줄 친 음운이 슬라브 조어의 음운 체계에 없었던 음운이다.

58 *am > *ǫ의 변화는 4.8절에서 설명된다.

59 *s > *š의 변화는 4.5절에서 설명된다.

장애음			공명음		전이음		모음		
p b	t d		m	n	v	j	i ī	ȳ	u ū
	s z		l	r			e ē		a ā
k g		č ž							
x		š							

위의 음운 체계를 배경으로 제2차 및 제3차 연구개음의 경구개음화(4.4 참고), 치음의 경구개음화(또는 요드-경구개음화와 탈-요드화, 4.5 참고), 그리고 우믈라우트(4.6 참고) 등의 변화가 발생하는데, 이는 음절 내 음조성 일치라는 제약에 의해 동기화되는 변화들이다.

구강-이중모음의 단(單)모음화를 시작으로 유음-이중모음의 단모음화(4.7 참고), 유음-이중모음의 단모음화(4.8 참고)의 변화도 잇따른다. 이러한 단모음화들 역시 공명도 상승 제약에 그 원인이 있음은 자명하다. 또한 어말 자음의 탈락 및 음절 말 장애음의 탈락(4.9 참고), 그리고 어두 반자음의 첨가(4.10 참고) 등 공명도 상승 제약에 의해 발생하는 변화들이 발생한다.

다음 장에서 차례로 위의 변화들에 대해 상론한다.

4.4. 제2차, 제3차 연구개음의 경구개음화(II-PAL, III-PAL)

4.4.1 제2차 연구개음의 경구개음화(II-PAL)

4.4.1.1. 공시적 변동. 현대러시아어에는 연구개음과 변동하는 자음이 경구개음이 아니라 치경음인 예들이 보인다. 즉, k~c, g~z", x~s". 그러나 이러한 예들은 '연구개음~경구개음'의 변동의 예들처럼 그 수가 많지는 않다.

R.	краткий/вкратце	kratk-ij/v-kratc-e
	рука/в руце Божией	ruk-a/ruc-e
	друг/друзья	drug-ø/druz'-j-a

4.4.1.2. 역사적 변화. 이미 논의했듯이, I-PAL의 결과 전설모음 앞에 위치해 있던 연구개음은 모두 경구개음으로 바뀌었다. 그런데 I-CSVS에 의해 *ai가 *ē 또는 *ī로 변화하면서 이제 연구개음이 새롭게 전설모음 앞에 위치할 수 있게 되는 상황이 발생되었다.

CS *kai̯-, gai̯-, xai̯- > (I-CSVS) kē gē xē ~
kī gī xī

이렇게 연구개음이 재차 전설모음 앞에 위치하게 되었는데, 공통 슬라브어는 이 연구개음도 음절 내 음조성 일치 원리에 의해 다시 경구개음으로 변화시키는데, 이것을 제2차 연구개음의 경구개음화(II-PAL)라고 한다. 따라서 다음의 상대적 연대가 추정된다.

I-PAL ⇨ I-CSVS ⇨ II-PAL

I-PAL에서 연구개음은 경구개음으로 바뀌었지만, II-PAL 변화에서는 설단-치경(lamino-alveolar)화된 경구개음으로 바뀐다는 사실도 아울러 지적한다.[60]

60 변화된 음은 지역에 따라 조금씩 달랐다. 즉, 이 변화는 방언적 분화를 가져왔다.

II-PAL

CS	*k g x / __{ē$_2$, ī$_2$}[61] > *ć dź~ź ś			
CS	*kai̯l-	(Goth. hails)	LCS	ćělъ 'whole'
	*kai̯n-ā	(Lith. káina)		ćěna 'value'
	*rank-āi	(Lith. rañkai)		rǫćě 'hand-DS/LS'
	*nag-āi	(Lith nagai)		nodźě 'foot-DS/LS'
	*gail-	(Lith. gailùs)		źělo 'very'
			OCS	dźělo <ѕѣло>
	*xair-	(Old Isl. hárr)		śěrъ 'gray'
	*prarak-ai	(Goth. rahnjan)		proroći 'prophet-NP'

II-PAL은 *w(v)가 연구개음과 전설모음 사이에 끼어 있을 때에도 발생한다.

CS	*kvai̯t-	(Latv. kvitêt)	OR	ćvětъ 'flower'
	*gvai̯zd-	(Lith. žvaigzdē)		źvězda[62] 'star'

4.4.1.3. 역사적 설명. II-PAL은 공통 동슬라브어(CES)에 여러 형태음운적 변동을 가져 왔다. 어근에서의 변동은 부분적으로는 어미, 동음절 위치 여부, 아블라우트 등에 의해 조건화된다.

CS	*k-u-t-	'who-NS'	CES	kъto	R.	кто
	*k-ai̯-mi	'who-IS'		ćěmь		кем
	*kai-ē-tēi	'repent'		kajäti		каяться
	*kai-n-ā	'price'		ćěna		цена
	*keist-as	'clean'		čistъ		чисто
	*kaist-ī-tēi	'clean'		ćěstiti		чистить

61 필요에 따라, PS *ē, ī를 ē$_1$, ī$_1$이라 하고, PS *ai̯에서 발달한 *ē, ī는 각각 ē$_2$, ī$_2$로 지칭한다.
62 서슬라브어들에서는 이 환경에서 II-PAL은 발생하지 않는다. Cz. květ hvězda, P. kwiat gwiazda.

곡용의 경우, 어간말 연구개음을 가지는 남성 어휘소의 단수처격 및 복수주격, 여성 어휘소의 여격 및 처격에서 경구개음의 교체를 보인다.

CS	*atrak-as	'boy-NS'	CES	otrokъ
	*atrak-ai	'LS'		otroćě
	*atrak-ai	'NP'		otroći
	*rank-am	'hand-NS'		ruk-a
	*rank-ai	'DS-LS'		rućě
	*nag-am	'leg-NS'		noga
	*nag-ai	'DS-LS'		nośě

활용의 경우 명령형에서 경구개음으로 교체한다.

CS	*pek-tēi	'bake'	CES	peč'i[63]
	*pek-ai	'IMP.SG'		peći
	*pek-ai-te	'IMP-PL'		pećěte

그러나 이처럼 II-PAL의 의해 나타난 변동은 고대 러시아어의 경우, 어근 내부에 발생한 경우에는 설단-치경화된 경구개음이 남아 있는 경우가 있으나, 형태소 경계(즉, 어간-어미 경계)에 위치한 어근 말의 경구개음은 연구개음으로 다시 복원되었다.

다음의 러시아어 рука의 곡용 패러다임에서 보는 바처럼,

63 '치음의 경구개음화' 변화에서 논의(4.5 참고).

CES	NS	ruk-a	NP	ruk-y
	AS	ruk-u	AP	ruk-y
	GS	ruk-y	GP	ruk-ъ
	LS	ruć-ě(R. руке)	LP	ruk-axъ
	DS	ruć-ě(R. руке)	DP	ruk-amъ
	IS	ruk-oju	IP	ruk-ami

k~ć의 어간 말 변동은 현재의 우크라이나어와 벨라루스어에는 그대로 남아 있으나(Ukr. ruci, Br ruce), 러시아어에서는 연구개음으로 평준화(levelling)되어 변동은 소실되었다.

명령형과 의문대명사 OR къто에서도 마찬가지로,

CES/OCS	peč'i 'INF'~ pek-ǫ	R. печь ~ пеку
	pe<u>ć</u>i 'IMP.SG'	R. пе<u>к</u>и
	pe<u>ć</u>ěte 'IMP-PL'	R. пе<u>к</u>ите
OR	къто 'NOM'~ <u>ц</u>ѣмь 'INS'	R. кто ~ <u>к</u>ем

원래의 연구개음으로 복원되었다. 따라서 현대러시아어로 국한해서 보자면, II-PAL은 결과적으로 러시아어의 형태음운론에 많은 영향을 끼치지 않았다.

II-PAL의 흔적은 друзья의 /z'/에 남아 있는데, 이 형태는 CS *draug-as (Lith. draug-as)의 복수주격형이 어미 *ī(<*ai̯)앞에서 II-PAL을 겪은 형태인 CES *druźi와 집합명사 CES *družьja (дружья)가 혼합된 형태이다. 교회슬라브어에서 차용된 어휘소 혹은 교회 관련 어휘소에서 II-PAL의 흔적이 나타나기도 한다. 다음 예 참고.

R.	вкратце (коротко)
	притча во языцех (языках),
	опочить в Бозе (боге),
	в руце (руке) Божией

II-PAL은 방언적 특성도 아울러 보이고 있는데, 실제로 공통 동슬라브어 시기의 북서 지역에는 발생하지 않았거나, 발생했더라도 그 영향이 미미했을 것으로 추정된다. 이 지역의 방언들의 다음과 같은 형태들이 이러한 추정을 뒷받침한다.

NW dial.	k'efka 'bobbin'	CSR	цефка	/cefk-a/
	k'ep 'flail'		цеп	/cep-ø/
	k'ež 'rye gruel'		цеж	/cež-ø/
	kv'et'et' 'bloom'		цвести	/cv'est'-i/

동슬라브 지역의 가장 북쪽이고, 중앙에서 가장 먼 변두리에 위치해 있는 북서 지역은 II-PAL 음성 변화의 물결(wave)이 미치지 못했거나 미약했을 것이라고 추정된다. 따라서 북서 지역어의 치-연구개음은 형태소 경계는 물론이고, 위의 예에서 보는 바처럼, 형태소 내부에 위치해 있었더라도 II-PAL의 영향을 받지 않았다.

한편 동슬라브의 북동지역이나 남부 지역에는 II-PAL의 변화에 직접적인 영향을 받았지만, 북동지역의 방언(현대러시아어의 선대어)에서는 형태소 내부의 치경-경구개음은 그대로 남겨 두고 형태소 경계의 치경-경구개음은 연구개음으로 복원시킨 반면, 남부지역의 방언(현대 벨라루스어와 우크라이나어의 선대어)에서는 형태소 내부와 경계 둘 다에서 경구개음으로 남아 있다. 다음의 표 참고 ("o"는 II-PAL의 발생을 나타내고 "x"는 발생하지 않았거나, 발생했더라도 그 흔적이 소멸되었음을 나타낸다.).

	UKR/BR	OR NE Dial.	OR NW Dial.
형태소 내부	o	o	x
형태소 경계	o	x	x

이러한 지역적 차이는 변화의 강도가 변화의 중심부(center)에서는 강하지만, 주변부(periphery)에서는 약해진다는 역사언어학적 **파동설**(wave theory)에 의해서 설명가능하다. 변화가 일어나는 언어 환경(linguistic context)의 관점에서 볼 때, 형태소 내부(즉, 어근 내부)에서는 변화를 유발하는 조건이 항상적이어서 변화의 결과가 그대로 지속될 가능성이 높은 반면, 형태소 경계에서는 변화 조건이 충족될 수도 있고, 그렇지 않을 수도 있기 때문에, 변화 결과의 지속 가능성이 상대적으로 낮을 것으로 추정하는 것은 설득력이 있다. 부연하면, 변화의 힘이 가장 센 중심부(우크라이나어와 벨라루스어, 동슬라브어의 남부 지역어)에서는 형태소 내부나 경계 모두에서 II-PAL이 발생한 반면, 변화의 주변부(북서 지역어)에서는 형태소 경계뿐만 아니라 형태소 내부까지 II-PAL의 변화 물결이 닿지 않았거나 약했다. 그 중간에 위치한 (북동 지역어)는 형태소 내부(언어 변화의 환경이 항상적임)에서는 II-PAL이 발생한 반면, 형태소 경계에서는 그 변화의 힘이 미비하거나 변화가 발생하지 않았다.

현대 러시아어(북동 지역어의 후대 발달어)의 형태소 내부에서 발생되어 현재까지 지속되고 있는 예를 몇 가지 들어본다.

R.	каяться/цена	CS	*kāi̯-ē-tēi/*kai̯-n-ā	>	ka.jā-/ćē$_2$.n-
	чистый/цедить		*keid-t-/*kaid-ī-tēi	>	čīst-/ćē$_2$dī-

цена의 경우, CS *ai̯가 동음절 위치에 있기 때문에 I-CSVS에 의해 *ē로 변한 뒤 II-PAL의 조건이 된 경우이고, каяться는 이음절 위치의 CS *āi̯의 발달 결과이다. чистый 'clean'과 цедить 'filter'는 아블라우트가 관련되어 있어

나타난 교체인데, 전자는 I-PAL의 결과를, 후자는 II-PAL의 결과를 담지하고 있음이 주목된다.

4.4.2 제3차 연구개음의 경구개음화(III-PAL)

4.4.2.1. 공시적 변동. 전 절에서는 치경-경구개음의 역사적 뿌리가 II-PAL인 경우의 변동에 대해 알아보았다. 본 절에서는 동일한 치경-경구개음이라도 그 역사적 뿌리가 소위 'III-PAL'인 경우에 대해 알아본다. 먼저 다음의 변동을 보면,

отец/отчество	ot'ec-ø/otč-estv-o
конец/кончить	kon'ec-ø/konč-i-t'
венец/венчик	v'en'ec-ø/v'enč-ik-ø
купец/купчиха	kup'ec-ø/kupč-ix-a
князь/княжеский	kn'az'-ø/kn'až-esk-ij

치경음이 연구개음이 아니라 경구개음과 변동한다('c z' ~ č ž'). 이러한 변동은 чистый/цедить의 변동과 동일하지만, 변동이 일어나는 위치와 그 종류에 있어서 다르다. 위의 변동은 어간(근) 말 위치에서 발생하며, 변동의 대상 자음은 대개 접사의 일부이다.

4.4.2.2. 역사적 변화. I-PAL과 II-PAL은 후행 모음이 선행 자음에 영향을 미치는 소위 역행 동화(regressive assimilation)이었다. 동음절 내의 전설모음이 가지는 [+음조성] 음성 자질이 선행 자음인 연구개음으로 전파된 것이기 때문이다. 전통적으로 '**제3차 연구개음의 경구개음화**(III-PAL)'라 불렀던 변화는 소위 순행(progressive) 경구개음화인데, 그 음성적 조건은 다음과 같다.

III-PAL

CS	*k g x /{i, ī, in > į, (ir)}__{a, ā} > *ć dź~ź ś

즉 연구개음이 전설 고모음 (전설 저모음은 아님!)과 후설 저모음사이에 위치할 때, 선행 전설 고모음의 [+음조성]이 후행 연구개음에 전파된다. 따라서 III-PAL은 음절의 경계를 넘는다. *Ci.ka > *Ci.ćä.[64] 따라서 I-PAL과 II-PAL이 음절 내(Intra-syllabic) 음조성 조화라고 본다면, III-PAL은 음절 간(Inter-syllabic) 음조성 조화로 볼 수 있다.

주목할 것은 II-PAL과 III-PAL의 변화 후음(後音, reflex)이 설단-치경의 경구개음으로 두 변화에서 동일하게 나타나고 있으며, 변화 후음의 방언적 분포 역시 동일하게 나타난다는 점이다. 다음의 지역적 분포를 보라.

CS	*k	>	*ć			모든 슬라브어
	*g	>	*dź	>	dz	폴란드어
		>	*dź	>	ź	그 외의 모든 슬라브어
	*x	>	*š			서슬라브어
		>	*ś			동슬라브어, 남슬라브어

이러한 이유로 II-PAL과 III-PAL은 동일한 음성 변화이며, 그 차이는 환경에 있고, 또한 역행 vs. 순행이라는 [+음조성]의 영향 방향에 있다고 주장하는 학자들도 있다.

III-PAL의 예를 들어보자.

CS	*atik-as 'father'	CES	otьćь	R.	отец
	*u̯ai̯-neik-as 'wreath'		věnьćь		венец

64 *a > *ä의 변화는 우믈라우트(Umlaut)의 결과이다. 4.6절에서 상술된다.

*kuning-as 'king'	kъnęźь	князь
*vix-as 'all'	vьśь	весь

단수주격 어미 -as는 III-PAL의 조건으로 기능하다가, 어말 *s의 탈락 이후, 소위 u-어간 단수주격 어미 -ъ로 대체된 후, 우믈라우트에 의해 -ь로 바뀐다. (학자에 따라서는 후설의 고모음 *u도III-PAL의 음성적 조건이라고 한다.) 현대 러시아어의 весь의 /s'/가 CS *x의 후대 발달음임은 동슬라브어 북부 방언(즉, Old Pskov 방언, 노브고로드 방언 등)에 나타나는 вхе вхемо вху등의 형태에서 확인된다. *kuningas의 발달에 대해서는 다음 절 참고.

4.4.2.3. 역사적 설명. 이제 공시적 변동에 대해 역사적으로 설명해 보기로 한다. 우선, 다음의 단어들은 z'~ž~g'의 변동을 보인다.

R.	князь 'king'	CS	*kuning-as	>	kъnäźь
	княжеский 'ADJ.'		*kuning-isk-		kъnäžьsk-
	княгиня 'princess'		*kuning-ūn-j-ā		kъnägyńä

князь의 경우, 비음-이중모음 CS *-in-은 III-PAL이 발생할 당시 아마도 (공명도 상승 제약에 의해) 단(單)모음 -į-으로 이미 변화했고, 이로 인해 CS *g > ź로 변화하게 되었을 것으로 추정된다.[65] 형용사 княжеский의 경우 CS *g > ž의 I-PAL를 겪은 형태인 반면, княгиня는 CS 연구개음 *g를 그대로 가지고 있다. 후설 고모음 *ū > ȳ > y는 세 번에 걸친 경구개음화의 조건을 형성하지 않는다.[66]

65 *į > ę > ä로의 변화는 III-PAL이 종료된 후에 발생했을 것으로 짐작된다. 설단-치경음화된 경구개음 ź는 나중에 연자음 z'와 합류된다(4.12 와 5.1 참고).

66 현대러시아어 княгиня의 연구개음은 연자음인데, gy > g'i는 III-PAL 뒤에 발생한 변화이다. 5.4 참고.

다음의 예들의 변동 역시 유사하게 설명된다.

R.	отец	CS	*atik-as	>	otьć-ь
	отчество		*atik-istv-		otьč-ьstv-
	конец		*kan-ik-as		kon-ьć-ь
	кончить		*kan-ik-ī-		kon-ьč-i
	венец		*u̯ai̯-n-ik-as		vĕn-ьć-ь
	венчик		*u̯ai̯-n-ik-īk-		vĕn-ьč-ik-
	купец		*kaup-ik-as		kup-ьć-ь
	купчиха		*kaup-ik-īx-ā		kup-ьč-ix-a

이들 단어들은 모두 CS 연구개음 *k를 가지는 것으로 재구되는데, 후대 발달형에 ц(c)를 가지는 형태는 모두 III-PAL를 겪은 반면, ч(č)를 가지는 형태는 모두 I-PAL를 겪은 것이다.

다른 예들을 더 들어 보면,

R.	легок 'easy'	CS	*lig-uk-as	>	lьgъkъ
	польза[67] 'usefulness'		*pa-lig-ā		polьźä
	нельзя		*ne-lig-ā		nelьźä
R.	стезя 'path'		*stig-ā	>	stьźä
	стёжка '오솔길'		*stig-ik-a		stьžьka
	-стигнуть		*-steig-num-tēi		stignuti

'path'의 경우, III-Pal이 일어나지 않은 형태도 방언적으로 확인된다(즉, стега). 또한 어근 모음 예르가 소실되어 형성된 단어도 가능하다. ни зги не видно '길이 보이지 않는다'.

67 교회슬라브어 차용어이다.

동사에서 상의 대립을 지표하는 변동이 III-PAL의 결과 발생하기도 했는데, 이는 대체로 교회슬라브어 차용어이다.

R.	проникнуть	CS	*pra-nīk-num-tēi	>	pro-nik-nuti
	проницать		*pra-nīk-ā-tēi		pro-nić-ati
R.	двигать	OCS	dviʒati		
	кликать		klicati		
	тягаться.		tędzati		

III-PAL이 발생한 위의 OCS 예들이 보여주는 바와 같이, 현대 러시아어의 восклицать отрицать истязать 등은 모두 교회슬라브어 차용어들이다. R. меркнуть ~ мерцать 도 참고.

4.4.2.4. III-PAL과 상대적 연대. 이번 절에는 III-PAL과 관련된 문제점들에 대해서 논의한다. 이러한 논의를 통해 여러 음성변화들 사이의 상대적 연대에 대해서도 언급한다.

A. -nik vs. -nica

현대 러시아어에서 이 두 형태는 각각 '남성'과 '여성'을 의미하는 파생 접사임은 주지의 사실이다. 예컨대, R. грешник vs. грешница. 그런데 형태음운론적으로는 왜 남성 접사에서는 /k/이고, 여성 접사에는 /c/가 있는가 하는 의문이 생긴다.

역사적 시각으로 보면, 남성 접사의 /k/가 변하지 않고 그대로 지속된 원래의 자음임은 쉽게 생각할 수 있다. 그런데, 이것은 R. отец가 CS *atik-as에서 III-PAL를 겪은 것을 고려해 볼 때, 변화에 예외적인 것처럼 보인다. 현대러시아어 접사 /-nik-ø/가 만약 CS *-nīk-as로 재구된다면, 이 역시 III-PAL의 음성환경을 충족시키고, 따라서 *-nić-ь로 바뀌었어야 했을 것이기 때문이다. 그러나 이러한 예외적 발달은 이 접사에 대응하는 라트비아어 접사가 -niek-s-이라는 점을 고려하면, 남성 접사 -ник의 /i/는 CS *ī에서 온 것이 아니라, 사실 CS 이중모음 *ei̯에서 발달한 것이라고 추정해 볼 수 있다(*ei > ī의 발달에 대해서는 4.3 참고). 즉,

CS *-neik-as	(> -niek-as)	> -nīk-as	> nikъ

여기에서 두 음성 변화(단모음화와 III-PAL)의 상대적 연대에 대해 추론해야 할 필요가 있다. 즉, III-PAL이 발생했을 당시에는 *ei̯ (> ie)는 아마도 [저모음성]을 그대로 유지하다가 III-PAL이 종료된 후에 고모음화되었을 것으로 추정된다. III-PAL은 고모음 뒤에서만 일어났다는 사실을 상기하라. 이는 다음과 같은 사실에 의해서도 뒷받침된다.

R.	тих 'quiet'	CS	*teix-as	>	tixъ
	велик 'big'		*velei̯k-as[68]		velikъ
	река 'river'		*rai̯k-ā 'river'		rěk-ā

위의 발달 과정에서 보는 것처럼 이중모음의 오프-글라이드 *i̯ 뒤에서는 III-Pal이 발생하지 않는다. 이와 유사하게 река에서처럼 *ai̯ 뒤에서도 III-Pal은 발생하지 않는다.

따라서 이 두 변화의 상대적 연대는 다음과 같이 설정된다.

구강-이중모음의 단모음화(음성적 단계, 초기 단계)
⇨ III-PAL
⇨ 단모음의 상승 (음운적 단계, 종결 단계)

68 *veleik-에서 이중모음 -ei̯ 재구는 관련 단어인 OCS velьjь (< *velei-)를 참고한 것임.

B. 우믈라우트

OCS bližika '동포', igo '짐' 등에서 연구개음은 선행 고모음과 후행 저모음 사이에 위치해 있음에도 불구하고 III-PAL을 겪지 않았다. 이 경우는 선행 고모음 /i/가 우믈라우트의 결과라는 사실로 설명된다. 즉, 재구된 CS 형태에서의 발달은 다음과 같다.

OCS	bližika '동포'	CS	*blīz-i-ūk-ā	>	bli.ž'ÿ.k-a
	igo '짐'		*iug-as	>	jь|go

bližika의 어근 말 자음 -ž가 CS *z의 후대 발달음임은 쉽게 재구된다(близкий 등 참고). 재구된 *z-i- 는 나중에 설명될 음성 변화(4.5 참고)에 의해 *ž'j > ž'가 되고, -ž'ū-는 후에 우믈라우트 변화(4.6 참고)에 의해 -ž'i-가 되는 것이다. 이러한 일련의 음성 변화를 고려해 볼 때, 우리는 III-PAL이 발생할 당시에는 아직 우믈라우트는 완결되지 않은 상황이었고, 따라서 III-PAL의 음성적 조건은 충족되지 않았다고 추론해야 한다. 즉, III-PAL이 종결된 후에서야 우믈라우트는 완결된다. 따라서 우믈라우트와 III-Pal의 상대적 연대는 다음과 같다고 추정된다.

우믈라우트 (음성적 단계, 초기단계, 후설모음 유지)
⇨ III-Pal
⇨ 우믈라우트 (음운적 단계, 종결단계, 전설모음화)

C. 비강-이중모음의 단모음화[69]

OCS kъnędzь pěnędzь 등에서는 III-PAL의 결과가 보이지만, 유사한 음성적 환경을 공유한 듯한OCS lęgǫ(R. лягу '(나) 눕다')에서는 왜 III-PAL이 영향을

69 비강-이중모음의 단모음화에 관한 논의는 4.8절 참고.

미치지 않았을까? 전자에서처럼 후자도 연구개음 앞에 ę이 나타났음에도 이 연구개음이 경구개음으로 변하지 않았기 때문이다. 이 차이는 비강모음 /ę/의 선대 재구음이 달랐기 때문에 나타난 것으로 이해된다. 즉, 아래에서 보는 바와 같이, kъnędzь pěnędzь의 /ę/은 *in이었던 반면, lęgǫ의 /ę/은 *en이었다.

OCS	kъnędzь	CS	*kuning-as	R.	князь
	pěnędzь 'coin'		*pēning-as		пеня '벌금'
	lęgǫ		*leng-am		лягу

전자의 경우에는, CS *kuningas > kunįgas > (III-PAL) kunįʒas > (*į> ę) kъnęʒь의 발달 과정을 거친 것으로, 즉 III-PAL이 발생했을 당시 비강-이중모음의 단모음화는 이미 발생했지만, 이때에도 여전히 고모음의 음성자질을 가지고 있었기 때문에 III-PAL을 겪은 것이다. 고모음이 저모음으로 변화된 것은 III-PAL이 종료된 이후에 발생한 것으로 추정된다. 그러나 lęgǫ의 CS 재구형은 *leng-am이기 때문에 단모음화되어도 여전히 III-PAL의 음성적 조건이 충족되지 않았고, 따라서 III-PAL의 대상이 되지 못하였다. 여기에서 우리는 III-PAL과 비강-이중모음 변화의 상대적 연대를 다음과 같이 추정할 수 있다.

비강-이중모음의 단모음화(음성적 단계)
⇨ III-Pal
⇨ 단모음의 하강(음운적 단계)

D. -ka 지소형 여성 명사

현대 러시아어의 ручка (vs. рука), ножка (vs. нога), мушка (vs. муха) 등은 CS에서 연구개음을 어근 말에 가졌던 단어들인데, 이 연구개음들이 경구개음으로 변화한 것은 지소형 접사 CS *-ĭk-의 전설모음 때문이었다. (CS *ĭ는

I-PAL을 일으킨 뒤, 나중에 예르의 변화에 의해 탈락된다.) 따라서 *-ĭk-ā 연쇄체는 III-PAL이 일어나는 음성 환경을 제공하였다. 그러나 위 예들에서 알 수 있듯이, III-PAL은 발생하지 않았다. 왜 그랬을까?

우선, R. почка '움'와 Cz pecka를 비교해 보자. 전자는 /č/를, 후자는 /c/를 가지는데, 이는 이들이 CS *k에서 온 것이 아님을 시사한다. 만약에 CS *k라면, I-PAL를 겪었을 것이고, 따라서 러시아어와 체코어 모두 어간 말에 /č/를 보였을 것이기 때문이다. 이러한 논거에서 이들 단어의 CS 재구형 설정을 위해서는 첫째, 어근 말이 *t이어야 하고, 둘째 러시아어와 체코의 차이를 설명하기 위해서 접사 초에 /j/를 설정해야 한다. 따라서 우리는 CS 재구형을 *put-ĭŭk-a로 설정한다. 이렇게 설정되면 III-PAL은 적용될 수 없게 된다. 그리고 /č/~/c/의 언어간 변이는 (4.5절에서 후술되겠지만) *i > j 앞의 치음 *t가 동슬라브어에서는 *č로, 서슬라브어에서는 *-c로 변화하는 "탈요트화"의 방언적 분화로 설명된다.

이러한 논증은 여성명사 지소형 접사 -ka는 *-ĭkā가 아니고, *-ĭŭkā로 재구하는 것이 옳음을 시사한다.

CS	*-ĭŭk-	
	[-jük-]	(우믈라우트 음성적 단계)
	-jĭk-	(우믈라우트 음운적 단계)
	-#ĭk-	(탈요트화)
	-ьk-	(제2차 공통슬라브어 모음 추이, 4.11 참고)
	-#k-	(예르의 변화)

이러한 예증에 의해서도 위 B에서 추정된 상대적 연대가 확인된다.

우믈라우트 (음성적 단계, 초기단계, 후설모음 유지)
⇨ III-Pal
⇨ 우믈라우트 (음운적 단계, 종결단계, 전설모음화)

E. II-PAL과 III-PAL

4.4.2.2에서 언급한 바 있지만, 이 두 음성변화는 변화 후음의 정체성과 방언적 분포에서 완전 일치한다. 그러한 이유로 이들의 차이는 동일한 음성 변화의 음성적 조건의 차이라고 주장하는 학자들도 있다. 위의 이유 외에도 상대적 연대에 대한 추정 역시 이들이 동일한 음성 변화일 것이라는 주장에 무게를 실어 준다.

CES otьćь (< CS *atik-as)의 단수처격형 otьći를 대상으로 상대적 연대에 대한 논증을 진행해 보자.

(1) II-PAL ⇨ III-PAL
CS *atik-ai > (단모음화) *atik-ē > (II-PAL) ?otьćě

(2) III-PAL ⇨ II-PAL
CS *atik-ai > (III-PAL) *atić-ai > (UML) > *atić-ei > (단모음화) otьći

(1)은 II-PAL이 적용되었을 때 올바른 결과를 얻지 못함을 보인다. 올바른 후대 발달형을 얻기 위해서는 (2)에서처럼 III-PAL이 이중모음의 단모음화와 우믈라우트 이전에 일어나야 함을 보인다. 다시 말하면 III-PAL은 이중모음의 단모음화 이후에 일어난 II-PAL보다 먼저 발생했음을 위의 예를 통해 추론 가능하다.

그러나 다른 예 CES vьćěxъ 'all-LP'는 이와는 반대의 추론이 옳음을 시사한다.

(1) II-PAL ⇨ III-PAL
CS *vix-ai̯xu > (단모음화) *vix-ēxu > (II-PAL) vьśěxъ

(2) III-PAL ⇨ II-PAL
CS *vix-ai̯xu > (III-PAL) *viś-ai̯xu > (UML) *viś-eixu
> (단모음화) ?vьśixъ

이렇게 서로 모순된 결과를 만들어내는 이유는 이전의 동일한 형태를 가졌던 어미가 통합된 어휘에 따라 상이한 후대 발달음을 보이기 때문이다. 즉, CS의 처격 어미형 *-ai가 'father'의 명사에서는 CES의 -i에 대응되는 반면, 'all'의 대명사에서는 CES의 ě에 대응한다. 동일한 음성적 환경에 처해 있는 음이 서로 다른 후대 발달음을 보인다면 이것은 음성적 요인 외의 다른 요인이 게재한 것이라고 추정할 수 있다.

우리는 II-PAL이 일어나는 음성적 환경에서 먼저 경구개음화가 시작한 뒤, 이 변화의 진행 중에 혹은 종료 후에 III-PAL이 일어나는 음성적 환경에서 위와 동일한 경구개음화가 일어났다고 본다. 따라서 *atik- *vix- 모두 단수처격에서 경구개음화인 먼저 일어난다. 즉, 어미 *-ai와 *-aixu의 이중 모음 *-ai-가 -ē-로 단모음화되고 이것이 II-PAL을 발생케 했던 것이다. 나머지 격들에서는 III-PAL이 발생한다. *atik-의 패러다임을 재구해 보면,

	CS	CES		
NS	*atik-as	otьć-ь (III)		muž'-ь[70]
AS	*atik-am	otьć-ь (III)		muž'-ь
GS	*atik-ād	otьć-ä (III)		muž'-ä
LS	*atik-ai	otьć-ě (II)	→ otьć-i	muž'-i
DS	*atik-au	otьć-ü (III)		muž'-ü
IS	*atik-ami	otьć-emь (III)		muž'-emь

이렇듯 어휘소 '아버지'는 단수의 모든 격에서 어간 말음이 *-k에서 *-ć로 바뀐다. 이렇게 되면 이제 otьćь가 muž'ь처럼 소위 "경구개 곡용식"의 곡용식 어미를 갖게 되는 것은 자연스러운 일이 된다(경구개 곡용식에 관해서는 7.1.2 참고). 이러한 형태음운론적 요인에 의해 단수처격 *otьćě(II-Pal의 결과)가 otьći로(유추에 의함) 변화한 것으로 이해할 수 있다. 즉, otьći의 처격 어미 -i의 출현은 음

운 변화에 의한 것이 아니라 형태음운적 변화에 의한 것이다.

4.4.1에서 언급한 바와 같이, 동슬라브어의 북동 방언(현대 러시아어의 직계 선대 방언)에서 II-PAL의 결과는 원래의 연구개음으로 복원되었는데, 복원된 경우는 소위 “중립 곡용식”을 가지고 있었던 어휘들이었다. 즉, bog-ъ bog-a bog-a bož́-ě bog-u bog-omь에서 단수처격 bož́ě(II-PAL)는 bogě로 평준화(levelling)되었다. 중립 곡용식을 가지는 어휘들은 어간 평준화가 작용했었고, 경구개 곡용식을 가지는 어휘들은 어미의 유추가 작용했던 것이다. 그러나 bogě와 otьći 모두 음성적 조건에 의한 음운 변화의 결과가 아니라, 평준화나 유추 등의 비-음성적 요인에 의한 음성 변화, 즉 형태음운적 변화의 결과라는 점은 동일하다.

4.5 ‘요드-경구개음화’와 탈요드화

4.5.1. 공시적 변동

현대 러시아어에서 다양하게 목격되는 자음 변동 중의 하나가 **‘치음~경구개음’ 변동**과 **‘순음 ~ 순음+l” 변동**이다. 먼저 동사의 경우를 예시한다.

метать/мечу/мечи	m'eta-t'/m'eč-u/m'eč-i
писать/пишу/пиши	p'isa-t'/p'iš-u/p'iš-i
низать/нижу/нижи	n'iza-t'/n'iž-u/n'iž-i
дремать/дремлю	dr'ema-t'/dr'eml'-u
заметить/замечу	zam'et'i-t'/zam'eč-u
ходить/хожу/хаживать	xod'i-t'/xož-u/xaž-ivat-t'
спросить/спрашивать	spros'i-t'/spraš-iva-t'

70 CS *mang-j-as > manž-j-as > mąžь > CES muž'ь. OCS мѫжь. 비음-이중모음의 단모음화 및 딜비음화 등에 대해서는 후술.

унизить/униженный	un'iz'i-t'/un'iž-onn-ij
купить/куплю	kup'i-t'/kupl'-u
заставить/заставливать	zastav'i-t'/zastavl'-iva-t'

제1식 활용 동사에서는 어간 말 치음이 모든 현재 활용형과 명령형에서 경구개음으로 변동되는 반면, 제2식 활용 동사에서는 현재1인칭단수형과 불완료상, 완료피동형에서 경구개음으로의 변동이 발생한다.[71]

형용사 비교급 단형에서도 변동이 발생한다.

богат/богаче	bogat-ø/bogač-e
гладок/глаже	glad-ok-ø/glaž-e
высок/выше	vis-ok-ø/viš-e
близок/ближе	bl'iz-ok-ø/bl'iž-e
дешев/дешевле	d'ošov-ø/d'ošovl'-e

파생에서 보이는 변동도 예시한다.

свет/свеча 'light/candle'	sv'et-ø/sveč-a
мед-/межа 'center/borderline'	m'ed-/m'ež-a
носить/ноша 'carry/burden'	nos'i-t'/noš-a
коза/кожа 'goat/skin'	koz-a/kož-a
телята '송아지'	t'el'at-a
телячий	t'el'ač-ij-ø
медведь '곰'	m'edv'ed'-ø
медвежий	m'edv'ež-ij-ø

71 1식 동사는 완료상과 피동형에서는 변동이 부재하고, 2식 동사는 현재형(Я-형을 제외하고)과 명령형에서는 변동이 부재한다. 예컨대, 1식 동사 написывать написанный vs. 2식 동사 спросишь -сит -сят спроси.

한편, II-활동 동사 중에는 어간 말 치음 -t/d이 -č/ž 대신에 -šč/žd'와 교체하는 경우도 있다.

осветить	osv'et'i-t'
освещу	osv'ešč-u
освещение	osv'ešč-enij-o
освещенный	osv'ešč-onn-ij
освещать	osv'ešč-a-t'
повредить	povr'ed'i-t'
повреждать	povr'ežd-a-t'
поврежден	povr'ežd'-on-ø
повреждение	povr'ežd'-enij-o

또한 어간 말 자음군 st/zd이 šč[š'š']/žǯ[ž'ž']와 변동하는 경우도 있다.

ездить/езжу	jezd'i-t'/ježǯ-u [ž'ž'~žž]
чистить/чищу	čist'i-t'/čišč-u

4.5.2. 역사적 변화

전술한 바와 같이 연구개음의 경구개음화는 모두 음절 내 음조성 일치라는 음절 제약 원리에 의해 발생한 음성변화였다. 그리고 그러한 음성 변화의 원인이 되는 분절음은 모두 전설 모음이었다. I-Pal은 연구개음이 전설 모음 *i ī e ē 앞에서 변했고, II-Pal은 이중모음 *ai에서 변한 *ē/ī 앞에서만 변했고, III-Pal은 i-모음 계열의 분절음 뒤에서만 변했다.

그런데 공통슬라브어는 이렇게 연구개음만 경구개음으로 변화된 것이 아니었다. 치음과 순음 등 비-연구개음도 특정 음성 환경에서 경구개음화하였다. 이 음성 환경은 다름 아닌 비-성절 고모음 *ĭ에서 발달한, “jod”라고 불리는 *j 앞이었다. [j]는 조음 위치가 경구개인 반자음(semi-consonant)으로 [+음조성] 자질에 의해 정의되는 전이음인데, 슬라브 조어 시기 때 단모음 *ĭ의 변이음이었는데, 이들은 모음에 선행하는 위치에 출현(CjV 혹은 #jV-) 하거나 구강 이중모음의 경과음으로 기능(Vj# 혹은 VjC)했다. 이 요드가 선행하는 자음(즉, 치음과 순음)의 변화를 초래한다는 점을 중시하여 여기에서는 "**요드-경구개음화**(J-Palatalization, J-PAL)"라고 부르기로 한다.

그런데, J-PAL의 조건이 된 *j는 (1) 치음이 선행할 경우에는 치음을 경구개음으로 바꾼 뒤 자신은 소멸되거나 (2) 순음이 선행할 경우에는 자신이 경구개음 *ĺ로 변화한다. 이처럼 J-PAL의 조건이 된 *j가 탈락하거나 다른 음으로 대체하는 변화를 "**탈요드화**(Dejotation, DEJ)"라고 부른다.[72]

I-PAL의 결과가 모든 슬라브어에 일관되게 나타나는 전기 공통슬라브어의 음성변화라면, J-PAL는 공통슬라브어의 방언적 분화를 촉진시키는 후기 음성변화의 하나이다. 부연하면 J-Pal의 변화 후음(reflex)은 슬라브 제어에서 다양하게 나타난다. 러시아어에 국한해서 공시와 통시를 논의하는 본서에서는 J-PAL이 보이는 다양한 후음들에 대해서 간단히 언급만 할 뿐, 상술하지는 않는다. 좀 더 자세한 논의는 슬라브어 역사비교언어학 관련 논의를 참고하기 바란다.

4.5.2.1. J-PAL: 치음

다음의 경우에 J-PAL이 발생한다.

CS	*{t, d, s, z} / _j > {č', ž', š', ž'}		
CS	*peis-j-am	> (J-PAL) pišʹ-j-ǫ	> (DEJ) pišʹ-#-ǫ
	*māz-j-am	> (J-PAL) maž-j-ǫ	> (DEJ) maž-#-ǫ

72 I-Pal 당시에 연구개음이 *i > *j 앞에서 경구개음으로 변화했다면, 이 때의 *j 역시 탈-요트화된다.

J-PAL은 치음 군(群)에서도 발생하는데, 첫째, *kt/gt의 경우에는 조건이 되는 환경이, 일반적인 경우와 달리, 전설모음 *ī 앞에서 *č로 바뀐다는 것이다.

CS	*kt *gt / __i > č'		
CS	*pek-tēi	> pek-tī	> peči
	*mag-tēi	> mag-tī	> moči

한편, '마찰음+파열음'의 치자음군에서도 J-PAL이 일어난다.

CS	*st *zd / __j > š'č' ž'ǯ' (> ž'ž')		
	*ēzd-j-am	> ěžǯ-j-ǫ	> ěžǯ#-ǫ
	*čīst-j-am	> čišč-j-ǫ	> čišč#-ǫ

마찰음(*s/z)의 경우에는 모든 슬라브 제어에서 동일한 후대 발달음(후음後音)을 보인다. 즉, 경구개 마찰음으로 예외 없이 바뀐다. 그러나 파열음(*t/d)의 경우에는 다양한 후음을 보인다.

	R/Ukr[73]/Br	P/Slk	Cz	Sln	SC	Mac	B
*tj	č	c	c	č	ć	ḱ	št
*dj	ž	dz	z	j	đ	ǵ	žd

73 우크라이나어에서 *dj의 발달은 특히 주목할 만한데, 사실 *ž는 *d를 가지는 명사가 어떠한 굴절형으로 실현되든지 항상 *j 앞에 위치하는, 소위 "일관적 환경(uniform environment)"에 있을 때의 후음이고, 그렇지 않은 환경, 즉 *d가 형태소 경계에 위치하고 있어서 *j를 포함하는 형태와 그렇지 않은 형태가 교체하는 그러한 환경("교체적 환경alternating environment")에 있을 때의 후음은 *dž이다. 예컨대, *med-j-ā의 *d는 일관적 환경에 있으며, 이때의 J-Pal 후음은 *ž이나(Ukr. межа). 반면, CS *sād-ī-tēi > CES saditi (Ukr. садити)의 1인칭단수 현재형은 саджу이다.

특히 남슬라브어 방언을 기반으로 한 OCS에서의 형태와 러시아어에서의 형태가 비교된다.

CS	*med-j-ā	'boundary'	R.	межа	OCS	mežda
	*svēt-j-ā	'candle'		свеча		svěšta
	*nak-ti	'night'		ночь		noštь
	*mag-ti	'might'		мочь		moštь

4.5.2.2. J-Pal: 순음

순음의 변화는 다음과 같다.

CS	*pj, bj, vj, mj	>	*pĺ, bĺ, vĺ, mĺ			
CS	*zem-j-ā	>	CES	zemĺä	R.	земля
	*kaup-j-am	>		kupĺü		куплю
	*drēm-j-am	>		drěmĺü		дремлю

'순음+j' 연쇄체가 어근 내에 있는 경우에는 모든 슬라브어에서 *j > *ĺ의 변화를 겪지만, 동일한 연쇄체가 어간-어미 경계에 위치해 있을 경우에는 개별 슬라브어에 따라 다른 변화 후음을 보인다. 동슬라브어와 SC에서는 *j > *ĺ로 변화하지만, 서슬라브어와 불가리아어에서는 선행 순음을 경구개음화하고 탈요트화를 겪는다.

CS	R	P	Cz	SC	B
*zem-j-ā	земля	ziemia	země	zemlja	земя
*kaup-j-en	купленъ	kupiony	koupen	kupljen	купен

4.5.2.3. J-Pal: 공명음

공명음이 음절의 초성에 위치해 있을 때, 이들 역시 *j 앞에서 경구개음으로 바뀐다.

CS	*nj lj rj	>	*ń ĺ ŕ	R.	n' l' r'
CS	*kan-j-as	>	*końь		конь
	*val-j-ā		*volä		воля
	*mar-j-as	>	*moŕe		море

그런데 동슬라브어에서 경구개음 ń/ĺ/ŕ은 전설모음 앞에 발달하기 시작한 연자음(즉, [+연음성sharping]) [n'/l'/r']과 합류한다. 이러한 합류로 인해 현대 러시아어에는 공명음에 발생한 J-Pal로 인한 변동은 보이지 않는다.

4.5.3. 역사적 설명

러시아어에는 교회슬라브어 차용어가 많기 때문에, 러시아 고유 어휘과 차용어휘 사이에는 *tj/*dj의 후음 차이가 발견된다. 현대러시아어 어휘들에 보이는 의미적, 음성적 차이를 음미하라.

러시아어 고유어휘	OCS 차용어휘
проглотить-проглочу '삼키다'	поглотить-поглощу '흡수하다, 섭취하다'
разбудить-разбужу '깨우다'	возбудить-возбуждать '선동하다, 야기하다'
ночь '밤'	полунощный '야밤'
помочь '돕다'	помощь '원조, 구조'
чужой '남'	чуждый '이질적인'
надежный '믿는'	надежда '신뢰'
вожак '우두머리'	вождь '지도자'

CS *tj는 동슬라브어(고대 러시아어)에서는 č'로, 남슬라브어(즉, OCS)에서는 š't'로 변화하였는데, OCS에서 차용된 위의 어휘들이 러시아어판 교회슬라브어에서는 š'č'로 변화했고, 현대 러시아어에서는 [š's']로 발음된다. CS *dj는 동슬라브어에서 ž'로, 남슬라브어에서는, 위 OCS 차용 어휘들에서 보는 바와 같이, ž'd'로 변화되었다. 의미적으로 러시아어 고유 어휘는 일상 구어에서 자주 사용되는 사물이나 개념을 의미하는 반면, OCS 차용 어휘는 보다 문어적이고 추상적인 개념을 의미한다. 가령, 고대 러시아어적 음성 요소를 포함하는 проглотить/проглочу는 '삼키다(swallow)'라는 보다 구어적이고, 구체적인 동작을 의미하는 반면, 고대 교회 슬라브어적 음성 요소를 포함하는 поглотить/поглощу는 지식이나 시간 등을 '흡수(absorb)'하거나 '섭취'함을 의미한다.

J-PAL에 역사적 뿌리를 둔 공시적 변동을 역사적 시각에서 설명해 본다.

R.	метать	CS	*mēt-ā-tēi	>	mět-a-ti		
	мечу		*mēt-j-am		měč'-j-ǫ	>	meč-#-u
	мечешь		*mēt-j-eši		měč-j-eši		měč-#-еши
R.	водить	CS	*vad-ī-tēi	>	vod-i-ti		
	вожу		*vad-j-am		vož'-j-ǫ	>	vož-#-u
	водит		*vad-ītь		vod-itь		
R.	носить	CS	*nas-ī-tēi	>	nos-i-ti		
	ношу		*nas-j-am		noš-j-ǫ	>	noš-#-u
	ноша		*nas-j-ā		noš-j-a		noš-#-a
R.	клепать	CS	*klep-ā-tēi				
	клеплю		*klep-j-am				
	клеплет		*klep-j-eti				
R.	ломить	CS	*lam-ī-tēi				
	ломлю		*lam-j-am				
	ломит		*lam-ītь				
	ломлен		*lam-j-en-u				

어근에 이중모음 *au̯를 가지는 경우, 경과음 u̯은 모음 앞 위치에서 전이음 [w/v]로 바뀌는데, 이것이 공명도 상승이라는 음절 제약 원리에 의한다는 것은 이미 언급한 바 있다. 고유명사 Järoslavъ의 소위 물주형용사 역시 Järoslavĺь이다. 후자는 접사 *-j-가 어근 뒤에 접미되는데(*järoslau̯-j-ъ), 이때 이미 경과음 u̯은 순음의 반자음 [v]로 재해석되어, 후행 음절의 초성으로 작용한 듯하다. 따라서 J-PAL의 적용 대상이 되어 -vĺ-가 도출된 것이다.

그러나 소위 현대 러시아어 -ova 동사, 그리고 몇몇 어휘소의 경우는 그 발달 과정이 이와 다름이 주목된다.

R.	пировать	CS	*pīrau-ā-tēi	CES	pirovati
	пирую		*pīrau-j-am		pirujü
	пирует		*pīrau-j-eti		pirujetь
	остров		*astrau-as		ostrovъ
	струс		*strau-j-ā		strujä

이들에서 이중모음 *au̯는 *j 앞에서 동음절 이중모음으로 처리되어, 단모음화(즉, *au > ū > u)를 겪는다. 이러한 차이점은 J-PAL이 발생할 당시 경과음 *u̯는 이미 순음의 반자음으로 바뀌었지만, -ova 동사나 여타의 몇몇 어휘소들에서는 비성절의 반모음으로 남아 있었을 것이라는 추정에 의해 설명이 되기는 한다. 이는 *Cau̯iV에서 /au̯i/ 연쇄체의 음절 경계 해석 문제이다. 즉,

CS *Ca.u̯iV > Ca.vjV > (J-PAL) Ca.vĺV (C: 자음, V: 모음)
*järoslau̯-i-as > Järoslavĺь
*Cau̯.iV > (단모음화) Cū.jV > Cu.jV
*pīrau̯-i-am > pirujü

그러나 왜 이러한 차이가 발생했는지에 대해서는 연구가 더 필요하다.[74]

J-PAL은 CS *snj, *slj, *znj, *zlj 등의 연쇄체에도 발생하는데, 이 연쇄체의 경우 J-PAL의 영향력이 공명음을 넘어 선행 치음에까지 영향을 주어, *s z > š' ž'로 변한다. 그러나 현대러시아어에서는 선행 마찰음은 평준화에 의해 다시 치음으로 복원되기도 한다.

R.	šn', šl'	CS	*snj, slj	>	LCS	šń, šĺ
	весна		*vesn-ā			vesna
	вешний		*vesn-j-as			vešńь
	мыслить		*mūsl-ī-tēi	>		mysliti
	мыслю		*mūsl-j-am			myšĺü
	мышление		*mūsl-j-			myšĺenij-
	его		*jego			jego
	без него		*bez njego			bež ńego
	воздать		*vuz-dā-tēi			vъzdati
	возлюбить		*vuz-ljub-ī-tēi			vъžĺübiti

공명음이 경험한 J-PAL의 결과는 개별 슬라브어에 따라 조금씩 달랐다. 대체로 북(北)슬라브 제어(동슬라브어와 서슬라브어)는 위의 러시아어 발달이 보여주듯이 경구개음과 연자음이 합류되고, 이 합류된 연자음(혹은 경구개음)과 경자음이 대립을 보이는 상황으로 갔다면, 남(南)슬라브 제어(특히 SC와 Sln)는 변화된 경구개음은 그대로 남아 있고, 경자음(후설모음 앞)과 연자음(전설모음 앞)이 상보적 분포를 보이는 변이음으로 남아 있다.[75] 그러나 슬라브 개별 언어들의 개별적 발달로 인해 위의 등어선(isogloss)가 그대로 존속되지는 않았다.

---

74 지명 Järoslavъ의 어간이 일반화되었을 것으로 추정된다.

75 SC *r은 뒤에 *ŕ과 합류한다. 개별 언어의 경구개 공명음의 발달에 관해서는 Townsend & Janda, 87-9 참고할 것.

4.6 우믈라우트(Umlaut)

4.6.1. 공시적 변동

현대 러시아어 명사 곡용은 그 형태적 측면에서 "**경변화식**"과 "**연변화식**"으로 구분되어 기술되기도 한다. 예컨대, 끼릴문자로 전사된 다음의 두 종류의 명사들을 비교해 보면,

	남성		중성		여성	
	강변화	연변화	강변화	연변화	강변화	연변화
주격	стол	конь	окно	море	вода	межа
대격	стол	конь	окно	море	воду	межу
생격	стола	коня	окна	моря	воды	межи
처격	столе	коне	окне	море	воде	меже
여격	столу	коню	окну	морю	воде	меже
조격	столом	конем	окном	морем	водой	межей

소위 경변화식의 명사는 어미가 <а у ом ой> 등의 "경모음 글자"로 적혀 있고, 연변화식의 명사는 어미가 <я ю ем ей>등의 "연모음 글자"로 적혀 있다.[76] 그러나 주지하는 바와 같이(2.1 참고), 어미를 적은 끼릴 문자의 차이가 바로 어미 자체의 차이를 나타내는 것은 아니다. 이들 곡용식 사이의 차이는 사실 어간 말 자음이 경자음이냐 연자음이냐에 있는 것이지, 어미에서는 차이가 존재하지 않는다. 위의 형태를 음운표기로 전사해 제시해 보면 이 사실이 명백히 드러난다.

76 межа межу는 고대러시아어 시기에는 межя межю로 적혀 있었다.

	남성		중성		여성	
	강변화	연변화	강변화	연변화	강변화	연변화
주격	stol-ø	kon'-ø	okn-o	mor'-o	vod-a	m'ež-a
대격	stol-ø	kon'-ø	okn-o	mor'-o	vod-u	m'ež-u
생격	stol-a	kon'-a	okn-a	mor'-a	vod-i	m'ež-i
처격	stol'-e	kon'-e	okn'-e	mor'-e	vod'-e	m'ež-e
여격	stol-u	kon'-u	okn-u	mor'-u	vod'-e	m'ež-e
조격	stol-om	kon'-om	okn-om	mor'-om	vod-oj	m'ež-oj

소위 경변화식 어간 말 자음은 경자음이고, 연변화식 어간 말 자음은 연자음이 확인되며, 각각의 격어미는 모두 동일하다. 그렇다면 현대 러시아어의 명사 어간 말 자음의 경연 대립은 역사적으로 어떻게 형성되었을까?

4.6.2. 역사적 변화

음절 내 음조성 일치라는 음절 형성 조건은 대체로 [+tonality]의 음성 자질을 가지는 모음(즉, 전설모음)이 선행 자음에 해당 음성 자질을 전파하는 방식으로 충족되었다(4.1.2 참고). 연구개음의 경구개음화가 그랬었고, J-PAL도 그랬다. 그러나 선행 경구개음이 가진 [+tonality] 자질을 후행 모음에 전파하는 방식도 가능했다. 이것이 **우믈라우트**(Umlaut)인데, 그 내용은 후설 모음이 전설 모음화되는 것이었는데 후설 모음의 원순성은 그대로 존속하기도 하고 소실하기도 하였다.

CS	*Č'V° > *Č'V' (Č': 경구개음, V°: 후설모음, V': 전설모음)			
CS	*mar-j-as	>	*mor̆-o	>	mor̆e 'sea'
	*kan-j-au		*koń-u		końü 'horse-DS'
	*sjū-tēi		*šū-ti		šiti 'sew'
	*zem-j-ai		*zemĺ-ei		zemĺi 'earth-LS'

*pjuv-ā-	*pĺivati	pĺьvati 'spit'
*atik-as	*otьć-ъ	otьćь 'father'
*slūx-ē-tēi	*slyšati	slyšäti 'hear'

우믈라우트는 이처럼 모든 경구개음 뒤에 이러저러한 이유로 후행 음절의 후설모음을 전설화하는 결과를 낳았다.

4.6.3. 역사적 주석

현대 러시아어의 어간 말 위치에서 경구개음(즉, 연자음)이 발생하게 된 근원적 역사적 뿌리는 J-PAL과 그에 따르는 탈요드화(DEJ)이었다. 부연하면, 공통 슬라브어 시기에 특정 단어에는 어휘적으로 *-i(j)-의 어간 확장 요소가 덧붙여진 것으로 재구된다. 이 어간 확장 요소가 앞의 치음과 순음을 경구개음으로 변화시키고, 자신은 탈락되는 것이다.

CS	*kan-i-as	> (J-PAL)	koń-j-os	> (DEJ)	koń-#-ъ
	*svēt-i-ā		svěč'-j-a		svěč'-#-a
	*zem-j-ai̯		zemĺ-j-ai̯	>	zemĺ-#-ai̯

어간 말에 위치한 이러한 경구개음은 당시 모두 연자음이었기 때문에 움라우트 변화의 조건으로 작용했고, 후행 음절의 후설모음을 모두 전설화했던 것이다.

*koń-#-ъ	> (UMLAUT)	koń-ь
*svěč'-#-a		svěč'-ä
*zemĺ-#-ai̯		zemĺ-ei̯

이후 고대러시아어 시기에 경구개 공명음이었던 *ńĺŕ은 모두 연자음 n' l' r'로 변화되었고, 경구개 장애음 *š' ž' ć는 모두 경자음으로 변한다.

koń-ь	>	kon'-ь	R.	kon'-ø
svěč'-ä		svěč'-ä		sv'eč-a
zemĺ-ei̯		zeml'-i		z'eml'-e[77]

지금까지 I-CSVS로 등장한 음성 체계를 배경으로 하여, 음절 내 음조성 일치 제약에 의해 촉발된 음성 변화들에 대해 알아보았다. 지금부터는 음절 내 공명성 상승 제약에 의해 촉발된 음성 변화들에 대해 알아본다.

4.7. 유음의 이중모음(liquid diphthong)

공통슬라브어에 다양하게 존재한 이중모음 중 성절 핵이 '모음+유음'의 복합체를 유음의 이중모음(Liquid diphthong=L-diph, 예컨대, *al ar el er il ir ul ur 등)이라고 하는데, 이들의 발달은 음절의 구조와 밀접하게 연계되어 있다. 부연하면 구강-이중모음의 발달에서처럼 L-diph의 요소들이 동일한 음절에 위치해 있는지의 여부가 중요하다. 이들 요소가 동일한 음절에 위치해 있을 경우의 L-diph을 **동(同)음절 L-diph**이라고 하고, 이들 각각이 서로 다른 음절에 위치에 있을 경우를 **이(異)음절 L-diph**이라고 한다. 이중모음의 동음절 여부는 음성적 환경에 의해 결정된다.

동음절 L-diph은 자음 앞에 위치하거나 어말에 위치한다. 그리고 선행 모음은 장(長)모음과 단(短)모음 모두 출현할 수 있지만, 동음절 L-diph의 경우에는

77 ь의 탈락(5.1 참고), ä > a (5.1.2 참고), i -> e (7.1.3.1.1 참고) 등의 변화는 후술된다.

장단의 대립은 단모음으로 중화된다. 따라서 장단 대립은 이음절 L-diph에서 만 유지된다.

그리고 발달의 양상에 따라 두 부류로 나누는데, 모음이 저모음일 때와 고모음일 때로 나눈다. 전자는 전통적으로 "TORT" 부류라 부르고, 후자는 "TЪRT"라고 지칭한다. 한편 L-diph가 어두에 올 경우에는 "ORT"라고 한다(T는 자음, O는 저모음, R은 유음, Ъ는 고모음을 나타낸다). 이들에 대해 개별적으로 논의한다.

4.7.1 TORT 부류

4.7.1.1. 공시적 변동

현대 러시아어에는 어간에 유음을 가지는 어휘소들에 다양한 종류의 변동을 보인다.

колоть/колю	kolo-t'/kol'#-u
молоть/мелю	molo-t'/m'el'#-u
бороться/борюсь	boro-t'-s'a/bor'#-u-s'
умереть/умру	u-m'er'e-t'/u-mr#-u

공시적 변동의 관점에서만 보면, 부정사형의 어간 말 모음 /o e/가 현재 시제형에서 부재한 것은 동사 활용에서 보이는 일반적 변동을 예시한다. 말하자면 писать/пишу сидеть/сижу говорить/говорю 등에서 보이는 부정사형 어간 말 모음 /a e i/의 현재 시제형에서의 부재와 그 양상은 동일하다는 것이다.

그러나 통시적 관점에서 колоть 등의 동사들이 실제로는 부정사형에서 어간 모음이 부재하는 자음 어간 동사였음을 상기하면(즉, CS *kal-tēi, *mel-tēi, 등), 이들 동사의 어간 말 모음은 역사적 변화의 결과임을 짐작할 수 있다.

또한 파생 관계에 있는 어휘소들에 있어서도 변동을 보인다.

беречь/пренебречь	b'er'e-č/pr'e-n'e-br'e-č
дерево/древесина	d'er'ev-o/dr'ev-es'-in-a
беременная/бремя	b'er'em'-enn-aja/br'em'-a
наоборот/обратно	na-oborot/o-brat-n-o
молоко/млекопитающий	molok-o/ml'ek-o-p'itajšč-ij
голос/полногласие	golos-ø/polno-glas'-ij-o
холодно/прохладный	xolod-n-o/pro-xlad-n-o
ворота/вратарь	vorot-a/vrat-ar'-ø

위의 예들이 보이는 변동의 음성적 면모 상의 특성은 하나는 유음(liquid, R) 양쪽에 동일한 모음이 있는(TVRVT) 반면, 다른 하나는 유음 뒤에만 모음이 있다(TRVT)는 점이다.

또한 의미적으로 동일하지는 않지만, 형태적 차이를 보이는 단어쌍도 있다.

горожанин/гражданин	gorož-an'in-ø/gražd-an'in-ø
сторона/страна	storon-a/stran-a
голова/глава	golov-a/glav-a

이러한 공시적 변동의 역사적 뿌리에 대해 알아보자.

4.7.1.2. 역사적 변화: 완전모음화 vs. 전위

동음절 L-diph의 발달은 지역에 따라 방언적 차이를 보인다. 공통 동슬라브어에서의 TORT 부류의 발달은 "**완전모음화**(полногла-сие, pleophony)"라고 부르는데, 그 변화 모습은 다음과 같다.

CS	*TerT	TarT	TelT	TalT
CES	*TereT	ToroT	ToloT	ToloT

이 변화의 요체는 유음 뒤에 모음이 하나 더 형성되는데, 그 모음은 선행 모음과 동일하다는 점이다. 한 가지 예외가 있는데, 그것은 유음이 *l일 경우에는 선행 전설모음 *e는 원순화(labialization)되어 *o가 되고(아래 *melk-as 참고), L-diph에 선행하는 자음이 경구개음일 경우에는 *e는 그대로 남고 첨가된 모음만 원순화된다는 것이다. 예컨대, *čeln- > čelonъ. (R. член은 교회슬라브어 차용어이다.)

동슬라브어에서 발생한 완전 모음화는 유음의 이중모음이 공명도 상승의 법칙에 위배되기 때문에 일어난 것인데, 아래는 L-diph이 왜 제약을 위배하는지를 보이고(1), 어떻게 완전모음화라는 변화에 의해 이러한 상황이 해소됨을 보인다(2).

(1) *Ter.TV 혹은 *Te.rTV
↗↘↗ ↗↘↗

(2) *Te.re.TV
↗↗↗

(1)은 음절 경계가 어디에 있든지 공명도가 하강하는 음절이 존재함을 보이고, (2)는 모음 첨가로 인해 그러한 상황이 해소됨을 보인다. 이렇게 모음 첨가에 의해 제약을 해소할 수 있는 것은 근본적으로 유음이 [성절성] 음성 자질을 가지고 있기 때문이다. 다시 말하면, 성절 유음의 비성절화로 인해 후행 모음이 발달한 것이다(4.7.2 참고).

다음의 예를 참고하라.

CS	*gard-as	OR	gorodъ	R.	город
	*xald-as 'cold'		xolodъ		холод
	*berg-as		beregъ		берег
	*melk-as 'milk'		moloko		молоко
	*karl-j-as		koroĺь		король
	*galv-ā		golova		голова
	*mel-tēi		moloti		молоть

L-diph의 공명도 상승 법칙의 위배를 해소하는 데는 다른 방식도 가능했다. 그것은 L-diph 요소의 위치를 **전위**(метатеза, metathesis)시킴으로써 공명도를 상승시키는 방식이었는데, 남슬라브어 및 서슬라브어에서 선택한 방식이었다. 러시아어에 있어 특히 남슬라브어 선택 방식이 중요한데, 그 이유는 현대 러시아어에 존재하고 있는 많은 남슬라브어(즉, 교회슬라브어) 차용 어휘들 때문이다.

남슬라브어는 전위와 동시에 모든 단모음을 장음화시킨다. (반면 서슬라브어에서는 장음화되지 않는다. 즉, CWS *TreT). 장음은 후대 발생한 제2차 공통슬라브어 모음 추이에 의해 상응하는 단모음으로 발달한다. 남슬라브 지역 방언의 변화 양상과 예들을 제시한다.

CS	*TerT	TarT	TelT	TalT
	*TrēT	TrāT	TlēT	TlāT
CSS	*TrěT	TraT	TlěT	TlaT

CS	*Ter.TV ↗↘ ↗	> SSl *Trē.TV ↗ ↗

CS	*gard-ī-tēi	> OCS	graditi	R.	градить
	*xald- 'cold'		xladъ		прохладно
	*berg-as		brěgъ		прибрежный
	*melk-as 'milk'		mlěko		млечный
	*karl-j-ā		kraĺä		краля
	*galv-ā		glava		глава

마지막 세로열의 러시아어 예는 남슬라브어 차용 어휘들이다.

한편, 이음절 L-diph의 경우에는 유음이 후행 음절의 초성으로 재해석되었기 때문에 원래의 연쇄체가 계속적으로 발전하였고, 아울러 장모음과 단모음의 대립도 지속되었다.

CS	∗Te.rV	TērV TarV TārV TelV TēlV TalV TālV
CES	∗Te.rV	TěrV TorV TarV TelV TělV TolV TalV
	↗ ↗	

4.7.1.3. 역사적 설명

L-diph의 '동음절 위치 vs. 이음절 위치'라는 음성적 환경에 따른 차별적 발달로 인해 현대 러시아어에는 다양한 형태음운적 변동이 발생한다.

R.	брать	CS	∗bir-ā-tēi	>	bьrati
	беру		∗ber-am		beru
	бремя		∗ber-men-		beremä
	борьба		∗bari-b-ā		borьba
	борюсь		∗bar-j-am		boŕüsä
	бороться		∗bar-tēi		boroti sä
	мелю		∗mel-j-am		meĺü
	молоть		∗mel-tēi		moloti
	колю		∗kal-j-am		koĺü
	колоть		∗kal-tēi		koloti
	вертеть		∗virt-ē-tēi		vьrtěti[78]
	воротить		∗vart-ī-tēi		vorotiti
	время		∗vert-m-en		veremä
	сумерки		∗sau-mirk-		sumerky

обморок	*ab-mark-	obmorokъ
мрак	*mark-	
горло	*gurl-as	gъrlo
ожерелье	*o-gerl-ij-as	ožerelьje

한편, 공시적 변동에서 언급한 'TVRVT vs. TRVT'(город vs. градить)의 단어쌍은 동슬라브어의 완전모음화 변화와 남슬라브어의 전위 변화에 따른 결과임을 쉽게 이해할 수 있다. 즉, 현대러시아어에 남슬라브어적 변화 결과가 존재하는 것은 차용의 결과이다. 또한 남슬라브어에서의 차용어는 대체로 추상적, 전문적, 혹은 학문적 개념을 표현하는 반면, 동슬라브어 고유어는 대체로 일상적 개념을 표현한다. 전위의 방식은 주로 파생어나 복합어에 분포한다는 사실도 아울러 주목하라.

4.7.2 TЪRT 부류

고모음 L-diph은 공통동슬라브어 시기에 음성적으로 두드러진 변화를 보이지는 않았다. 동음절 위치의 경우, *l 앞에 전설 *i가 원순화되어 *u로 바뀌었고, 장단 대립은 중화되었다.[79]

CS	*TirT	TurT	TilT	TulT
CES	TьrT	TъrT	TъlT	TъlT
OCS	TrьT[r̥']	TrъT[r̥]	TlьT[l̥']	TlъT[l̥]

이와 달리 OCS에서는 유음이 성절화하고, 선행 모음의 음조성 자질(즉, 전설

78 TЪRT 부류의 발달은 4.7.2 및 5.1.1 참고.

79 이들 부류의 약화모음은 후에 '예르(약화모음)의 변화' 시기에 모두 완전모음화한다(5.1 참고). 즉, ъ > o, ь > e. 바로 뒤에 언급되는 현대러시아어 예들을 참고하라.

vs. 후설)은 성절 유음으로 전이된다. 위 표의 전예르 표기(ь)와 후예르 표기(ъ)는 이를 나타낸다. 다음의 예를 참고하라.

CS	*virx-	CES	vьrx-	OCS	vrьxъ	R.	верх
	*dirž-ā-		dьrž-a-		drьžati		держать
	*turg-		tъrg-		trъgъ		торг
	*gurd-l-		gъrd-		grъlo		горло
	*vilk-		vъlk-		vlьkъ		волк
	*milč-ā		mъlč-ā-		mlьčati		молчать
	*dulg-		dъlg-		dlъgъ		долг
	*suln-ić-		sъln-ьc-		slъnьce		солнце

동슬라브어의 경우 고모음 L-diph이 두드러진 음성적 변화를 겪지 않았다고 했지만, 몇 가지 이유로 인해 우리는 실제로 유음에 변화가 있었다고 본다. 왜냐하면 동음절의 고모음 L-diph 역시 공명도 상승 원리에 위배되는 연쇄체이기 때문이다. 이러한 이유로 아마도 저모음 L-diph의 초기 변화에서처럼 고모음 L-diph의 유음이 적어도 음성적으로는 성절화되었을 것으로 추정한다. 즉,

CS	*TorT	>	CES	To[r̥]T
	*TьrT ↗↘	>		Tь[r̥]T ↗↗

두 부류의 L-diph의 차이는 저모음 L-diph의 경우 음성적 성절화 단계를 거쳐 새로운 모음의 생성으로 완성되는 단계까지 발전했다면,

CS	*TorT > To[r̥]T > To[r^{o}]T > CES *ToroT

고모음 L-diph이 음성적 성절화 단계에서 변화가 멈추어 완전모음화(즉, pleophony)되지 않고, 어느 시점(즉, "예르의 변화"시점 이후)에 이르러 자신의 성절성을 소실하고 비성절 유음으로 귀환한 것이다.

CS *TьrT > Ть[r̥]T > Te[r]T

이렇게 추정하는 근거는 첫째, 남슬라브어 및 서슬라브어에서는 유음의 성절화 방식을 취함으로써 공명도 상승의 법칙이 준수되었기 때문에, 동슬라브어에서도 이 법칙은 어떤 방식으로든지 지켜졌을 것이라고 보는 것이 합리적이다.

둘째, 실제로 러시아어 북서 방언에는 CS *TURT에서 변화한 TЪRЪT의 형태가 발견된다("**제2차 충음화** второе полногласие"). 예. верех, столоб, четвереть, сереп, доложно, 등. 동슬라브어 북부 지역이 약화모음의 변화가 가장 늦게까지 진행된 사실을 감안하면, 동슬라브 전 지역에서 성절화된 유음이 이 지역 방언에서는 비성절화하여 후행 모음이 생성될 수 있는 시간적 여유가 있었을 것이라고 추정된다.

셋째, 고모음 L-diph 중 *TьrT 부류의 경우, 강세가 이중모음에 떨어지고 후행 자음이 경치음(hard dentals)이면, 축약모음의 변화 시기에, 전예르 /ь/의 변화 후음인 /e/가 원순화되어 /o/로 바뀐다(5.3 참고).

CS *mirt-v- > mьrt-v- > mért-v- > m'ort-v- R. мёртвый

그러나 후행 자음이 경치음이 아닌 다른 자음이면(예컨대, 연자음이라든지, 경자음의 순음, 경자음의 연구개음이면), 'e > o'의 변화는 일어나지 않는다. 동일한 어근을 가진 мёртвый ~ смерть의 차이를 보라.

CS	*virx- > vьrxъ > vérxъ ≯ v'órx	R. верх
		R. серп смерть

만약 원래 경자음이었던 유음에 성절화가 일어나지 않았다면, 유음 뒤에 아무 자음이 나오더라도 이 경자음 /r/로 인해 'e > o'가 발생했을 것이다. 그러나 만약 실제로 이 유음이 성절화되어 선행 모음의 연음성 자질을 전파받았다면, 이제 연자음인 유음 앞에서는 'e > o' 변화가 불가능하게 되었을 것이다. 다만 경치음 앞에서는 선행 [r̥']이 경음성으로 자질 동화되어 경자음화([r̥])했고, 이러한 상황에서 'e > o' 변화가 가능했던 것으로 추론된다. 이처럼 고모음 L-diph 역시 성절화 변화를 겪었다고 본다.

4.7.3 ORT 부류

어두 L-diph의 발달과 동슬라브어와 남슬라브어 역사적 발달상의 차이는 다음과 같다.

CS	*art-	*ārt-	*alt-	*ālt-
CES	rot-	rat-	lot-	lat-
CSS	rat-	rat-	lat-	lat-

CS	*arst-as	LCS	rostъ	R.	рост	B.	раст
	*arz-		roz-		роз-		раз-
	*alk-ut-		lokъть		локоть		лакът
	*ārdl-as		ralo		рало		рало
	*āln-		lanь		лань		лан

현대 러시아어에 보이는 다음의 형태적 쌍을 참고하라.

R.	ровный-равный
	розыск-разыскание
	роспуск-распускать
	розный-разный
	лодка-ладья

равный разный 등의 예들은 교회 슬라브어 차용어들인 반면, разыскание распускать расти 등은 /o/의 비강세 위치에서의 발음 [a]를 <a>로 문자화한 것이다. 만약 /ó/이라면, рóзыск рóспуск рóс 등으로 <o>로 표기한다. рослá рослó рослѝ 등의 표기는 남성형에서 유추된 결과이다.

4.8 비음(鼻音)의 이중모음

4.8.1. 공시적 변동

현대러시아어에는 **'모음~비음'의 변동**을 보이는 예들이 있다.

начать/начну	nača-t'/načn-u
жать/жму	ža-t'/žm-u
жать/жну	ža-t'/žn-u

이들 동사의 현재 활용형을 고려할 때, 이들 동사는 자음-어간 동사들이며, 따라서 부정사형의 모음 -a-는 어간의 일부임이 틀림없다. 따라서 이들은 모두 'a~n'의 어간 변동을 보인다.

제3식 중성명사에도 이와 유사한 변동이 관찰된다.

время/времена	vr'em'-a/vr'em'-on-a
бремя/беременная	br'em'-a/b'er'em'-en-n-aja
семя/семени	s'em'-a/s'em'-on'-i

4.8.2. 역사적 변화

비음이 변동에 관여하는 것으로 보아, 위의 변동은 역사적으로 **비음-이중모음(Nasal Diphthongs, N-diph)의 변화**와 관계 있는 것으로 추정될 수 있다. 비음-이중모음 역시 구강-이중모음, 유음-이중모음과 더불어 음절 핵을 형성하는 이중모음이었다. '모음+비음'의 연쇄체가 동일한 음절 내에 있으면(동음절 위치), 당연히 공명도 상승 법칙을 위반하게 되며, 따라서 변화가 발생하게 된다. 만약 이들이 분리되어 각각 별개의 음절에 소속되면(이음절 위치), 비음이 후행 음절의 초성으로 음절 재구조화가 발생할 수도 있다.

동음절 N-diph의 변화 과정은 몇 단계로 나누어 생각할 수 있다. 우선 모음의 장단과 비음의 조음적 구별은 모두 소실된다(아래 'N'으로 표기). 모음의 장단 구별의 소실은 여타의 이중모음과 동일하다. *n과 *m을 구별했던 조음적 자질의 소실은 [자음성consonantal]의 소실이다. 다음 N-diph은 이 위치에서 모두 비모음(nasal vowel)으로 변화된다. 이 변화는 [비강성 鼻腔性/nasality]의 획득이다.

CS	*in im īn īm	>	iN	>	į
	*en em ēn ēm	>	eN	>	ę
	*un um ūn ūm	>	uN	>	ų
	*an am ān ām	>	aN	>	ą

그 다음 전설 비모음 *į과 *ę, 후설 비모음 *ų과 ą은 각각 *ę, *ą으로 합류된다. 다시 말해서 [비강성]의 유표적 자질을 가지는 모음 범주에 고저(高低, highness 혹은 sonority)의 대립이 중화된다.

CS	*į *ę	> ę	OCS	ѧ	сѣмѧ	<	CS	*sēm-en-s
	*ų *ą	> ǫ		ѫ	мѫжь			*mang-j-as

OCS가 여기까지의 변화 결과를 반영하고 있음은 주지의 사실이다. 한편, 후대에서의 발달을 볼 때, 동슬라브어에서는 전설 비모음 *ę은 아마도 *ą̈([+low, -round] 혹은 [+compact, -flat])으로 하강하고, 후설 비모음 *ǫ은 *ų(+high, +round] 혹은 [+diffuse, +flat])으로 상승했다가, 다음에 비강성을 상실해서 결국 동슬라브어 음운 /ä/와 /u/로 변화한 것으로 보인다.

CES	*ę	>	*ą̈	>	OR	ä
	*ǫ	>	*ų	>		u

N-diph의 변화를 예시한다.

CS	*leng-am	> lęgǫ	> lägu		R. лягу
	*gen-tēi	> žen-	> žäti		R. жать
	*kuning-as	> kunįź-as	> kъnęźь	> kъnäźь	R. князь

4.8.3. 역사적 설명

N-diph의 단모음화는 동슬라브어 및 현대러시아어에 '모음~(모음+)비음'의 형태음운적 변동을 가져왔다. 즉, 동음절 위치의 N-diph의 후음인 'a/u'에 이음절 위치의 N-diph의 후음인 '(모음+)비음'이 교체한다. 앞에서 예시된 몇가지 예를 들어 역사적 발달 과정을 살펴본다.

R.	начать	CS	*nā-kin-tēi	> na-čä-ti
	начну		*nā-kin-am	> na-čьn-u

начинать	*nā-kīn-ā-tēi	> na-čin-ati
жать	*gim-tēi	> žä-ti
жму	*gim-am	> žьm-u
пожимать	*pa-gīm-ā-tēi	> po-žim-ati
семя	*sēm-en-s	> sěm-ä
семена	*sēm-en-ā	> sem-ena

아블라우트를 동반하는 변동을 예시하면,

R.	дуть	CS	*dum-tēi	> dǫ-ti
	надменный		*nā-dum-en-	> nadъm-en-
	дым		*dūm-as	> dym-ъ
	трясти		*trens-tēi	> träs-ti
	трус		*trans-as	> trus-ъ
	начало		*na-kin-l-as	> na-čä-lo
	конец		*kan-ik-as	> kon-ьćь
	мятеж		*ment-	> mät-ežь
	мутный		*mant-	> mut-ьnъjь

4.9 어말 자음 탈락과 자음군 간소화

4.9.1 어말 자음 탈락

음절 내 공명도가 상승되어야 하는 제약으로 인해 발생한 또 다른 음성변화는 어말 자음의 탈락이다.

CS	*sūn-u-s (Lith. sūnùs)	CES	synъ 'son'
	*gast-i-s (Lat. hostis 'enemy')		gostь 'guest'

*sēm-en-s (OPr. semen)	sěmä 'seed'
*vlk-ād	vъlka 'wolf-GS'

이러한 어말 자음의 탈락으로 인한 열린 음절(open syllable)의 출현은 굴절 패러다임 내에 여러 신크레티즘을 가져왔다. u-어간, o-어간 남성 명사의 주격과 대격의 신크레티즘의 발생이 그 예이다. 가령, CS *sūn-us 'NS' vs. *sūn-um 'AS' > CES synъ vs. synъ. *bratr-as vs. *bratr-am > bratrъ vs. bratrъ, 등.[80]

4.9.2 자음군 간소화

4.9.2.1. 공시적 변동

현대 러시아어에는 **'장애음~ø'의 변동**이 존재한다. 이러한 변동은 특히 접사 -ну를 가지는 완료상 동사와 대응하는 불완료상 동사에서 발견된다.

проснуться/просыпаться	pro-s-nu-t'/pro-sip-a-t'sja
загнуть/загибать	za-g-nu-t'/za-g'ib-a-t'
увянуть/увядать	u-v'a-nu-t'/u-v'ad-a-t'
тиснуть/тискать	t'is-nu-t'/t'isk-a-t'
двинуть/двиуать	dv'i-nu-t'/dv'ig-a-t'

완료상 동사 접사 -nu- 앞에는 대응하는 불완료상 동사 어근에 존재하는 장애음 /p b d k g/이 부재하다. 다음의 예들은 엄밀한 의미에서의 변동을 보이는 것은 않지만, 역사적 시각에서 보면 위의 예들과 동일하게 볼 수 있다.

80 어말 자음의 탈락으로 인한 신크레티즘의 발생이 특히 활물체(animate beings) 명사의 대격형을 생격형과 동일하게 하려는(즉, 주격형과 대격형을 다르게 하려는) 형태음운적 변화를 가져오게 하였다.

луна/луч	lun-a/luč-ø
сон/спать	son-ø/sp-a-t' cf. Lat. sŏpor '혼수'
время/вертеть	vr'em'-a/vert-e-t'
племя/плод	pl'em'-a/plod-ø
семь/седьмой	s'em'-ø/s'ed'm-oj

лучь의 /č/는 I-PAL의 결과이기 때문에 *k가 재구되고, 따라서 луна의 어말 /n/ 앞에도 *k가 재구될 가능성이 있다. 이 *k는 탈락되었을 것으로 추정할 수 있다. 라틴어에서 온 영어 sopor soporific 등의 단어에서 어근 sop-가 확인된다. 따라서 러시아어 сон의 어간 말 자음 /n/ 앞에 *p가 재구될 가능성이 있다. время племя 등의 예는 아블라우트를 동반한다. '7'의 수사는 체코어, 폴란드어 등 서슬라브어에서는 sedm siedem으로 /d/가 존재한다.

한편, 과거형 어미 -l 앞에서 /t d/의 부재도 아울러 관찰된다.

мету/мёл	m'ot-u/m'o-l-ø
веду/вела	v'od-u/v'o-l-a

이러한 동사의 부정사형 어미를 -st'i로 본다면, 다음의 예도 본 변동에 속하게 된다(7.5.2.5 참고, 아울러 각주 82도 참고).

мету/мести	m'ot-u/m'o-st'i
веду/вести	v'od-u/v'o-st'i
гребу/грести	gr'ob-u/gr'o-st'i

4.9.2.2. 역사적 변화

공통슬라브어 초기부터 음절 말에 위치한 장애음은 소실된다. 이것 역시 음절 내에 공명도 상승 제약을 준수하기 위함인 것은 분명하다. 장애음으로 끝나는 어근이 자음으로 시작하는 파생 접사나 굴절 접사와 통합될 때 음절의 재구조화가 발생할 수밖에 없다.

어근	접사		
√ (C)VC-	-CV	⇢	(1) CV.stV (ok)
			↗ ↗
			(2) CV|CCV (x), CVC|CV (x)
			↗ ↦↗ ↗ ↘ ↗

어근 말 장애음이 마찰음이고 접사 초 자음이 파열음인 경우에는 음절 경계가 '마찰+파열'의 자음군 앞에 생겨서 문제가 없다(위의 (1)). 따라서 *st zd sk zg š'č' ž'ǯ' 등의 자음군은 허용되었다. 겹자음의 경우에는 자음 하나가 탈락된다. 예컨대,

CS	*iz-saux-ī-	>	is-suš'-i-	>	OCS	исоушити[81]

그러나 *tt dt의 겹자음은 특별한 발달을 보인다. 즉,

CS	*tt dt	>	st		
	*ved-ām		ved-u	R.	веду
	*ved-tēi		ves-ti		вести
	*strād-ā-tēi		stradati		страдать
	*strād-t-		strastь		страсть

이 외에 공명도 상승 법칙에 위배되는 상황(위 (2))을 해결하기 위해 자음군

81 현대 러시아어 иссушить는 원래 접두사 ис-가 복원된 형태이다.

의 선행 자음이 탈락되는 변화, 즉 **자음군 간소화**(simplification, SIMP) 혹은 자음군 수정(modification)으로 불리는 변화가 발생한다. 그러나 접사가 모음으로 시작하는 단어에서는 어근 말 장애음이 음절 초성으로 기능하기 때문에 해당 장애음은 그대로 보존된다. 이러한 음성 환경의 차이로 인해 CES에 형태음운적 변동, 즉 '장애음~ø'의 교체가 발생하는 것이다. 이러한 변동은 현대러시아어에서도 대체로 그대로 지속된다.

후행 자음 별로 발달 과정을 예시해 본다.

(1) *__t					
CS	*čerp-tēi	CES	čereti		
	*čirp-a-nti		čьrputь		
	*greb-tēi		greti	R.	грести[82]
	*greb-a-nti		grebutь		гребут
	*pok-t-as		potъ		пот '땀'
	*pek-tēi		peči		печь
	*pek-a-nti		pekutь		пекут
	*taisk-t-as		těsto		тесто '반죽'
	*teisk-ā-tēi		tiskati		тискать '조르다'

(2) *__{s, x}			
CS	*grēb-s-	CES	grěsъ 'Aorist'
	*greb-e		grebe
	*plēt-s-		plěsъ
	*plet-e		plete
	*vēd-s-		věsъ
	*ved-e		vede

82 부정사형 어미 -t'i 대신 -st'i로 변화되었다. вести мести의 어미 -st'i에 유추된 결과로 보인다. 고대러시아어 клять/кляну의 부정사형이 현대러시아어에서 клясть로 변화한 것도 마찬가지다.

	*tēk-s-	tĕxъ[83]	
	*tek-e	teče	
	*gēg-s-	žäxъ[84]	
	*geg-e	žeže	

(3) *__n					
CS	*sup-nu-	CES	sъnuti	R.	заснуть
	*sup-e		sъpe		спать
	*gub-nu-		gъnuti		гнуть
	*gub-e		gъbe		загибать
	*svit-nu-		svьnuti		
	*svait-as		svĕtъ		
	*vend-nu-		vänuti		вянуть
	*vend-e		väde		увядать
	*lauk(s)-n-ā		luna		луна
	*lauk-j-as		lučь		луч
	*dvīg-nu-		dvinuti		двинуть
	*dvīg-ā-		dvigati		двигать
	*taisk-n-as		tĕsnъ		тесный
	*teisk-ā-tēi		tiskati		тискать

(4) *__m			
CS	*vert-men-s	veremä	время
	*virt-ē-	vьrtěti	вертеть
	*pled-men-s	plemä	племя
	*plad-as	plodъ	плод

83 CS *tēk-s- '흐르다' > (RUKI) tēk-x- > (단순화) tĕxъ

84 CS *gēg-s- '태우다' > (RUKI) gēk-x- > (I-PAL) ž'āk-x- > (단순화) ž'äxъ.

이상의 예는 자음군에서 선행 장애음이 탈락되는 변화이지만, '순음+v'의 자음군에서는 후행하는 v가 탈락된다.

(5) *Pv > *P#			
CS	*ab-vīd-	ob-id-	обида
	*zā-vīd-	za-vid-	завидовать
	*ab-virt-num-	ob-ьrt-nu	обернуть
	*at-virt-num-	ot-vьrt-nu	отвернуть

마지막으로 CS *tl dl 자음군의 선행 치음 *t d이 탈락된다.

(6) CS *tl dl > #l			
CS	*ved-l-	vel-	вёл
	*met-l-	mel-	мёл

4.9.2.3. 역사적 설명

본 장에서 기술된 공시적 변동을 역사적 시각에서 설명해 본다. 먼저 상쌍 동사의 경우,

R.	загнуть	CS	*-gub-num-	>	-gъ-nǫ-	>	-g-nu-
	загибать		*-gūb-ā-		-gyb-a-		-g'ib-a
R.	увянуть	CS	*-vend-num-	>	-vę-nǫ-	>	-v'a-nu-
	увядать		*-vend-ā-		-vęd-a-		-v'ad-a

현대러시아어 гибнуть '죽다, 썩다'는 гибель 등에 유추되어 /b/가 다시 복원된 것으로 보인다. сон/спать 등의 경우는 다음과 같이 자음군 간소화 변화를 겪은 것으로 이해된다.

R.	сон	CS	*sup-n-as	>	sъ-n-ъ[85]
	спать		*sup-ā-		sъp-a-

부정사형이 -сти/-сть로 끝나는 동사의 경우에 나타나는 변동의 역사적 뿌리도 이와 유사하게 파악된다. плести есть를 예로 들면,

R.	плести	CS	*plet-tēi	>	ples-ti
	плету		*plet-ām		plet-ǫ
	плёл		*plet-l-		ple#-l-
R.	есть	CS	*ēd-tēi		jěs-ti
	едим		*ēd-īmi		jěd-imь
	ел		*ēd-l-		jě-lъ[86]

부정사형은 *tt > st 변화를 겪었고, 과거형은 *tl > #l[87]의 자음군 간소화를 겪은 것으로 추론된다.

время/вертеть는 아블라우트를 동반하는 동일 어원 단어쌍이다.

R.	время	CS	*vert-men-s	>	vrē#-mę	>	vrěm'-ä
	вертеть		*virt-ē-tēi		vьrt-ě-ti		vert-ě-ti

время는 e-단계 어근을 가지며, 자음군 단순화에 의해 *t가 탈락하고, 동음절 L-diph은 남슬라브어 전위의 변화를 겪으며, 또한 동음절 N-diph은 비모음화 한 뒤, 비음성을 상실하여 ä로 변화한다. вертеть는 ø-단계의 어근을 가지

85 Lat. *sopnos > somnus, Gk. húpnos, Eng. hypnosis 등 참고.
86 어두에 /j/는 '4.10 어두 첨가' 참고.
87 서슬라브어에서는 탈락하지 않는다.
OCz. čtli, vedli, OP. cztli, wiedli. 또한 Cz. mydlo vs. R. мыло
한편 러시아 북서방언(Pskov 지방)에서 *t, *d 대신에 /k, g/의 발달이 발견된다. 가령, u kli, vegli.

는 것으로 재구되고, 고모음 L-diph의 발달에 따라 축약모음의 변화 시기에 vert-로 변한다.

현대 러시아어의 '7'의 기수사 семь과 서수사 седьмой에서 보이는 'ø ~ d"의 교체는 다음과 같은 동슬라브어와 남슬라브어-서슬라브어의 등어선에 의해 설명된다.

*-bdm-	CES semь	R. семь	Ukr. сім	
	OCS sedmь	SC sedam	Cz. sedm	P. siedem

현대러시아어 서수사는 OCS 차용어 형태이고, 연자음 /d'/은 연자음 동화(sharping assimilation)의 결과이다.

4.10 어두음 첨가(prothesis)

4.10.1. 공시적 변동

이동 동사 중 하나인 идти는 접두사가 부가되면 -йти로 바뀐다. 어근 초 'i ~ j'의 변동을 보인다.

идти/пойти	id-t'i/po-j-t'i
иду/пойду	id-u/po-jd-u

привыкать는 '익숙해지다'의 뜻을 가지고 있고, обыкновенно '습관적으로, 익숙하게'의 뜻을 가지고 있는 어원이 동일한 단어들이다. 그런데 형태적인 측면에서 전자의 어근은 -vik-인 반면, 후자의 어근은 -ik이다. 즉 어근 초 'v ~ ø'의 변동을 보인다.

привыкать/обыкновенно	pr'i-vik-a-t'/ob-ik-nov-enno
вопить/возопить	vop-i-t'/voz-op-i-t'

вопить '울부짖다' 역시 어근은 *op-인데, 어두에서 [v]를 가진다.

4.10.2. 역사적 변화

슬라브 조어의 단어 중에 어두가 모음으로 시작되는 단어가 있었지만, 이러한 단어 역시 공명도 상승이라는 일반적 제약에 발맞추어 어두 위치에 전이음을 생성해 낸다.

PS *#V > #jV, #wV (#: 어두 위치)
↦ ↗ ↗

음성적으로 비어 있던 어두 음절의 초성 위치가 이제 전이음으로 채워지게 되면, 해당 음절은 공명도가 상승하게 된다. 이때 첨가되는 전이음은 후행 모음의 [flat/round] 자질에 일치한다. 즉, [-flat]인 전설 모음(*i, *e, *ē)과 후설 저모음(*ā > *a, *en > ä) 앞에는 [j]가 첨가되고, [+flat]인 후설 고모음(*ū, *u, *o) 앞에는 [w]가 첨가된다.

CS			R.	
	*es-ti	jestь		есть 'be'/jest'/
	*edl-is	jelь		ель '전나무'
	*ēd-tēi	jěsti		есть 'eat'
	*ēd-i-nti	jědätь		едят
	*āz-	jä(OCS azъ)		я
	*ābl-uk-as	jäblъko		яблоко 'apple'
	*i-d-a-nti	jьdutь		идут, пойдут
	*ei-tēi	i-ti		идти

*uz-im-a-nti	vъzьmutь	возьмут
*uz-im-tēi	vъzäti	взять
*im-a-nti	jьmutь	
*im-tēi	jäti	
*inzūk-as	jäzykъ	язык
*ūt-	vy-	вы
*ūk-nun-tēi	vyknuti	при-выкнуть
*ab-ūk-neu-	obyknovenьje	обыкновение
*uz-	vъz-	вз/воз
*un	vъ	в/во
*up-ī-tēi	vъpiti	вопить
*uz-up-ī-tēi	vъzъpiti	возопить

어두음 첨가는 일종의 이중모음화(diphthongization)로 볼 수도 있다. 즉, 단모음이 특정 음성 환경에서 자신의 음성 자질 중 하나를 분절음화하는 것이다. 예컨대, 전설 *e는 [+front, +low, -round]의 음성 자질의 동시적 구현이라고 볼 수 있는데, 이중 [-round/-flat] 자질을 비성절 [ɩ]로 분절음화하고(즉, [ɩe]), *u는 [+back, +high, +flat] 중 [+flat] 자질을 비-성절 [ʊ]로 분절음화한다(즉, [ʊu]). 전자는 [j]로, 후자는 [ʊ]의 전이음으로 발달하는 것이다.

그러나 이와는 반대로 어두 *j가 탈락되는 경우도 있다. 특히 동슬라브어에서 *ju > u, *je > o로의 변화가 발생한다.

LCS	*jutro 'morning'	P.	jutro	Cz jitro	SC jutro
		R.	утро		
	*jezero	Cz.	jezero	R.	озеро
	*jesenь		jesen̯		осень
	*jedinъ		jeden		один

4.11. 제2차 공통슬라브어 모음 추이

공통슬라브어 시기에 발생한 두 번째 모음 추이는 모음의 장단 대립이 모음의 질적 대립으로 전환된 것이다. *ū> *ȳ를 제외하고, 모든 모음은 장음과 단음으로 구분되어 있었는데, 이들의 실제 발음은 장단의 길이라는 양적(quantity) 차이 외에 질적(quality)으로도 구분되어 있었다. 즉, 장음은 긴장음(tense)이었고, 단음은 이완음(lax)이었던 것이다. '장단'의 변별적 음성 자질과 더불어 '긴장 대 이완'의 잉여적 음성 자질이 동반되어 있었던 것이다. **제2차 공통슬라브어 모음 추이**(Second Common Slavic Vowel Shift, II-CSVS)란 두 음성 자질의 음운 기능적 전환이 발생한 것이라고 말할 수 있다. 즉, 이제 긴장성의 질적 차이가 음운적 기능을 담당하고, 장단의 양적 차이는 잉여적 음성 자질로 재해석된 것이다.

II-CSVS 이전: /양/[질]		II-CSVS 이후: /질/[양]	
장	단	긴장	이완
ī	i	i	ь
ū	u	u	ъ
ē	e	ě	e
ā	a	a	o

부연 설명하면, II-CSVS 이전에 가령 장모음 /ī/는 실제 발음이 [ì]였고, 단모음 /i/는 [ĭ]이었는데, II-CSVS 이후에는 /ī/ [ì]는 /i/로 음운적으로 재해석되고, /i/[ь]는 /ь/으로 재해석되었다는 것이다.

II-CSVS와 일련의 경구개음화 및 이중모음의 단모음화 등으로 나타난 음운 체계는 다음과 같이 설정될 수 있다. 공통동슬라브어의 북동 방언(현대표준러시아어의 직계 선대어인 Rostov-Suzdal' 방언)은 이 음운 체계를 배경으로 하여 발달한 것으로 볼 수 있다.

모음	공명음	장애음	전이음
i y u	m n ń	p b t d ć	v j
ь ъ	l ĺ	s z ś ź	
ě e o	r ŕ	k g č ž	
ä a		x š	

우믈라우트로 인해 나타난 /ä/(예컨대, *val-j-ā > volä)와 PS 전설의 N-Diph의 발달 결과인 /ä/(예컨대, *kuningas > kunęź-as > kъnäźь)는 서로 합류된다. 또한 구강-이중모음의 발달로 나타난 /u/(예컨대, *baud-ī-tēi > buditi)와 N-Diph의 CES에서의 발달 결과(예컨대, *dum-tēi > dǫti > duti)인 /u/ 역시 서로 합류된다. 공명음 중 경구개음(/ń ĺ ŕ/)은 J-PAL의 결과이고, 장애음 중 설단-경구개음(/ć ź ś/)은 II-PAL과 III-PAL의 결과이다.

모음 체계에서 /i ь ě e ä/는 전설모음, /u ъ y o a/는 후설모음이다. /ь ъ e o/는 이완음이고, /i y u ě ä a/는 긴장음이다. /i ь y ъ u/는 고모음, /ě e o/는 중모음, /ä a/는 저모음이다. /y/와 /u/는 원순성에 의해 구별된다.

4.12. 연자음의 발생

4.12.1. 공시적 변동

현대러시아어에는 **'경자음~연자음'의 변동**을 보이는 예가 아주 많다.

стол		stol-ø
столе	'단수처격'	stol'-e

вода		vod-a
воде	'단수여격/처격'	vod'-e
старый		star-ij
старее	'비교급'	star'-eje
брат		brat-ø
братья	'복수'	brat'-j-a
веду	'현재.1인칭단수'	v'od-u
ведёшь	'현재.2인칭단수'	v'od'-oš
веди	'명령.단수'	v'od'-i
вёл	'과거-단수남성'	v'o-l-ø
вели	'과거-복수'	v'o-l'-i
встать	'부정사'	vsta-t'
встану	'현재.1인칭단수'	vstan-u
встань	'명령.단수'	vstan'-ø
принесу	'현재.1인칭단수'	pr'i-n'os-u
принесённый	'피동.과거분사'	pr'i-n'os'-onn-ij

-e나 -j로 시작되는 형태소와 결합되는 어근(어간) 말 경자음은 모두 연자음으로 변동된다. 명령형 어미 -i/ø, 동사의 복수 일치 어미 -i 앞에서도 '경-연' 변동이 발생한다. -i로 시작되는 어미 앞이라고 해서 모두 '경-연' 변동이 발생하는 것은 아니다. 가령, 복수 어미 /i/ 앞(가령, столы) 단형 형용사 복수 어미 앞(가령 новы) 등. 동사 활용시 -o(<e> 혹은 <ë>)로 시작되는 어미 앞에서는 연자음으로 변동된다.

4.12.2. 역사적 변화

I-PAL, II/III-PAL, J-PAL, 그리고 우믈라우트 변화 등 음절 내 음조성이 일치해야 하는 제약에 의해 촉발된 변화의 결과, 경구개음(=Č)은 전설모음(=V')과 연구개음(=K)은 후설모음(=V°)과 결합하는 음절 유형을 만들어 냈다. 즉,

LCS	KV° vs. ČV′	KV′(x) vs. ČV°(x)

다시 말하면, 연구개음과 전설모음은 하나의 음절로 통합되지 못하며, 경구개음과 음절을 형성하는 후설모음은 우믈라우트로 전설화된다.

II-CSVS 이후 [밀집성compact] 자음들(즉, 연구개음과 경구개음)에서의 이러한 음조성 일치는 이제 [분산성diffuse] 자음들(즉, 순음과 치음)에도 음절 형성의 제약으로 작용하기 시작했다. 이전에는 순음(=P)과 치음(=T)은 후행하는 모음의 전설성에 아무런 제약이 없어서 PV°, PV′, TV°, TV′ 모두 가능했지만, II-CSVS 이후에는 **전설모음 앞의 P와 T도 음조성 자질**을 가지게 된 것이다.

그런데 II-CSVS 이후 발생한 전설모음 앞에서의 P와 T의 음조성 자질 획득은 I/II/III-PAL이나 J-PAL처럼 [경구개성palatality]의 음조성 자질을 가지는 것(즉, /č š ž ś ź ć ĺ ń ŕ/)이 아니라, [경구개화성palatalization] 혹은 [연음성sharping]이라는 제2차 조음자질(secondary articulatory feature)를 가진다. 즉,

LCS	/PV°/ vs. /PV ´ /[P'V′]
	/TV°/ vs. /TV ´ /[T'V′]

전설모음 앞의 순음과 치음은 발음 시 연자음으로 발음된다는 것이다. 전통적으로 이때의 [P']와 [T']를 반(半)-연자음(полумягкий согласный)이라고 하는데, 이때의 반-연자음은 아직 음운으로 기능하지 않은 /P/와 /T/의 변이음이었다. 즉, 후설 모음 앞에서는 '경자음'으로, 전설 모음 앞에서는 '반-연자음'으로 나타나서, 상보적 분포를 보인다. 이 반-연자음이 독립적인 음운으로 재해석되는 계기는 뒤에서 다룰 "예르의 변화"에 있었다.

경구개음 중 마찰음 /ś ź/과 공명음 /ĺ ń ŕ/은 음성적으로 유사한, 각각에 대응하는 연자음 [s' z' l' n' r']과 합류한다. 다시 말하면 이들 경구개음은 [경구개

성]을 소실하고 대신에 [연음성]을 획득하게 된다.[88]

LCS	/ś ź ĺ ń ŕ/ [ś ź ĺ ń ŕ]	>	[s' z' l' n' r']

4.13. 모음의 변이

II-CSVS 이후에 발생한 모음과 관련한 중요한 변화는 이완 고(高)모음인 전설 약화모음("전(前)예르") /ь/와 후설 약화모음("후(後)예르") /ъ/가 각각 변이음을 형성한다는 점이다.[89] 하나는 "**약(弱)예르**(weak jer)"로 특정 음성 환경에서 약화되고, 다른 하나는 상보적으로 분포하는, 모음성이 강화된 "**강(强)예르**(strong jer)"이다. 강예르는 고딕체로 나타내기로 하고, 약예르는 작게 나타낸다.

		약예르	강예르
전예르	/ь/	[ь]	[**ь**]
후예르	/ъ/	[ъ]	[**ъ**]

이러한 변이의 원인은 후기 공통슬라브 시기에 발생한 운율의 변화와 밀접하게 연관되어 있다(6.2 참고).

약예르의 분포는 다음과 같다. (1) 예르가 하나의 음운적 단위(즉, 음운론적 단어)의 끝에 위치할 때 예르는 약화된다. 즉, 어말 위치의 예르는 약예르로 약화된다. (2) 예르 외의 다른 모음(완전 모음)이나 강예르 앞에서 예르는 약화된다.

88 연자음이 음운화되는 시점('예르의 변화')에서 이들 경구개음은 각각에 상응하는 연자음으로 재해석된다.
89 <ь ъ> 문자는 고대러시아어 시기에는 특정 음가를 가진 모음을 표기한다. "연음부호/경음부호"로 이해되는 현대 러시아어 문자 체계 상의 <ь ъ>와는 문자로서의 기능이 확연히 다름에 주의하라.

*ь ъ	/ _#	>	[ь ъ]	(어말 위치)
	/ _CV			(완전모음 앞 위치)
	/ _C**ъ** or _C**ь**			(강예르 앞 위치)

강예르는 (1) 약예르 바로 앞 음절에 위치하는 예르, (2) 유음의 전후에 위치해 있는 예르, (3) /j/ 앞에 강세 받는 예르이다.

*ь ъ	/ _Cь or _Cъ	>	[**ь ъ**]	(약예르 바로 앞 위치)
	/ C_RC or CR_C			(유음의 전후에 위치)
	/ _́j			(/j/앞 강세 예르)

예컨대, 다음의 가상의 형태에서 예르의 변이 양상을 보라.

/CъCъCъCъ#/	>	[C**ъ**CъC**ъ**Cъ]
/CъCVCъCV#/	>	[CъCVCъCV]
/CъCVCъCъ#/	>	[CъCVC**ъ**Cъ]
/CъRCVCъ#/	>	[C**ъ**RCVCъ]

II-CSVS 결과 나타난 모음 체계는 '전설 vs. 후설'의 대립을 중심으로 한다. 고모음 계열에서는 i vs. [y vs. u]과 ь vs. ъ의 대립이 있었고, 중모음 계열에서는 [e vs. ě] vs. o의 대립이 있고, 저모음 계열에서는 ä vs. a의 대립이 있었다.

동슬라브어의 경우, 중모음 계열에서 전설에 존재했던 긴장성 대립이 후설에도 나타나기 시작한다. 즉, 특정의 운율 조건에서 /o/는 긴장 변이음 [ω](>/ô/)을 발달시킨다.

CS *asmi-s 'eight' > CES osmь > MidR. vωsmь

R. восемь

CES /o/는, 후술하는 바와 같이, Acute 악센트를 가지는데, 이 경우 긴장 /ô/로 발달하고, 이 긴장 모음을 선행해서 [v]가 어두 첨가된다. 그러나 Circumflex 악센트를 가지는 경우에 /o/는 이완음으로 그대로 남는다.

CS *ezer-as 'lake' > CES ozero R. озеро

| 제5장 |

고대 러시아어 시기의 음성변화

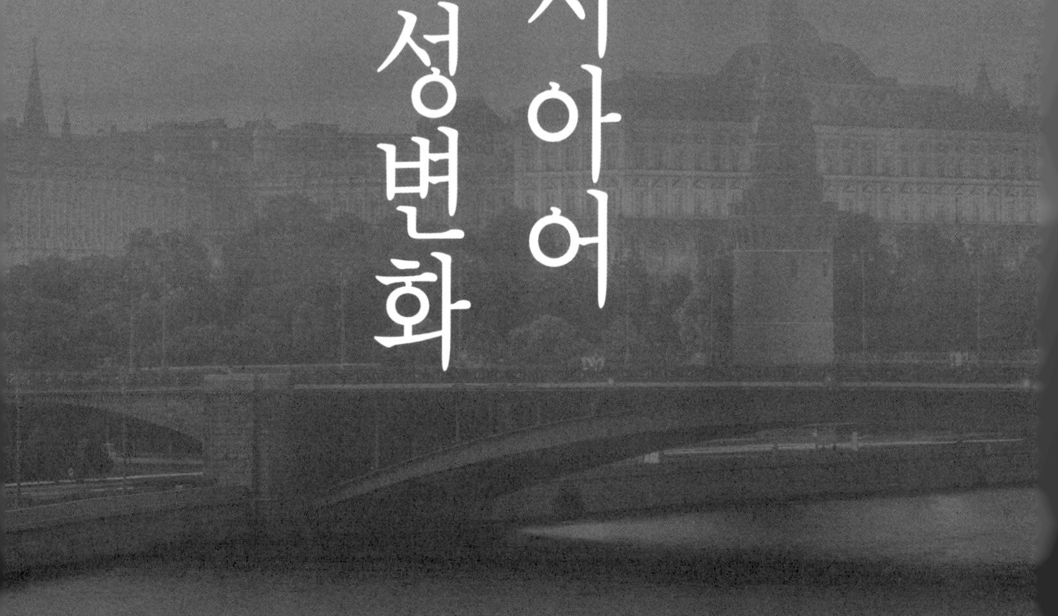

4장에서 살펴 본 음성 변화들은 공통슬라브어 시기에 발생한 변화들이었다. 이 시기에 일어났던 변화들 중 I-PAL이나 I-CSVS 등은 공통슬라브어가 분화되기 이전에 발생한 것들이기 때문에 현재 의 슬라브 제어에 동일한 후대 발달음을 가져다 준 변화였지만, 후기(後期) 공통슬라브어 시기에 발생한 변화들은 지역적 차이를 보인다. 다시 말하면 공통슬라브어는 후기로 들어오면서 언어 단일체를 유지하면서도 방언적 분화를 겪게 되는 것이다. 동슬라브 지역에서 발생한 동슬라브 방언을 기반으로 형성된 언어를 '**공통 동슬라브어**(Common East Slavic)' 혹은 '**고대 러시아어**(Old Russian)'이라고 부르는데(1.3.3 참고), 후기공통슬라브어 시기에 일어난 마지막 음성변화가 소위 "예르"[90]라고 부르는 약화모음의 변화이다.

5.1. 약화모음의 변화

공통슬라브어의 마지막 음성변화는 '**제3차 공통슬라브어 모음 추이**(Third Common Slavic Vowel Shift)', 혹은 전통적인 용어로 '**약화모음**(редуцированные гласные, 예르 Jers)**의 변화**'이다. 이 변화는 고대러시아어의 음성 체계 및 형태음운 체계에 전반적인 영향을 미쳤고, 러시아어의 현재적 모습을 형성하는데 결정적인 역할을 한 변화이다. 본장에서는 역사적 변화를 먼저 살펴본 뒤, 그

90 "예리/예르"는 고대러시아어의 음성 중 고모음의 전설 이완음과 후설 이완음을 표기한 끼릴 문자, 즉 <ь ъ>의 한국어식 이름이다. 전자는 ерь, 후자는 ёръ로 읽는데, 러시아어학에서는 전통석으로 이 두 모음의 음운(음성) 표시로 이 두 문자를 사용한다. 즉, 전자는 [ь], 후자는 [ъ]로 표시한다.

결과 및 현대 러시아어에서의 변동에 대해 논의한다.

5.1.1. 역사적 변화

5.1.1.1 변화의 내용

이미 앞에서 언급했듯이, II-CSVS의 결과 발생한 두 개의 고모음의 이완음 /ь ъ/는 각각 두 개의 변이음으로 실현된다. 그 분포는 이미 기술한 바 있지만, 편의를 위해서 옮겨 놓는다.

		약예르	강예르
전예르	*ь	[ь]	[**ь**]
후예르	*ъ	[ъ]	[**ъ**]

약예르의 분포				
*ь ъ	/ _#			(어말 위치)
	/ _CV	>	[ь ъ]	(완전모음 앞 위치)
	/ _C**ъ** or _C**ь**			(강예르 앞 위치)

강예르의 분포				
*ь ъ	/ _Cь or _Cъ			(약예르 바로 앞 위치)
	/ C_RC or CR_C	>	[**ь ъ**]	(유음의 전후에 위치)
	/ _́j			(/j/ 앞 강세)

약화모음(예르)의 변화(The Jer Shift, JS)란 **약예르**는 음성적으로 완전히 소실되고, **강예르**는 각각에 대응하는 완전 모음으로 변화하는 것을 말한다. 즉,

*/ь/	>	[ь]	>	ø
		[**ь**]		[e]/e/

*/ъ/	>	[ъ]	>	ø
		[**ъ**]		[o]/o/

음성적으로 약예르로 실현된 예르는 완전히 소멸된 반면, 음성적으로 강예르로 실현된 전예르 /ь/는 /e/로 재해석되고, 후예르 /ъ/는 /o/로 재해석되어 공통슬라브어의 원래 음운 */e/와 */o/와 각각 합류된다. 이전에 예로 든 가상형을 재인용하여 JS의 발달 예를 보이면 다음과 같다.

/CъCъCъCъ#/	>	[C**ъ**CъC**ъ**Cъ]	>	/CoCCoC/
/CъCVCъCV#/	>	[CъCVCъCV]	>	/CCVCCV/
/CъCVCъCъ#/	>	[CъCVC**ъ**Cъ]	>	/CCVCoC/
/CъRCVCъ#/	>	[C**ъ**RCVCъ]	>	/CoRCVC/

다음의 실제 예에서 이를 확인해 보라.

	LCS	OR	JS 이후	R.
약예르	stolъ	stolъ	stol	стол
	nočь	noč'ь	noč'	ночь
	końь	końь	kon'	конь
	kъto	kъto	kto	кто
	mъnogo	mъnogo	mnogo	много
	metьla	m'et'ьla	m'et'la	метла
	šьvьćь	š'ьv'**ь**ćь	š'v'ec'	швец
강예르	sъnъ	s**ъ**nъ	son	сон
	vъ sъně	v**ъ** sъn'ě	vo sn'ě	во сне
	dьnь	d'**ь**n'ь	d'en'	день
	dьnьmь	d'ьn'**ь**m'ь	d'n'em'	днём
	vьrxъ	v'**ь**r'xъ	v'er'x	верх

šьlkъ	š'**ь**lkъ	š'elk	шёлк
kъrmъ	k**ъ**rmъ	korm	корм
grьměti	gr'**ь**mět'i	gr'em'ět'i	греметь
plьvati	pl'ьvat'i	pl'evat'i	плевать
drъva	dr**ъ**va	drova	дрова
glъtati	gl**ъ**tat'i	glotat'i	глотать
šьjä	š'**ь**jä	š'eja	шея
mъjü	m**ъ**jü	moju	мою

JS는 단순히 약화모음의 소멸 또는 다른 음성과의 합류라는 음성 변화에 그치는 것이 아니라, 음운 체계에도 근본적인 변화를 가져왔는데, 그 중 가장 중요한 것은 연음성 음성자질이 JS로 인해 음운적 기능을 가지게 된 것이다.

5.1.1.2 음운 자질로서의 [연음성]

위에서 논의했듯이(4.12 참고), 후기 공통슬라브어 시기에 연음성의 음성 자질이 잉여적 자질로 기능했다. 잉여적 음성 자질이라 한 이유는 해당 자음의 연음성 자질은 후행하는 모음의 전설성 vs. 후설성에 따라 예측 가능했기 때문이다.

우선, I/II/III/J-Pal의 결과 나타난 모든 경구개음은 내재적으로 [**연음성**]을 가지고 있었고, 연구개음은 내재적으로 [-연음성](즉, [+**경음성**hardness])이었다. 그리고 경구개음은 모두 전설모음 앞에서만 분포할 수 있었고, 연구개음은 모두 후설모음 앞에서만 가능했다.

/KV°/ -> [KV°] /KV´/(x)
/ČV´/ -> [Č'V´] /Č'V°/(x)

따라서 [연음성] 음성 자질의 분포는 후행하는 모음의 전설성에 의해 결정되는 것으로 해석될 가능성이 있었고, 이러한 가능성은 순음과 치음에도 그대로 적용되게 되었다. 즉, 전설모음 앞에 출현하는 치음(T)과 순음(P) 역시 [연음성sharping] 자질을 가지게 되었고, 후설모음 앞에서는 [경음성] 자질을 가지게 되었던 것이다.

음운 차원		발음(음성) 차원
/TV°/ vs. /TV´/	->	[TV°] vs. [T'V´]
/PV°/ vs. /PV´/	->	[PV°] vs. [P'V´]

그런데 JS는 연음성 자질의 예측을 불가능하게 만들었다. 이전에는 전설모음의 하나인 전예르 앞에서는 연자음이, 후설모음의 하나인 후예르 앞에서는 경자음이 분포했기 때문에, 연음성 자질은 예측가능하였다. 그리고 이러한 예측력은 당연히 강예르 앞 위치와 약예르 앞 위치에서 동일하였다. 그러나 JS로 인해 약예르가 소멸되는 상황이 발생했기 때문에 이제 선행 자음의 연음성 여부는 예측할 수 없게 되었다. 이러한 연음성의 예측 불가능성으로 인해 해당 자음의 연음성 자질은 잉여적 자질에서 음운적(변별적) 자질로 그 성격이 변하게 되었다. 후예르와 전예르가 포함된 연쇄체의 발달을 비교해 보라.

/CVCъ/ [CVCъ]	> (JS) [CVC]	⇢	/CVC/
/CVCь/ [CVC'ь]	> (JS) [CVC']	⇢	/CVC'/

다시 말해서, 이전에 최소쌍(minimal pair)을 형성하는 두 단어는 예르(전예르 vs. 후예르)에 의해 그 의미가 구별될 수 있었지만, 예르가 소실되는 JS 변화 이후에는 단어 말 자음의 연음성 자질(연자음 vs. 경자음)에 의해 구별되게 되었다. 다음의 실제 예를 보라.

OR	/plъtъ/ '뗏목'	>	(JS)	[plot]	R	плот
	/plъtь/ '살, 고기'			[plot']		плоть
	/krovъ/ '지붕'			[krov]		кров
	/krъvь/ '피'			[krov']		кровь
	/danъ/ 'given'			[dan]		дан
	/dańь/ '헌사'			[dan']		дань

5.1.1.3 원순성의 음운화

연음성의 음운화란 결국 모음의 '전설성(frontness)' 대립이 자음의 '연음성(sharping)' 대립으로 전이된 것이라고 할 수 있는데, 이것은 모음의 영역에서 음운적 기능을 담당하던 전설성이 잉여적 음성 자질로 재해석되는 상황을 만들어 냈다. 따라서 이전의 모음 체계에 적지 않은 변화가 발생하게 되었다.

첫째, 이전에 전설성에 의해서만 구별되었던 모음들, /a/와 /ä/, /i/와 /y/ (혹은 /u/와 /ü/)가 한 모음의 변이음으로 그 지위가 격하되었다.

OR	a : ä		>	(JS)	/a/	
	/valъ/ vs. /välъ/				/val/ vs. /v'al/	
	[valъ]	[v'älъ]			[val]	[v'ȧl]
	i : y		>	(JS)	/i/	
	/bilъ/ vs. /bylъ/				/b'il/ vs. /bil/	
	[b'ilъ]	[bylъ]			[b'il]	[byl]

둘째, 음운적 전설성과 잉여적 원순성에 의해서 구별되었던 모음들, /e/와 /o/, /i/와 /u/, (그리고 방언에 따라서는 /ě/와 /ô/)에서는 그 음운적 기능의 역할이 바뀌어서, 이제는 원순성이 음운적 기능을 갖게 되고, 전설성은 잉여적 역할을 하게 된다. 다시 말하면, 전설성은 선행하는 자음의 연음성 여부에 의존하게 된 것이다. 현대 러시아어에서 모음 /u/나 /o/가 연자음을 후행하거나 연자음 사이에 위치할 때

자신의 원순성을 유지하면서 전설모음화되는 점을 상기하길 바란다(다음 절 참고).

5.1.1.4 음운 체계

JS 이후의 중세 러시아어(Middle Russian, MidR) 모음 체계는 다음과 같다.[91]

JS 후 중세 러시아어 모음 체계		
	/-round/[+front]	/+round/[-front]
/+high/	i	u
/-high, -low, tense/	ě	ô
/-high, -low, lax/	e	o
/+low/	a	

현대 러시아어에서 연자음 사이에 위치한 /u o a/가 전설의 변이음을 보이는데, 이는 JS 이후부터이다.

R.	ключ /kl'uč/ [kl'üč']
	тётя /t'ot'a/ [t'öt'a]
	мять /m'at'/ [m'ät']

한편 자음 체계는 연음성의 음운화로 인해 예르의 변동 이전보다 훨씬 복잡해지고, 수도 많아졌다.

91 'high, low, round, front, back' 등은 조음적 특성으로 정의된 음성자질이다. 소리의 물리적 특성으로 정의하면, [high]=[diffuse], [low]=[compact], [round]=[flat], [front]=[acute], [back]=[grave]이다. 음향음성학적 음성 자질에 대한 논의는 Townsend & Janda xxxx 보라.

JS 후 중세 러시아어 자음 체계				
	순음	치음	경구개음	연구개음
파열	p p'	t t'		k (k')
	b b'	d d'		g (g')
파찰		c [c']	č[č']	
마찰		s s'	š[š']	x (x')
	v v'	z z'	ž[ž'] j	
비음	m m'	n n'		
유음		l l' r r'		

연구개음 계열에 연음성 대립을 설정하는 것에 대해서는 아직 학자들 사이에 일치된 의견은 없기 때문에 일단 괄호 안에 넣어 둔다.

5.1.2. 약화모음의 변화 결과

5.1.2.1 '모음~제로' 교체

통시적 예르 변화가 가져온 공시적 형태음운론적 변동은 소위 "**출몰모음**(mobile vowel)"이라고 부르는 현상이다. 단어의 어떤 굴절형에는 모음이 출현하지만, 다른 굴절형에서는 그 모음이 사라지는 현상을 일컫는데, 대개의 경우 출현하는 모음은 강예르의 후대 발달음이고 모음의 부재는 약예르의 소멸에 대응된다.

다음은 명사 곡용에서의 '모음-제로' 교체를 예시한다.

OR	MidR	R
dьnь	d'en'	день
dьni	d'n'i	дни
dьnьmь	d'n'em	днём

sъnъ	son	сон
vъ sъně	vo sně	во сне
sъnъmь	snom	сном
ćьrkъvь	cerkov'	церковь
ćьrkъvi	cerkv'i	церкви
ćьrkъvьjü	cerkov'ju	церковью
mъxъ	mox	мох
mъxa	mxa	мха
mъšistъjь	mšistoj	мшистый

다음은 형용사, 동사, 전치사구에서의 변동 예이다.

tretьjь	tr'et'ej (ChSl tr'et'ij)	третий
tretьjä	tret'ja	третья
tretьje	tret'je	третье
molodъjь	molodoj	молодой
starъjь	staroj(ChSl старыи)	старый
korotъkъ	korotok	короток
korotъka	korotka	коротка
vьśь	v'es'	весь
vьśä	v's'a	вся
šьlъ	šel	шёл
šьla	šla	шла
žeči	žečь	жечь
žьgu	žgu	жгу
žьglъ	žegl	жёг
žьgla	žgla	жгла
sъžьglъ	sžegl	сжёг
sъžьgla	sožgla	сожгла

vъzäti	vzatь	взять
vъzьmu	voz'mu	возьму
otъbьrati	otob'ratь	отобрать
otъberu	otb'eru	отберу
vъ rъtъ	v rot	в рот
vъ rъtu	vo rtu	во рту
kъ ńemu	k n'emu	к нему
kъ mьně	ko m'n'ě	ко мне
sъ ńim	s n'im	с ним
sъ mъnojü	so mnoju	со мной
vъ čemь	v č'em	в чём
vъ čьto	vo č'to	во что
obъ vьśemь	obo v's'em	обо всём

5.1.2.2 예외적인 변화. 그러나 현대 러시아어에는 예르의 변화에 예외적인 변화가 존재한다. 다음에 몇 가지 범주로 나누어서 살펴본다.

A. 패러다임 평준화

이미 논의한 바와 같이, 어간에 예르를 포함하는 단어의 경우, 해당 예르가 처한 음성적 환경에 따라 강예르로 취급되어 완전모음이 되거나, 약예르로 취급되어 소실되는 상황이 도래하게 되어, 예르의 변화 이후 어간의 변동 현상이 발생한다. 그런데 JS에 의해 발생한 어간 변동이 어간 사이의 음성적 동일성을 훼손하게 되는 경우가 발생할 수 있는데, 이러한 음성적 동일성을 확보하기 위해 어간이 복원되기도 한다. 이를 패러다임 평준화(levelling)이라고 한다.

	OR	Mid.R	R
(1)	česnъkъ	česnok	чеснок
	česnъka	česnka	чеснока
(2)	prosьba	pros'ba	просьба
	prosьbъ	pros'eb	просьб

(1)은 강예르 어간을 일반화시켜 평준화한 경우이고, (2)는 약예르 어간으로 평준화한 예이다.

어간에 예르가 2개 이상 포함된 단어의 경우 교체의 양상이 복합적인데, 이 경우에도 평준화가 발생한다.

(1)	žьnьćь	žn'ec'	жнец
	žьnьćä	žen'ca	жнеца
	žьnьćьmь	žen'cem	жнецом
(2)	smolьnьskъ	smol'nesk	Смоленск
	smolьnьska	smolen'ska	Смоленска
	podъšьva	podošva	подошба
	podъšьvъ	podšev	подошв
(3)	dъčьka	doč'ka	дочка
	dъčьkъ	dček	дочек
	dъská	dska	доска
	dъ́sku	dosku	доску
	dъskъ́	dosk	досок

일반화의 모델 어간은 예르의 변화 결과 발생한 자음군이 대체로 '마찰-파열', '파찰-파열' 등의 연쇄체를 포함하는 어간이다. '-nc-', '-nsk-', '-dš-', '-dč-' 등의 '파열-마찰/파찰'의 자음 연쇄체를 가지는 어간은 평준화된다. OR dъska의 경우 예르 변화의 결과 나타난 dska의 'dsk' 자음군은 '파열-마찰-파열'의 연쇄체로서, 허용 되지 않는 자음군인데, 일부 러시아어 방언에서는 [ds]를 [c]로

파찰화한 단어 цка ‘성화 그린 판자’를 사용하기도 한다.

대격형 dъ́sku의 예르는 약위치에 있음에도 강세를 받아 강예르로 취급받은 것으로 이해된다. 이렇게 약 위치의 예르가 강세를 받아 강예르로 취급받는 경우 만약 약예르가 소멸할 경우 모음 없는 어간으로 바뀌면서 허용되지 않는 자음군을 만들어 낼 수도 있다. 이러한 상황을 피하기 위한 목적일 수도 있다. 다음의 예를 보라.

p**ь**strъjь	?pstroj/pestroj	пёстрый
s**ъ**xnuti	?sxnut'/soxnut'	сохнуть
d**ъ**či	?dč(i)/doč'	дочь

B. ‘모음~제로’ 변동의 확산

출몰모음 현상은 예르 변화로 인해 발생한 어간 말 자음군을 가지는 단어들에 나타나는 현상으로 볼 수도 있는데, 이러한 형태음운 변동은 일정한 생산성(productivity)를 가지고 있어서, 원래 예르를 가지고 있지는 않았지만 자음군을 어간 말에 포함한 단어들에도 ‘모음~제로’의 변동을 가지게 된 경우가 있다. 이러한 경우의 출몰모음은 음성변화의 결과가 아니라 유추에 의한 형태음운적 변화이다.

OR	Mid.R	R
ogńь ogńä	ogn' ogn'a	огонь огня
sestra sestrъ	sestra sestr	сестра сестёр
zemĺäzemĺь	zeml'a zeml'	земля земель

그러나 이러한 단어들의 출몰모음은 음성 변화의 결과로 볼 수도 있다. 부연하면, 이들 단어의 어간 말 자음이 모두 공명음인데, 공명음은 [모음성vocalic]의 성격을 가지고 있어서 어말의 환경에서 모음을 형성할 가능성이 높기 때문

이다.

고대러시아어 시기에 완전모음을 가지고 있었던 단어들에도 '모음~제로'의 변동이 적용된 경우도 있다.

ledъ leda	l'od l'da	лёд льда
rovъ rova	rov rva	ров рва

C. 교회슬라브어 영향

C-1. 고대 러시아어의 경우 접두사에 포함된 예르도 위치적 변이를 보이지만, 남슬라브어에 기반한 교회슬라브어의 경우에는 약위치에 있어도 완전모음으로 변한다.

CS	*sъborъ	Ch.Sl.	sobor	собор '성당'
		Mid.R	sbor	сбор '수집'
	*vъzxodъ	Ch.Sl.	vosxod	восход '해돋이'
		Mid.R.	vsxod	всходы '새싹'

그 밖에, сообщить, вооружение, воскресение, совет 등에 보이는 접두사도 교회슬라브어 차용의 예이다.

C-2. 교회슬라브어에서 접미사 **-ьsk-, -ьstv-의 예르**는 약위치에 있어도, 만약 경구개음 뒤에 위치하면, 강예르의 발달을 보인다. 이와 달리 고대러시아어에서는 일관되게 위치적 변이를 보인다.

CS	*mǫž-ьsk-ъjь	R	мужской '남자의'
			мужеский '남성의, 남성다운'
	*grьč-ьsk-ъjь		греческий

	грецкие орехи '호두'
	грецкая губка '해면'
*bož-ьstv-o	божество
*rod-j-ьstv-o	Рождество

C-3. 예르 앞에 /j/가 위치한 ***jь 연쇄체**의 경우, 고대러시아어의 경우에는 위치에 따른 변이를 보이지만, 교회슬라브어에서는 일관되게 /i/로 변화한다.

OR	bojьćь bojьćä	R	боец бойца
	vojьnьnъjь		военный
	dostojьnъ		достоин (교회슬라브어적)
	jajьće jajьćь		яйцо яиц

그러한 어두 *jь는 항상 /i/로 변한다. иду와 пойду의 차이를 음미해 보라.

OR	jьzъ	R	из
	jьgra		игра
	jьdutь		идут
	pojьdutь		пойдут

C-4. 한편, 소위 "**긴장 예르**(tense jer)"라고 불리는, /j/ 앞에 위치한 강예르(즉, *ъj와 *ьj)는 러시아어를 제외한 모든 슬라브어에서 고모음 /i y/와 합류되는 반면, 고대 러시아어에서는 다른 강예르와 동일하게 변화한다.

CS	*slěp-ъ́jь	OCS	slěpyj	R	слепой
	*sux-ъ́jь	Ukr	suxyj		сухой
	*kost-ьjь	OCS	kostij		костей
	*čьjь	Ukr	čij > čyj		чей

	*dóbr-ъjь	OCS	dobryj	добрый
	*sínьjь	OCS	sinij	синий

현대 러시아어 형용사 남성단수주격 어미에 강세가 있는 경우는 고대 러시아어 발전 결과를 그대로 반영하여 <-ой ей>로 적고 발음하지만, 어간에 강세가 있는 형용사의 경우에는 교회슬라브어 발달 방식인 <-ый>로 적고 발음한다. 그러나 중세러시아어 시기에 이들 형용사의 어미는, 비록 <-ый>로 적기는 했지만, 발음은 [-əj]였다. 푸쉬킨의 Евгений Онегин에 나오는 다음 시구의 각운을 음미하라.

Что занимало целый день
Его тоскующую лень
Была наука страсти нежной [-əj]
Которую воспел Назон
За что страдальцем кончил он
Свой век блестящий и мятежный [-əj]

긴장 예르와 관련해서 논의되는 문제 하나는 *yj *ij 연쇄체에서의 /y i/가 각각 /e o/로 발달한 변화이다. 다음의 예를 보라.

CS	*mūj-ǫ	> OR	myjü~ mъjü > moju	R.	мою
	*šīj-ä		šijä ~ šьjä > šeja		шея

앞에서 언급한, 긴장 예르의 /y i/로의 합류 변화와 맞물려, /j/ 앞에 위치한 원래의 /y i/ 역시 긴장 예르와 합류되었다고 보는 견해가 있다. 그러나 후자의 위치에서 /y i/가 변화를 겪지 않은 많은 반례(예컨대, slěpyjě '남성복수대격' > slepyje слепые)가 있기 때문에 이 견해는 타당성이 떨어지는 것 같다. 좀 더 설

득력 있는 견해는 piti ~ pьjü의 경우처럼 '부정사형 긴장음 ~ 현재형 이완음'의 모음 교체(아블라우트)를 myti 류의 동사에 확대한 것이라는 주장이다.

OR piti ~ pьjü
⇓
myti ~ mъjü (⟵ myjü)

이러한 해석이 옳다면, 이 변화는 형태음운적 변화로 봐야 한다. 즉, /j/ 앞의 y > ъ 변화는 음성적 환경에 의해 조건화된 음성 변화가 아니라, piti ~ pьjü등의 아블라우트 교체를 유추한 음성 변화라는 것이다. 현대 러시아어에서 пить는 пью/pьj-u/로 OR의 어간 약예르가 소멸되었지만, мыть는 мою/moj-u/로 어간 약예르가 완전모음화한 것은 어간 강세의 여부에서 차이가 났기 때문이다.

5.2. 예르의 변화가 음운 체계에 미친 영향

5.2.1. 닫힌 음절의 도래

어말 약예르의 소멸은 음운론적 단어가 이제 자음으로 종결되어도 문제가 되지 않았다. 이러한 상황은 결국 공통슬라브어 시기를 관통해서 작동하고 있었던 공명도 상승의 제약 원리를 문법에서 제거하는 결과를 낳았다.

OR	no.žь.ka	MidR	no.ž'ka	R	ножка
	no.žь.kъ		no.žek		ножок

이와 더불어 공통슬라브어 시기에 허용되지 않았던 자음군이 이제 허용되었다. Pj, Tj, 이중모음 등의 자음군이 가능하게 되었다.

OR	vy.pь.jü	MidR	vyp'ju	R	выпью
	se.tь.jü		set'ju		сетью
	po.jь.lo		pojlo		пойло
	mo.jь		moj		мой
	tъl.kъ		tolk		толк
	tъr.gъ		torg		торг
	o.rь.la		or'la		орла

5.2.2. 음절 내 음조성 원리 제거

음절 내 음조성 원리에 의해 한 음절 내에서는 음조성이 일치하여야 하는 제약이 있었으나, 이제 [전설성] 음성자질이 그 음운적 기능을 상실하고, [연음성] 자질이 음운화됨에 따라 연자음 뒤에 후설모음이 가능하고, 경자음 뒤에 전설모음이 올 수 있게 되었다. 즉, 음절 내 음조성 제약이 사라지게 되었다.

OR	kъ.nä.źь	MidR	kn'az'	R	князь
	ko.ńü		kon'u		коню
	sly.šä.ti		slišat'		слышать

이러한 원리 제거는 앞으로 발생할 'e > o' 변화(5.3 참고)에 호의적인 조건을 마련해 주었다.

5.2.3. 유성음화 및 어말무성화

어중 약예르의 소멸로 인해 '무성음-유성음', '유성음-무성음'의 [유성성 voicing] 자질에서 상반된 두 진자음(obstruent)이 자음군을 형성하는 경우가 발생하고, 이에 따라 유성성 일치의 동화 현상이 나타난다. 또한 어말 약예르의 소멸로 인해 유성 진자음이 어말 위치에 출현하게 되어, 무성음화된다.

OR	o.tъ.da.lъ	MidR	otdal [dd]	R	отдал
	sъ.dě.la.ti		sdelati [zd]		сделать
	pro.sь.ba		pros'ba [z'b]		просьба
	lu.gъ		lug [k]		луг
	lu.kъ		luk		лук

다음의 경우는 원래의 무성음이 동화에 의해 유성음으로 발음되고, 해당 단어의 어휘적 형태에서도 유성음으로 재해석되면서, 철자에 반영된 예들이다.

OR	sъdorovъ	MidR	sdorov [zd]	R	здоров
	kъdě		kdě [gd]		где
	svatьba		svat'ba [d'b]		свадьба
	svatьbьnъjь		svatebnoj		свадебный
	bъčela		bčela [pč]		пчела
	zadъxlъjь		zadxloj [txl]		затхлый
	jěžь		jěž' [š']		ешь

5.2.4. 연음성 동화

이미 논의한 바와 같이 후기 공통슬라브어 시기에 [연음성] 자질은 잉여적 자질이어서, 경자음 vs. 연자음은 하나의 자음의 위치적 변이음이었다. 즉, 전설모음 앞에서는 연자음이, 후설모음 앞에서는 경자음이 나타났다. 예외적인 경우는 TЪlT 연쇄체에서 /l/은 항상 경자음이었고, TьrT 연쇄체에서 /r/은 항상 연자음으로 발음되었다.

예르의 변화는 연음성의 음운적 자질로의 재해석을 함의함은 이미 전장에서 논의한 바 있다. 예르 변화 이후 생겨난 자음군에서의 연음성 자질의 분포는 연음성 동화(sharping assimilation)에 의해 규정되었다. 즉, 연자음 앞에서 경자음은 연음성 자질을 획득하기 때문에 연자음만 분포하고, 경자음 앞에서 연자음은 연음성 자질을 소실하기 때문에 경자음만 분포했다.

OR	sъnimati	MidR	sn'imat'	> [s'n']	R	снимать
	děvъky		d'ěvk'i	> [f'k']		девки
	xolodьno		xolod'no	> [dn]		холодно
	pravьda		prav'da	> [vd]		правда

예외적인 경우는 첫째, /l/와 /l'/은 연음성 동화를 겪지 않는다. 둘째, TьrT 자음군에 있어서 /r'/은 자신의 연음성을 가지지만, 치음의 경자음 앞에서는 경자음으로 바뀐다.

OR	tъlpa [pa]	MidR	tolpa	R	толпа
	tъlpe [p'e]		tolp'e		толпе
	malьva [l'ьv]		mal'va		мальва '아욱'
	malьve [l'ьv']		mal'v'e		мальве
	vьrxъ [r'x]		ver'x		ве́рх
	cьrkъvь [r'k]		c'er'kov'		це́рковь
	pьrvъjь [r'v]		p'er'vij		пе́рвый
	čьrnъjь [rn]		černij		чёрный
	mьrt-v-ъjь [rt]		m'órtvij		мёртвый
	s-mьrt-ь [r't']		sm'ér't'		сме́рть

그러나 현대 러시아어로 이행되면서 위의 연음성 분포는 크게 흔들리기 시작했다. 특히 '연자음+연자음'의 연쇄체에서 선행하는 연자음은 특정 음성적 조건을 제외하고는 다시 경자음으로 발음되기 시작했다. 즉, 탈동화(de-assimilation)가 발생한 것이다.

92 후술될 e > o 변화가 일어난 다음의 형태와 비교하라. сёстры чёрт лёгкий.

MidR	sn'imat'	> [s'n']	R	снимать [sn']
	d'ěvk'i	> [f'k']		девки [fk']
	xolod'no	> [dn]		холодно [dn]
	prav'da	> [vd]		правда [vd]
	s'estr'in	> [s't'r']		сестрин s'[ɛstr']in
	č'ert'i	> [r't']		черти č'[ɛrt']i
	l'egče	> [x'č']		легче [lɛxče][92]

5.2.5. 경구개 자음군

공통슬라브어의 연구개 자음군이나 치음 자음군에서 I/II-Pal이나 J-Pal에 의해 변화한 경구개 자음군들 *š'č' *ž'ǯ' 의 경우 후행 파찰음은 마찰음화 하여 중(重)자음(geminates)이 되고, 연음성 동화가 발생한다.

OR	ščitъ	ščit [š'č'] > [š'š']	R	щит [š':]
	puščü	puščü		пущу
	jěžǯü	jěžǯu [ž'ǯ'] > [ž'ž']		езжу [ž':]~[ž:]
	vižǯäti	vižǯat'		вижжать
	dъžǯь	dožǯ		дождь [š'š' ~ št']
	dъžǯa	džǯa dožǯa		дожда [ž'ž' ~ žd']
	dъžǯikъ	dožǯik		дождик [ž'ž'~ žd']

дождь에서 보듯, 중자음으로 발음되지 않은 경우에는 선행 경구개 마찰음에 연음성 동화는 발생하지 않는다.

[š'č'](<щ>)는 현대 러시아어에서 [š':], 즉 장음의 연자음으로 발음되는 반면, [ž'ǯ'](<жж>, <зж>)는 [ž:], 즉 장음의 경자음으로 발음되는 경향이 있다. 이것은 OR [ž']와 [š']가 예르 변화 이후 [연음성] 자질을 소실하여 경자음화되는 반면, OR [č']는 연음성을 그대로 가지고 있기 때문인 것으로 보인다.

예르 변화 이후에 발생한 경구개 자음군의 경우, 선행 치음의 마찰음은 경구개 마찰음화하고, 후행 경구개 파찰음은 마찰음화하여 중자음으로 바뀐다. 연음성 동화와 유성성동화가 발생함은 물론이다. 다만 자음군 사이에 접어(clitics) 경계가 있는 경우에는 마찰음화가 저지되기도 한다.

OR	sъčästьje	sčast'je [š'č'] > [š'š']	R	счастье
	sъšibati	sšibat' [sš] > [šš]		сшибать
	s čästьjü	s čast'ju		с частью [š'č'] ~ [š'š']
	pěsъčänъjь	pěsčanoj [š'č'] > [š'š']		песчаный
	sъ šumъmь	s šumom [šš]		с шумом
	nesъši	nesši [šš]		нёсши
	sъ ženojü	s ženoju [žž]		с женой
	lěsъ že	lěs že [žž]		лес же

경구개 파찰음(/č/)이나 경구개 마찰음(/š ž/)이 /sk/나 /stv/의 자음군 앞에 위치할 때, 경구개성을 소실한다. 그러나 '경구개 마찰음+sk'의 경우에는 다시 경구개 마찰음은 복원된다.

OR	grьčьskъjь	grečskoj [ck]	R	грецкий
	tъkačьskъjь	tkačskoj [ck]		ткацкий
	češьskъjь	češskoj [sk]		чешский [šsк]
	rižьskъjь	rižskoj [sk]		рижский [šsk]
	mužьskъjь	mužskoj [sk]		мужской [šsk]

5.2.6. 이화

예르 변화 이후 경구개 파열음 /k g/는 파열음 앞에서 마찰음화되는 경향이 있었다. 즉, '파열음+파열음' > '마찰음+파열음'. 이러한 경향은 물론 공통슬라브어 시기의 자음군 형성 제약이 예르 변화 이후에도 부분적으로 작용한 결과라고 보인다. 그러나 현대 러시아어에서는 파열음로 다시 복원된다.

OR	kъto	kto [kt] > [xt]	R.	кто [kt]
	kъ těmъ	k těm [kt] > [xt]		к тем [kt']
	kъ dělu	k dělu [gd'] > [ɣd']		к делу [gd']
	kъ čemu	k čemu [kč] > [xč]		к чему [kč]
	lьgъkъjь	legkoj [kk] > [xk]		лёгкий [xk]
	lьgъkъ	legok		lëgok ~ [i'óɣək]
	togda	togda [gd] > [ɣd]		тогда [gd]
	čьto	č'to [čt] > [št]		что [št]
	konьčьno	koneč'no [čn] > [šn]		конечно [šn]
	konьčьnъjь	koneč'noj		конечный [čn]

лёгкий, что, конечно 등은 이전 발음을 그대로 가지고 있다.

5.2.7. 공명음 자음군

예르의 변화로 인해 어말에 '진자음+공명음'의 연쇄체를 가지게 되는 단어들이 나타나게 되는데, 이 연쇄체에 다양한 변화가 발생한다. 동사의 'l-분사형'은 과거형으로 재해석되는데, 진자음이나 /r/을 어간 말에 가지는 동사의 과거형에서 /l/은 탈락된다.

OR	greblъ	MidR	grebl	R	грёб
	grebla		grebla		гребла
	sěklъ		sěkl		сек
	striglъ		str'igl		стриг
	neslъ		nesl		нёс
	vezlъ		vezl		вёз
	tьrlъ		terl		тёр

동사 과거형에서는 공명음 /l/이 탈락했지만, 다른 품사의 경우에는 공명음과 진자음 사이에 모음을 첨가하는 변화를 겪은 단어들도 있다. 이 경우는 '모음~제로'의 변동의 확대로 해석할 수 있다.

OR	uzlъ	MidR	uzl	R	узол
	zamyslъ		zamisl		замысел
	krěslъ		kr'ěsl		кресел
	stьklъ		st'ekl		стёкол
	zemĺь		z'eml'		земедь
	uglъ		ugl		угол
	větrъ		větr		ветер
	sestrъ		s'estr		сестёр
	osmь		vωsm'		восемь
	pъlnъ		poln		полон
	ognь		ogn'		огонь

그러나 출몰모음이 형성되지 않은 단어들도 많다. OR kruglъ > krugl > R кругл, корабль, кремль, Днепр, осётр, искр, быстр, волн, жизнь, 등.

5.2.8. 기타 자음군 간소화

예르 변화로 인해 발생한 -stn-, -stb-, -stg-, -zdn-, -rdc-, -lnc-, -lvt- 등의 3중자음에서 대체로 중간 자음을 발음하지 않는 경우가 많다.

OR	čьstьnъjь	čestnoj	R.	честный [sn]
	pozdьno	pozd'no		поздный [zn]
	sьrdьće	s'erd'ce		сердце [rc]
	sъlnьće	solnce		солнце [nc]

polъ vъtora	pol vtora	полтора [lt]
jьstъba	jestba~istob	изба [zb]
stьźä, stьgy	stez'a, stgi	стезя, зги [zg]
žestъko	žestko	жёстко [sk]
dьbränьskъ	Dbr'ansk	Брянск
dьbrь	d'ebr'	дебри

5.3. 'E > O'

5.3.1 역사적 변화

예르의 변화 후 혹은 예르 변화와 더불어 평순 모음이었던 /e/가 특정 환경에서 원순 모음 /o/로 변화한다. 앞으로 'E > O(E-labialization, **E-lab**)'으로 지칭될 이 변화는 "E"의 역사적 기원과 관련하여 세 범주로 나누어진다.

(1)	OR	e / _´C° or _´#	(경자음 앞 혹은 어말)	> o
(2)	OR	ь / _´C°	(경자음 앞)	> e > o
(3)	OR	ьr / T_T°	(경치음 앞)	> er > or

(1)은 CS *e의 OR 후음인 경우인데, 강세가 있으면서 경자음 앞에 위치하거나 혹은 강세 받으면서 어말에 위치해 있을 때, E-lab의 변화를 겪는다는 것이다.

(1)	OR	médъ	m'ód	R.	мёд
		lédъ	l'ód		лёд
		séla	s'óla		сёла, се́льский
		nesémъ	n'es'óm		несём

jélъka	jólka	ёлка, ель
vьsé	v's'ó	всё все (←·· vьsi vьsěхъ)
lićé	l'ic'ó	лицо
starьjé	star'jó	старьё

특정 환경에 의해 조건화되는 변화이기 때문에 공시적으로 변동을 가져온다. 위 예의 сёла vs. се́льский, ёлка vs. ель 등에서 현대 러시아어의 'e ~ o'의 모음 교체가 확인된다.

그런데 /š ž/ 앞에서는 E-lab이 발생한 반면, /c/ 앞에서는 발생하지 않은 점이 주목된다.

OR	molodežь	molod'ež' [ž'] > [ž]	R.	молодёжь
	jьdešь	id'eš' [š'] > [š]		идёшь
	ježь	jež' [š'] > [š]		ёж
	otьćь	ot'ec' [c']		отец
	konьćь	kon'ec' [c']		конец
	molodьćь	molod'ec' [c']		молодец

고대러시아어 시기에 이들 경구개음은 모두 연자음인 반면, 현대 러시아어에서는 모두 경자음으로 변화했기 때문에, 이들의 연음성 소실은 예르 변화 이후에 발생했을 것으로 추정된다. 그러나 E-lab의 변화 적용의 유무라는 차이로 인해 우리는 이들의 탈-연음화(dispalatalization)는 E-lab과 관련하여 상대적 연대에 있어서 차이를 노정한다고 추정할 수 있다. 즉, E-lab이 일어나기 전에 이미 /š ž/의 탈연음화는 일어난 반면, /c/의 탈연음화는 E-lab이 종료된 후에야 비로소 탈연음화가 일어난 것이다. 즉, /š ž/는 이미 경자음으로 재해석되었기 때문에 E-lab의 조건에 참여할 수 있었던 것이다.

JS
⇨ š' ž' 탈연음화
⇨ E-lab
⇨ c' 탈연음화

(2)는 예르 변화의 결과인 e, 즉 OR 강예르 **ь**의 후음인 e가 o로 변한 경우이다. 어말의 예르는 모두 약예르이기 때문에 소멸되었고, 따라서 **ь**의 후음 e는 어말에 위치할 수 없다.

(2)	OR	pьsъ	p'es	пёс
		konьkъ	kon'ek	конёк
		sъžьgъ	sžeg	сжёг

(3)의 경우는 OR TьrT 그룹의 예르에서 발달한 /e/의 경우이다. 이미 논의한 바와 같이 이 그룹의 예르는 항상 강예르이었는데, 이 예르 뒤 /r/은 연자음으로 발음되었을 것으로 추정된다(4.7.2 참고). 그러나 후행하는 자음이 경자음이면서 치음인 경우에는 연음성 동화가 발생하여 [r']의 연음성이 소실되고, 따라서 경자음으로 바뀌어 E-lab의 조건을 충족하게 된다.

OR	čьrnъjь	čer'noj [r'] > [r]	R.	чёрный
	napьrstъkъ	nap'er'stok [r'] > [r]		напёрсток
	zьrna	z'er'na [r'] > [r]		зёрна
	mьrtvъjь	m'er'tvoj [r'] > [r]		мёртвый
	smьrtь	sm'er't' [r']		смерть

고대 러시아어에서 동일한 *-mьrt- 어간을 가지고 있는 두 단어, мёртвый와 смерть가 'e ~ o'의 변동을 보이는 것은 이러한 음성적 조건의 차이에 기인한다.

그러나 같은 경자음이더라도 치음이 아니라면(즉, 연구개음이나 순음), /r'/의 연음성은 소실되지 않고, 따라서 E-lab은 발생하지 않는다. /r'/의 연음성이 소실되는 것은 E-lab이 종료된 이후이다.

OR	vьrba	v'er'ba [r']	R.	вéрба
	sьrpъ	s'er'p [r']		сéрп
	pьrvъjь	p'er'voj [r']		пéрвый
	zьrkalo	z'er'kalo [r']		зéркало
	vьrxъ	v'er'x [r']		вéрх
	četvьrgъ	četv'er'g [r']		четвéрг

그런데 현대 러시아어 강세 /é/가 경자음 앞에 위치하고 있음에도 /ó/로 나타나지 않아 예외처럼 보이는 경우가 있다. 이러한 예외적인 경우를 몇 가지 범주로 구분해 보면,

(1) éшь 'eat-Imp.', стéны '벽-복수', вéра '믿음', бéг '달림', мне '나-처격', столé '탁자-단수.처격', 등

(2) 가. нéбо '하늘', лев '사자', вред '해악', крест '십자가'

나. житиé '전기, 언행록', 등

다. надéжда '희망', падéж '격', 등

라. перст '손가락', жéртва '희생', сквéрный '비루한'

(3) момéнт '순간, 특징', секрéт '비밀', офицéр '장교', газéта '잡지', джентльмéн '신사', 등

(1)의 단어들의 어간에 보이는 /é/는, 사실은 OR /e/가 아니라 /ě/(< CS *ē)의 후대 발달음이다. OR /ě/는 예르 변화 이후 /e/와 합류한다.[93] 그런데 그러한 합

93 이러한 합류는 중세 러시아어의 '긴장 vs. 이완' 대립의 소멸을 가져온다. 즉, 긴장 /ě ô/와 이완 /e o/는 합류되어 해당 음성 자질은 러시아어 음성 자질 목록에서 사라진다.

류는 E-lab이 종료된 후에 발생한다. 그러니까 E-lab이 진행되고 있던 시기에 /ě/는 아직 /e/와 합류되지 않았기 때문에 이 변화의 대상이 되지 않았던 것이다.

(2)의 예들은 교회슬라브어 차용어들이다. 동일한 어근을 가지는 동슬라브어 단어들에서는 E-lab 변화를 겪는다.

(2') 가. нёбо '경구개', перекрёсток '십자로'
나. зверьё '짐승들'
다. надёжный '믿음직한'
라. напёрсток '골무'

마지막으로 (3)의 예들은 E-lab 변화가 종료된 후에 러시아어로 차용된 외래어들이다. 이들에 보이는 /é/가 E-lab를 겪지 않는 것은 당연하다.

5.3.2 공시적 변동

이전에 언급했듯이, 현대 러시아어의 **'e ~ o'의 어간 변동**은 역사적으로 E-lab 변화에 기인한다. 아래의 예는 후행 자음의 연음성 차이로 인해 나타난 변동의 예이다.

OR	čьrtъ čьrti	R.	чёрт чéрти
	veselъjь veselьje		весёлый весéлье
	pletь pletъka		плеть плётка
	sestry sestrinъ		сёстры сéстрин
	pečь peklъ		печь пёк
	tvьrdъjь tvьrže		твёрдый твéрже
	dalekъjь daleče		далёкий далéче

강세의 차이로 인해 발생한 'e ~ o'의 변동의 예로는

OR	žená zény	жена жёны
	metlá métly	метла мётлы
	seló séla	село сёла

현대 러시아어에서는 **비강세 모음의 약화**(“Акание” 현상)로 인해 <жена> <село>의 <e>가 나타내는 음성이 음운 /o/의 실현인 것으로 재해석될 가능성이 있다. 연자음 뒤의 /o/나 /e/ 둘 다 비강세 위치에서 [i] 혹은 [I] ([i]의 이완음)로 발음되기 때문이다.[94] 다른 굴절형(즉, жёны сёла)의 강세 위치에 나타나는 모음 음성이 [o]이기 때문에, <e>로 적혀 있다고 하더라도 모음 /o/로 보면 ‘e ~ o’의 변동이 부재한 어휘소로 이해할 수 있는 것이다.

‘e ~ o’ 변동은 유추적으로 다른 어휘들에 확장되기도 한다.

OR	zvězda zvězdy	R.	звезда звёзды
	däsna däsny		десна дёсны
	lьgъkъjь lьgъče		лёгкий легче
	zapräči zapräg		запречь [é] запряг [ó]
	-obrěsti -obrělъ		приобрести приобрёл

이와 반대로 E-lab 변화 결과 ‘e ~ o’의 변동을 보였던 어휘들이 굴절 시 /o/로 어간이 평준화되어 해당 변동이 소멸되기도 한다.

OR	beréza - na beréze	берёза - на берёзе
	klénъ - o kléne	клён - о клёне
	ščeká- ščéky	щека - щёки

94 그러나 경구개 경자음인 /š ž c/ 뒤의 /o/는 [a]로 발음되기 때문에 (예: шок [ó] vs. шокировать [a], жоккей [a], жонглёр [a]), жена의 <e>는 /e/[i]([a]가 아님)를 표기한 것으로 이해할 수 있고, 그렇다면 ‘e ~ o’ 변동을 보인다고 할 수 있다.

neséšь nesémъ neséte	несёшь несём несёте
tьrlъ tьrla tьrli	тёр тёрла тёрли

이 경우, 연자음 앞에 /o/의 발생이 음성적 조건에 의한 것이 아님을 이해해야 할 것이다. 변동이란 하나의 의미에 두 개 이상의 형태가 대응되는 것이기 때문에, 어떤 특정 요인(의미적 유사성, 음성적 유사성, 혹은 사용 빈도수 등)에 의해 동기화되지 않는다면, 해당 변동은 소실될 가능성이 늘 존재하는 것이다.

파생 관계에 있는 어휘들에서의 변동의 소멸도 예시한다.

OR	pьsъ - pьsikъ	R.	пёс - пёсик
	vesélъjь - vesélenьkъjь		весёлый - весёленький
	ščéky - poščéčina		щёки - пощёчина
	mešekъ - mešečekъ		мешок - мешочек

이들 예에서 파생모어는 모두 E-lab 변화를 겪었지만, 파생어는 *e 후행 연자음의 존재로 인해 해당 변화를 겪지 않았지만, 모어의 어간 모음을 따라 /o/로 변화한 것이 때문에, 이 역시 일반화에 의한 형태음운론적 변화를 예시한다.

위 예들 중 щекá의 경우, 현대 러시아어의 복수형의 음운형 /ščóki/을 보면 E-lab 변화가 일어날 수 없을 것처럼 보인다. 왜냐하면, 어간 말 연구개음([k'-i])이 연자음이기 때문이다.[95] 그러나 OR의 원래 형태는 /ščéky/임을 주목해야 한다. 가령, кыєвъ '키예브', кънѧгыни '공후 부인' 등에서 <кы>로 쓰였다는 사실을 고려하라. 주지하는 바와 같이, 공통 슬라브어에서는 전설모음 앞에 연구개음은 분포할 수 없었다. 해당 음성 조건에서 연구개음은 모두 경구개음으로 변화했기 때문이다. 부연하면, E-lab이 발생할 당시 복수주격형의 어간 말 /k/는 경자음이었고, 따라서 E-lab의 조건이 충족될 수 있었다. 이는 OR 연쇄체

95 현대러시아어에서 전설모음 앞에 연구개음은 연자음으로 발음된다. Кира [k'i], книги [g'i], хитёр [x'i], 등.

/ky gy xy/가 예르 변화 후에 음운적으로 /ki gi xi/로 재해석되면서, 실제 발음이 [ky gy xy]에서 [k'i g'i x'i]로 변화하였음을 의미한다. 즉, 공통슬라브어 시기에 존재 불가능했던 '연구개음+전설모음' 연쇄체가 가능하게 된 것이다. 따라서 위의 예, княгиня (< *-gy- cf. кнѧгыни), Киев (< *ky- cf. Кыевъ), 등. 결론적으로 연구개음의 연자음화는 E-lab이 종료된 이후에 발생하였음을 알 수 있다.

5.3.3 정리: 상대적 연대

예르 변화 후의 음성 변화들을 정리하고, 이들 사이의 상대적 연대를 요약해 본다.

(1) 예르 변화 후의 음성변화

가. /š ž c/의 탈연음화

나. E-labialization ('e > o')

다. /e/ >< /ě/

라. /r'/의 탈연음화

마. [ky gy xy] > [k'i g'i x'i]

(2) 상대적 연대

가. 예르 변동 ⇨ /š ž/ 탈연음화 ⇨ E-lab ⇨ /c/ 탈연음화

나. E-lab ⇨ /e/⇔/ě/ (/o/ ⇔ /ô/)

다. (TьrT > T'er'T) /r'/의 경치음 앞에서 탈연음화 ⇨ E-lab ⇨ 그 외의 환경에서 /r'/의 탈연음화

라. E-lab ⇨ [ky gy xy] > [k'i g'i x'i]

5.4. 기타 변화들

5.4.1 어말 /m'/ > /m/

어말 위치에 있는 연자음 /m'/는 자신의 연음성을 소실한다. 그러나 해당 연음성이 패러다임내 다른 굴절형에 나타난다면 소실되지 않는다.

-ъmь '단수조격'				
OR	gorodъmь	CSR	gorodom	городом
	polьmь		pol'om	полем
	sъ nimь		s n'im	с ним
	krasnymь		krasnim	красным

-omь '단수처격'				
OR	dobromь		dobrom	добром
	damь		dam	дам
	jěmь		jem	ем

그러나 семь восемь 등은 여전히 연음성을 유지하고 있는데, 그 이유는 주격형에 나타나는 어말 /m'/은 어간 말 자음이기도 한데, 다른 굴절형들, 즉 семи семью, восьми восемью/восьмью 등의 어간 말 자음에서도 연음성이 나타나기 때문이다. 다시 말하면, 패러다임 일반화라는 비-음성적 요인이 음성 변화를 억제했을 가능성이 있다.

5.4.2 형용사 및 대명사의 단수생격(남성)형의 /g/[g] > [v]

이들 품사의 단수생격형 어미 -ogo의 /g/가 [v]로 변화되었다. 그 변화는 아마도 /ogo/[ogo] > [oɣo] > [oωo] > [oʋo]/ovo/의 과정을 겪은 것으로 이해된다. того нашего нового 등의 <г> 철자는 이전의 자음 /g/를 반영한 것이다.

сегодня 의 <г> 역시 [ʋ]/v/로 발음되는데, 왜냐하면 이 단어는 원래 생격 명사구에서 문법화된 것이기 때문이다. 즉, OR сего дни[96] > CSR сегодня.

5.4.3 부정사형 어미 -ti > -t'

OR 부정사형 -ti의 어말 모음 -i는 강세를 받지 않는 한 소실된다.

OR	znati	CSR	znat'	знать
	lězti		l'ezt'	лезть
	žeči		žeč	жечь

강세를 받으면 소실되지 않으며(예: вести v'est'í), 강세 접두사 ví-를 가지는 경우에도 소실되지 않는다(예: вывести vív'est'i). 부정사 어미 -čí는 강세가 어간말 음절로 후진되는데 이러한 후진은 -i의 소실을 가져온다.

5.4.4 명령형 어미 -i > -ø

명령형 어미 -i 역시 비강세이면 소실된다.

OR	vъstan-i-te	R	vstán'-t'e	встаньте
	maž-i-te		máž-ø-te	мажьте
	otъvět-i		otv'ét'-ø	ответь

그러나 어간말에 자음군이 출현하면, -i는 비강세라도 존속된다. 가령, OR pomьni > R pomn'i помни.

96 건의 발생한 시점을 표현할 때 생격을 사용한다는 점을 지적한다. 또한 '날'은 고대러시아어에서 i-어간 명사이다(주격 дьнь, 생격 дьни).

5.4.5 2인칭단수현재형 어미 -eši/-iši > -eš/iš

어미 말 -i는 소실되고, 새로운 어미 -š는 두 불규칙동사(소위 athematic 동사)에로 일반화된다.

OR	znaješi	R	znaj-eš	знаешь
OR	dasi		daš	дашь
	jěsi		ješ	ешь

5.4.6. OR mati, doči > CSR mat′ мать, dočдочь

5.4.7. 형용사 여성단수조격형 어미 말 모음 -u의 소실

여성단수 조격형 -oju > -oj. 그러나 문어체에서는 사용되기도 한다. OR ženoju > OR ženoj женой.[97]

5.4.8. 재귀사 sä> s'

모음 뒤에서는 모음 -a는 소실되었다. 그러나 교회슬라브어 차용 문법형태인 분사에서는 발생하지 않는다.

OR	bojusä	CSR	bojus'	боюсь
	mylasä		milas'	мылась
	pečatajäsä		pečatajas'	печатаясь
	xodäščajäsä		xod'aščajas'a	ходящаяся

97 그러나 의미적 모호성이 예견되는 상황에서는 -u가 나타나기도 한다. 예: сделано больною. больной는 여격으로 해석될 여지가 있기 때문이다.

| 제6장 |

운율의 변화

언어적 운율(prosody)은 대체로 길이, 높이, 세기의 세 요소로 구현되는데, 주지하는 바와 같이, 현대러시아어에서 어휘적으로나 문법적으로 의미 있는 운율 요소는 세기(force), 즉 강세(stress accent)이다. 러시아어 어휘소의 어간은 강세를 가지거나(МУКА '괴로움'/múk-/), 부재하거나(МУКА '밀가루'/muk-/) 한다. 또한 문장에 출현한 (거의 모든) 단어는 강세 모음을, 해당 모음이 어간에 위치하든지 어미에 위치하든지 간에, 반드시 하나를 갖는다.

	주격	생격	여격	대격	조격	처격
МУКА '고통'	múk-a	múk-i	múk-e	múk-u	múk-oj	múk-e
МУКА '가루'	muk-á	muk-í	muk-é	muk-ú	muk-ój	muk-é

그리고 위의 두 어휘소가 예시하듯, 강세는 의미를 변별해 주는 기능을 가질 수 있다. '괴로움'의 의미를 가지는 단어는 어간에 강세가 위치해 있는 반면, '밀가루'의 의미를 가지는 단어는 어미에 강세에 위치해 있기 때문에, 비록 두 단어가 동일한 분절음 연쇄체를 공유하지만, 그 의미가 변별되는 것이다.

러시아어 강세의 또 다른 특성은 위의 두 단어처럼 모든 굴절형에서 강세의 위치가 고정되어 있기도 하지만, 수(단수 vs. 복수)나 특정 격(주격, 생격, 대격)에서 그 위치가 이동되기도 한다는 점이다.

	주격	생격	여격	대격	조격	처격
단수	vod-á	vod-í	vod-é	vód-u	vod-ój	vod-é
복수	vód-i	vód-ø	vód-am	vód-i	vód-am'i	vód-ax

ВОДА라는 어휘소는 무강세 어간을 가지지만, 복수에서는 강세가 어간으로 이동하며, 또한 단수 대격에서 어간으로 이동한다. 이처럼, 러시아어의 강세는 굴절형에 따라 강세가 이동하는 특성을 보인다.

요약하면, 러시아어 어휘소는 어간에 강세를 가지고 있기도 하고, 강세가 부재하기도 하며, 다(多)-음절 어간의 경우에는, 어간 초(初, НОВОСТЬ /nóvost'-/), 어간 중간(中間, ПРОФЕССОР /prof'éssor-/), 어간 말(末, ГОСПОДИН /gospod'ín-/)에 위치할 수 있다. 어휘소의 강세 위치는 자유롭다(free). 또한 문장에 출현한 단어의 강세 위치는 모든 굴절형에서 고정적이거나 굴절형에 따라 유동적(mobile)일 수 있다. 요컨대, 러시아어 강세는 그 위치가 어휘적으로 자유롭고, 굴절적으로 유동적일 수 있다.

본 장에서는 러시아어 **강세의 역사적 변화**에 대해 논의한다. 공통슬라브어에서의 운율 체계가 어떠한 역사적 과정을 통해 현대러시아어의 강세 체계로 변화하였는가를 살펴보는 것이 본 장의 주목적이지만, 이러한 통시적 강세 변화를 통해 현대러시아어의 변칙적인 강세 행태에 대해서도 이해하도록 한다. 예컨대, ГОЛОВА는 단수형에서 강세가 모두 어미에 위치하지만, 단수대격에서만은 어두 위치로 이동해 간다(즉, gólovu). 그러나 대격을 지배하는 전치사와 더불어 하나의 음운적 단어를 형성할 때(на голову), 강세는 어두가 아니라 전치사로 이동한다(nágolovu). 또한 НАЧАТЬ는 과거형에서(여성형을 제외하고) 모두 어두에 강세가 위치해 있지만(náčal-ø-o -i), НАЧАТЬСЯ의 과거형의 강세는 이와 사뭇 다르다(nača-l-s'á -ló-s' -l'í-s'). 이러한 강세 행태의 변칙성의 역사적 근원에 대해 논의한다.

6.1. 후기 공통슬라브어 운율체계

6.1.1 길이(장단, length)

전장에서 논의했듯이, 공통슬라브어의 모음은 **장단**(長短, long vs. short)**의 운율 대립**을 가지고 있었다. 즉,

	A. II-CSVS 이전		B. II-CSVS 이후	
	front	back	front	back
high	ĭ ī	ŭ ū	ь i	ъ y
low	ĕ ē	ă ā	e ě	o a

장단의 양적 대립은 제2차 공통슬라브어 모음추이(II-CSVS)의 결과, 위의 (B)처럼 '긴장 vs. 이완'이라는 질적 대립으로 재해석된다(4.11 참고). 양적 대립의 질적 대립으로의 재해석은 그러나 음운적 층위에서 발생한 것으로 이해된다. 다시 말하면, II-CSVS 이전의 모음 체계에서는 장단 대립이 음운적(즉, 의미변별) 기능을 했지만, 그 이후의 모음 체계에서는 질적 대립이 음운적 기능을 하는 것으로 재해석되었다는 것이다. 이는 양적 및 질적 대립 모두 II-CSVS 전후의 시기에 음성적으로 실현되었음을 의미한다. 다시 말해서 이전의 시기에는 장(長)모음은 긴장성의 음성적 잉여자질을, 단(短)모음은 이완성의 음성적 잉여자질을 가지고 있었던 반면, 이후의 시기에서는 (이제 음운적 기능을 가지는) 긴장모음은 장음의 운율적 잉여자질을, 이완 모음은 단음의 운율적 잉여 자질을 가지게 되었다는 것이다. 그러니까, II-CSVS 이후에도 장단의 운율자질은 음성적으로는(비록 음운적 기능을 담당하지는 못하지만) 실현되었다는 것이다.[98]

장단 대립은 음절핵(syllabic peak)으로 기능하는 이중모음(diphthongs)의 환경에서는 중화되었다(4.3, 4.7, 4.8 참고). 부연하면, 구강 이중모음(Oral Diphthongs),

98 따라서 위의 모음 부호는 변별적 음성 자질(즉, 음운적 자질)만을 표상한 기호들이다.

유음의 이중모음(L-Diph), 비음의 이중모음(N-Diph) 등이 자음 앞 환경(동음절 위치)에 나타날 때, 이들 연쇄체는 하나의 음절에 속하면서 복합적 음절핵을 형성한다. 이 복합적 음절핵의 선행 모음의 위치에서 장단 대립은 중화되어 단모음으로 실현된다. 예컨대, /CalC/과 /CālC/는 모두 [CalC]로 실현된다.[99] 따라서 이 위치에서 장단 대립은 모두 소실된다. 단, 어두의 L-diph은 장단 대립을 그대로 보인다. CS *#ālC- vs. *#alC- > OR laC- vs. loC. 예: R. рало '쟁기' vs. лодка '배'.

6.1.2 높이(고저, pitch/tone)

공통슬라브어는 장단 외에도 **높이**(pitch, tone)의 운율적 음성 자질을 아울러 가지고 있었다고 재구된다. 문장에 사용된 굴절형으로서의 단어(즉, 형태론적 단어morphological word)는 독립적으로 하나의 높이 악센트(tonal accent)를 가지거나 혹은 전혀 가지지 않을 수도 있다. 전자를 "**독립-악센트(단)어**(orthotonic word)"라 하고, 후자를 "**무-악센트(단)어**(enclinomenon)"라 불린다.

독립-악센트어가 하나의 높이 악센트를 가진다는 것의 의미는 높은 음조(high pitch, H)의 음절이 적어도 하나 있다는 것이고, 무-악센트어란 높은 음조의 음절이 전혀 없다(앞으로는 L)는 것이다. 전통적으로 독립-악센트어는 악센트를 받는 음절에 양음(揚音, acute, A) 악센트를 가진다고 말하고, 무-악센트어는 어두(word-initial) 음절에 곡절(曲折, circumflex, CF) 악센트를 가진다고 말한다.

양음 악센트(A)는 장(長)모음이나 이중모음에는 단어 내 음절 위치와 무관하게 출현할 수 있지만, 단(短)모음에는 어말(word-final) 위치에서만 출현할 수 있다. 양음 악센트를 가지는 독립-악센트어는 음성적으로는 해당 양음 악센트를 가지는 음절뿐만 아니라 그 음절을 선행하는 음절도 역시 높은 음조를 가지고,

99 물론 이중모음 연쇄체가 모음 앞에 위치할 때(이음절 위치)에는 장단 대립은 그대로 실현된다. CS *kāi-ā- *kāi-n- > R. каяться цена, CS *pai-e- *pai-tei > R. поет петь.

그 음절을 후행하는 음절은 낮은 음조를 가진다(가령, $CV_HCV_{H/A}CV_L$). 무-악센트어는 음성적으로 모든 음절이 낮은 음조로 실현된다($CV_{L/CF}CV_LCV_L$).

하나의 형태론적 단어의 높이 악센트는 어휘적으로나 문법적으로 예측되지 않는다. 즉, 높이 악센트의 유무, 그리고 그 위치는 자의적으로 어휘 명세된다. 또한 동일한 음성적 환경에서 양음 악센트와 **곡절 악센트**가 출현할 수 있기 때문에, 후기공통슬라브어 시기에 이 두 높이 악센트는 음운적으로 기능한다고 볼 수 있다.

음절 초의 위치		
양음 악센트	/A/	[CV_HCV_L]
곡절 악센트	/CF/	[CV_LCV_L]

6.1.3 강음(强音, ictus)

하나의 **음운론적 단어**(phonological word, 발음상 하나의 단위)는 하나의 **강음**(즉, 돋들리는 음prominence peak)를 가진다. 하나의 음운론적 단어는 하나의 **형태론적 단어**(독립-악센트어 혹은 무-악센트어)로 이루어지거나 혹은 수의적으로 하나 또는 그 이상의 접어(접두어proclitics나 접미어enclitics)가 덧붙여질 수 있다.[100]

후기 공통슬라브어에서 강음의 위치는 예측 가능한 잉여적인 운율적 자질이었다. 하나의 음운론적 단어가 독립-악센트어를 가지면, 양음 악센트가 위치한 모음에 강음이 할당된다. 전술했듯이, 양음 악센트 음절을 선행하는 모든 음절이 모두 높은 음조이고, 양음 악센트 음절 역시 높은 음조이기 때문에, 강음은 음성적으로 맨 마지막 높은 음조의 음절에 놓인다고 할 수 있다. 예컨대

100 접어란 인접한 형태론적 단어에 운율적으로 의존하는 통사적 단위이다. 어간에 인접하여 출현하는 형태론적 단위인 접사(affix)와 구별된다. 가령 현대러시아어의 к окну는 '접두어+형태론적 단어'로 형성된 하나의 음운론적 단어이며, отец же는 '형대론적 단어+접미어'로 형성된 음운론적 단어이다. 물론 Отец купил машину에서 각각의 형태론적 단어는 동시에 음운론적 단어이다.

'**H**-L'의 음성적 운율 구조를 가진 단어에는 강음이 H-모음에 할당되고, 'H_1-$\mathbf{H_2}$-L'에서는 H_2-모음에 할당되며, 'H_1-H_2-$\mathbf{H_3}$'에서는 H_3에 할당된다(굵게 표시). 접어가 덧붙여진 음운론적 단어의 경우에도 마찬가지이다.

만약 하나의 음운론적 단어가 무-악센트어의 형태론적 단어로만 이루어진다면, 강음은 해당 단어의 어두에 할당된다('$\mathbf{L_1}$-L_2(-..)'). 그러나 접미어("E")가 부가된 음운론적 단어에서는 강음은 해당 단어의 맨 마지막 음절(즉, 접미어의 음절)에 놓인다('L_1-L_2=**E**'). 만약 접두어("P")가 덧붙여진다면, 강음은 해당 접두어의 (맨 처음) 음절에 할당된다('**P**=L_1-L_2'). 이 어두 강음을 전통적으로 무-악센트어의 어두 곡절-악센트로 부른 것이다.

강음 할당 규칙(후기 공통슬라브어)

A. 독립-악센트 단어

강음은 양음 악센트(A) 음절에 할당된다.

B. 무-악센트 단어

B-1. 음운론적 단어=형태론적 단어

강음은 곡절 악센트(CF)에 할당된다.

B-2. 음운적 단어=형태론적 단어+접미어

강음은 접미어에 할당된다.

B-3. 음운론적 단어=접두어+형태론적 단어

강음은 접두어에 할당된다.

이처럼 공통슬라브어 시기의 강음은 음성적으로 예측 가능한 잉여적 운율 자질이다. 가령, 동일한 분절음 연쇄체로 이루어진 독립-악센트어 'H_1-$\mathbf{H_2}$'와 무-악센트어 '$\mathbf{L_1}$-L_2'에서 강음은 전자가 H_2음절에, 후자는 L_1음절에 있기 때문에, 이 둘은 운율적으로 높이뿐만 아니라 세기(강음)에 있어서도 구별되지만, 세기는 높이 악센트에 의해 예측되는 음성자질이라는 것이다. '$\mathbf{H_A}$-L'과 '$\mathbf{L_{CF}}$-L'의 경우, 강음의 위치는 동일하지만, 높이 악센트의 차이에 의해 운율적으로 변별된다.

6.2. 운율의 변화

6.2.1 강음의 이동

후기 공통슬라브어 시기에, II-CSVS가 발생한 후 어느 시점에, 어말 예르(즉, 단(短)음의 고모음인 ъ ь)에 얹힌 양음 악센트의 강음이 한 음절 앞으로 이동하는 변화가 발생한다. 즉, ‘$\text{CV}_{\text{H}}\text{-Cъ}_{\underline{\text{H}}}$’ > ‘$\text{CV}_{\underline{\text{H}}}\text{-Cъ}_{\text{H}}$’. 이 변화가 뒤에 발생할 예르 변화의 선도적 역할을 한 것은 분명하다. 왜냐하면 어말 예르의 강음이 선행하는 음절 모음으로 이동함으로써 어말 예르는 상대적으로 약음(弱音, non-ictic)화되었기 때문이었다. 이로써 모든 어말 예르는, 음조의 높낮이에 무관하게, 모두 약음으로 발음되기 시작했다(4.13 참고).

강음의 선행 음절으로의 이동은 이전에 존재하지 않았던 새로운 음성적 운율 구조, 즉 강음의 양음 뒤에 H가 존재하는 운율구조가 나타나게 되었다.

$\text{CV}_{\text{H}}\text{CV}_{\underline{\text{H/A}}}\text{CV}_{\text{L}}$

$\text{CV}_{\text{H}}\text{CVHCъ}_{\text{H/A}}$ > (강음 이동) $\text{CV}_{\text{H}}\text{CV}_{\underline{\text{H/A}}}\text{Cъ}_{\text{H}}$

그러나 강음의 위치는 여전히 음성적으로 예측 가능하였다. 강음의 이동은 오직 어말의 양음-예르에서만 발생했기 때문이다. $\text{CV}_{\underline{\text{H}}}\text{-Cъ}_{\text{H}}$ vs. $\text{CV}_{\text{H}}\text{-CV}_{\underline{\text{H}}}$ (V=예르 이외의 모음).

이러한 강음의 이동 변화는 독립-악센트어와 무-악센트어의 음운적 대립 체계에서 독립-악센트어 내에 또 다른 하위 대립 체계를 낳는 결과를 발생시킨다. 이전부터 존재하던 ‘$\text{CV}_{\mathbf{H}}\text{CV}_{\text{L}}$’의 운율 구조와 더불어 새롭게 ‘$\text{CV}_{\mathbf{H}}\text{CV}_{\text{H}}$’의 운율

구조가 대립하게 된 것이다. 전자의 **H**는 이전의 양음(acute) 악센트이고, 새롭게 만들어진 후자의 **H**는 **신-양음**(neo-aucte, N) **악센트**이다. 'H_A-L' vs. 'H_N-H'.

운율 체계의 변화		
곡절 악센트(CV_LCV_L)	vs.	양음 악센트(CV_HCV_L)
	⇓	(강음의 이동)
곡절 악센트(CV_L/CV_L)	vs.	양음 악센트
		구-양음 vs. 신-양음
		(CV_HCV_L) (CV_HCV_H)

신-양음 악센트는 특정 음성적 조건(양음의 어말 예르) 하에서 발생한 음성 변화의 결과이지만, 문법적 유추에 의해 형태론적으로 정의되는 환경에서도 아울러 나타난다.

6.2.2 /높이/[세기] > /세기/[높이]

공통슬라브어 시기가 종료될 무렵, 예르의 변동이 일어난 시기에, 동슬라브 지역 방언들에서 높이(음조) 대신에 세기(강세)가 음운적 기능을 담당하게 된다. 즉, 이전에 음운적 대립을 보이던 독립-강세어와 무-강세어의 대립은 소실되고, 대신 모든 강음이 **음운적 강세**(stress)로 재해석되었다. 부연하면 양음 악센트(A) 음절, 신-양음 악센트(N) 음절, 그리고 어두의 곡절 악센트 음절은 모두 강세 음절로 재해석되고, 그 외의 모든 음절은 비-강세 음절로 재해석된 것이다.

6.2.3 흔적

이전의 **높이 악센트의 흔적**은 CSR에 거의 남아 있지 않지만, 러시아어 방언이나 우크라이나어에는 여전히 남아 있다. 예르의 변동 이후 발생한 모음 대립 /ô/ vs. /o/는 양음-악센트와 곡절-악센트의 대립을 반영한 것이었다. 양음-악센트를 받는 어두의 [ô]는 어두 첨가음(prothetic vowel) [v]를 형성한 반면, 곡절-

악센트를 받는 어두의 [o]는 그렇지 못하였다. 예컨대,

LCS	*osmь 'H-H' >	ôsmь 'H-H' >	ωôsm'	R vós'em'
	*ozero 'L-L-L'			óz'ero

CSR의 на голову /nágolovu/, из дому /íz domu/ 등에서 보이는 전치사 강세는 이들의 형태론적 단어가 이전에 모두 무-악센트어이었기 때문이다. 즉,

LCS	*galv-u 'L-L' >	golov-u 'L-L-L'	R gólovu
	*nā galv-u 'L=L-L' >	na golov-u 'L-L-L-L'	nágolovu

이와 유사하게, начал /náčal/, начался /načals'á/의 강세 변동은, 무-악센트어의 형태론적 단어가 접미어(enclitics)와 함께 하나의 음운론적 단어를 형성할 때 접미어에 강음이 놓인다는 CS 강음 할당 규칙의 흔적이다.

LCS	*načalъ 'L-L-L'	CSR	náčal
	*načalъ s'a 'L-L-L=L'		načals'á

공통슬라브어 L-Diph의 러시아어 후대 발달형은 **충음화**(pleophony)의 방식을 따랐음은 이미 논의한 바 있다(4.7 참고). 그런데, город/górod/ холод/xólod/ берег/b'ér'eg/ 등은 첫 음절에 강세가 떨어지는 반면, болото/bolóto/ бороться/borót'sja/ молоть/molót'/ 등은 두 번째 음절에 있다. 이들 모두 *CVRC-라는 유음의 이중모음 연쇄체에서 발달한 것이기 때문에 이들에서 보이는 강세의 차이는 흥미롭다. 이러한 차별적 운율 발달은 양음 악센트와 곡절 악센트의 차이에 따른 강음의 차이에 그 원인이 있었다. 즉, L-Diph을 가지는

형태론적 단어가 이중모음에 양음 악센트를 가지면, 이 이중모음이 충음화되어 유음 뒤에 모음이 첨가되면 이 모음 역시 높은 음조를 가지게 된다. 따라서 강음 할당 규칙은 유음 뒤 모음에 강음을 할당하게 된다. 이 강음이 현대러시아어의 강세이다.

LCS	*balt-as '**H**-L'	>	bolot-o 'H-**H**-L'	R boloto

그러나 L-Diph을 가지는 형태론적 단어가 무-악센트어라면, 강음은 어두 음절에 놓이게 되기 때문에 충음화되어도 유음 앞 모음에 강음이 놓인다.

LCS	*gard-as '**L**-L'	>	gorod-ъ '**L**-L-L'	R górod

голова 등 어미에 강세를 가지는 단어들은 후기 공통슬라브어 시기에 독립-악센트어이고, 'H-H'의 운율 구조를 가지는 단어였다.

LCS	*galv-ā 'H-**H**'	>	golov-a 'H-H-A'	R golová
	*galv-u 'H-H'		golov-ъ 'H-N-H'	golov

그러나 단수대격형과 복수주격형에서는 H가 부재한 곡절 악센트를 가진다. 현대 러시아어의 어두 음절 강세는 곡절-악센트의 결과이다.

LCS	*galv-u 'L-L'	>	golov-u 'CF-L-L'	R gólovu
	*galv-ū 'L-L'	>	golov-y 'CF-L-L'	gólovi

6.3. 비강세 모음의 약화

예르의 변화와 높이 악센트의 세기 악센트로의 재해석이라는 변화 이후에 비강세 음절에서 저(低)모음들이 약화되어 이 위치에서 해당 모음들의 음성적 구별이 중화되는 현상이 발생한다. 흔히 (넓은 의미의) **Аканье**('[a]모음-화')라고 부르는 이 모음의 약화 현상은 13-14세기 러시아 남부 방언에서 광범위하게 발생하여 현대표준러시아어의 근간이 되는 중부 방언으로까지 확대되었다.

비강세 음절 그리고 경자음 뒤라는 환경에서 저모음 /a/와 /o/가 음성적으로 구별되지 않는 현상을 특히 (좁은 의미의) аканье라고 하는데, 비-강세 음절 중 {강세 바로 앞, 맨-어두}에서는 [ʌ]로, 그 외의 위치에서는 [ə]로 발음된다. 다음의 예를 참고하라.

вода /vodá/[ʊʌdá], багаж /bagáž/[bʌgáš]
огород /ogoród/[ʌgʌrót], авангард /avangárd/[ʌʊʌngárt]
города /gorodá/[gərʌdá], магазин /magaz'ín/[məgʌz'ín]
город /górod/[górət], комната /kómnata/[kómnətə]

города /gorodá/를 예로 들어 기술해 보면, 강세가 복수주격 어미 -á에 떨어지므로, 선행하는 모음 /o/는 |a|로 중화된다. 즉, 원순성을 소실한다. 이렇게 중화된 |a|의 실제 발음은 어떠한 비강세 음절에 위치했는지에 따라 달리 실현된다. 즉, 강세 바로 앞 위치나 맨-어두 위치에서는 [ʌ]로, 그 외의 위치에서는 [ə]로 실현된다. 따라서 [gərʌdá]. 이렇게 중화된 모음의 실제 발음이 강세 위치에 따라 달라지는 이유는 비강세 음절이라도 강세 바로 앞 음절이 상대적으로 길고 강하게 발음되고, 그 외의 음절은 상대적으로 짧고 약하게 발음되기 때문이다.[101]

---

101 강세 음절의 길이가 1이라면, 강세 바로 앞 음절은 3/4 정도, 그 외의 음절 특히 강세 후 음절의 길이는 1/4 정도로 짧게 발음되고, 세기도 약하다.

현대 러시아어의 다음 단어들에서 보이는 어원적으로 잘못된 철자 <a>는 аканье 발음이 반영된 것으로 이해된다.

OR	dъstokanъ	R	stakán	стакан
	kropiva		krap'íva	крапива
	boranъ		barán	баран
	robota		rabóta	работа
	rosti		rast'í	расти

(좁은 의미의) аканиe가 경자음 뒤 환경에서의 모음의 약화로 인한 중화 현상을 지칭하는 것이라면, 연자음 뒤 환경에서 모음이 약화되는 중화 현상은 약화된 발음이 무엇이냐에 따라 еканье 혹은 иканье라고 부른다. 연자음 뒤에 나타나는 저모음 /e o a/가 비-강세 음절에서 [e]로 발음되면 еканье, [i/ɨ]~[ɪ](전설모음계의 shwa)로 발음되면 иканье라 한다. 현대 러시아어의 표준 발음은 후자이다.

стена /st'ená/[st'iná], стены /st'éni/[st'énɩ]
жена /žená/[žɨná], жёны /žónɩ]
яйцо /jajcó/[jijcó], яйца /jájca/[jájcə]
память /pám'at'/[pám'ɪt']
сентябрь /s'ent'ábr'/[s'in't'ábr'], сентября /s'ent'abr'á/[s'ɪn't'ibr'á]

аканиe에서처럼, 강세 음절 바로 앞 위치에서는 [i/ɨ]로, 그 외의 위치에서는 [ɪ]로 발음된다.

현대 러시아어 다음의 단어들에 보이는 비-어원적인 철자 <e>는 еканье 발음을 반영한 것으로 볼 수 있다.

OR	däsna	CSR	d'esná	десна
	räsnica		r'esn'íca	ресница
	jästräbъ		jástr'eb	ястреб

| 제7장 |

형태론: 굴절 체계의 변화

러시아어에서 어휘소는 문장에 사용되면 시제나 수 등 다양한 지시적, 관계적 의미를 획득하게 되고, 이러한 의미를 실현하기 위해 자신의 형태를 수정하고 일정한 형태를 덧붙이기도 하여 해당 어휘소에 대응하는 (형태론적) 단어로 나타난다. 이렇게 어휘소가 지시적·관계적 의미를 획득하고 자신의 형태를 변용하여 문장 내 요소인 단어로 나타나는 과정을 **굴절**(inflection)이라고 하는데, 굴절된 단어(즉, 굴절형)들은 해당 어휘소의 **굴절 패러다임**을 형성한다. 그리고 이러한 굴절 패러다임은 **굴절 형태론적 규칙 체계**에 의해 만들어진다.

굴절 체계에서의 변화는 어휘소에 구현되는 지시적·관계적 의미(기의) 차원에서의 변화가 발생할 수 있고, 의미(기의)-형태(기표) 사이의 대응 관계라는 차원에서의 변화가 발생할 수도 있으며, 또한 의미는 불변했지만 실현된 형태(기표) 차원에서 변화가 발생할 수도 있다. 형태(기표) 차원에서의 변화는 일반적인 음성 변화에 의해 발생할 수도 있고, 유추 및 일반화 등 비-음성적 요인에 의해서도 발생할 수 있다. 비-음성적 요인에 의해 발생하는 형태-음성적 변화를 특히 '**형태음운적**(morphonological) **변화**'로 부른다고 논의한 바 있다(2.3 참고).

고대 러시아어 명사 굴절(곡용) 체계 상 **수**(數, Number)는 세 개의 의미 자질로 구성되어('단수' vs. '쌍수' vs. '복수') 있었는데, 현대 러시아어에서는 그 중 하나인 **쌍수**(dual)가 부재하여 두 개의 수 자질만 존재한다. 이것은 수라는 굴절 범주내의 의미 변화를 예시한다. '탁자'를 나타내는 어휘소인 СТОЛ은 단수주격형이 stol-ø인데, 고대러시아어에서는 stol-ъ이었다. '단수-주격'이라는 관계적 의미를 담고 있는 굴절형이 stolъ > stol로 변화했는데(즉, 어미 -ъ/'단수-주격' > 어미 -ø/'단수-주격'), 이것은 예르의 변화라는 일반적인 음성 변화에 의해 발생한 변화이다. '들판'을 의미하는 ПОЛЕ의 단수처격형은 OR поли pol-i > CSR pol'-e로, 즉 어미가 -i > -e로 변화하였는데, 이것은 음성적 조건에 의한 음성 변화의 결과가 아니라, 다른 곡용패턴(고대 러시아어 окъно > окно의 단수처격형 okn-ě > okn-e)으로의 유추라는 비-음성적인 요인에 의한 형태음운적 변화의 결과 도래된 형태이다.

본 장에서는 현대러시아어의 굴절 체계가 공통 동슬라브(즉, 고대 러시아어)의 굴절 체계에서 어떠한 과정을 겪어 변화되었는지 알아보기로 하는데, 본고의 논의 초점은 굴절 체계의 변화, 굴절 어미의 변화 및 그로 인한 어미 변동 등에 놓여 있다.

7.1. 명사 곡용 체계의 변화

7.1.1 현대 러시아어 곡용 체계

현대 러시아어의 명사에는 2개의 문법적 관계의미 범주(즉, 수와 격)가 구현되며, 구현된 관계의미는 중첩적 접사화 방식으로 해당 명사의 어간(stem)에 접미(suffixation)되어 실현된다(구현과 실현의 분리주의적 형태론 기술에 대해서는 1.2.1 참고). 이렇게 표현된 접사를 '어미(ending)'라고 부르는데, 예를 들면, '단수'와 '여격'의 관계의미가 СТОЛ이라는 명사에 구현되면, stol-의 어간에 -u의 단일한 형태로(즉, 두 의미가 별개의 형태로 실현되지 않고 중첩적으로) 접미된다. 즉, stol- + -u > stolu. 그런데, 동일한 '단수·여격'의 관계의미라도 ВОДА라는 명사에 구현되면, 그 실현 어미는 -u가 아니고 -e이고(vod'-e), НОЧЬ라는 명사에 구현되면, 그 실현 어미는 -i이다(noč-i). 이처럼 '단수·여격'이라는 중첩적으로 실현되는 관계의미는 다수의 이형태들 u~e~i로 실현된다. 어미 변동의 전형적인 예이다. 이렇게 변동하는 어미 이형태의 분포를 기술하는 것이 러시아어 형태음운론의 중요 과제가 될 것임은 자명하다.

현대 러시아어의 명사 곡용 시 보이는 이형태의 종류와 그 분포는 다음과 같이 **곡용식**(declension patterns)으로 기술된다.

	단수				복수
	제1곡용식		제2곡용식	제3곡용식	
	남성	중성			
주격	ø	o	a	ø/a	e~a~i
대격	↕	=주격	u	=주격	↕
생격1	a	a	i	i	ø~ej~ov
생격2	u	-	-	-	-
처격1	e	e	e	=생격	ax
처격2	ú	-	-	-í	-
여격	u	u	=처격	=생격	am
조격	om	om	oj	ju/om	am'i

곡용식이란 개별적 격 어미의 형태적 특성과 격 어미 상호 간의 형태상의 관계적 특성 등이 반영된 격 변화 틀이다. 가령, 제3곡용식은 조격 어미의 형태가 -ju로 실현되며, 주격과 대격의 어미형이 동일할 뿐 아니라, 생격과 처격, 그리고 여격의 세 격어미 형태가 -i로 동일하며, 이러한 면에서 그 형식적 특성이 다른 곡용식과 변별된다. 나아가 이 곡용식이 분포하는 명사류(즉, 곡용류)는 어휘형이 자음으로 끝나는 여성 명사(가령, НОЧЬ МЫШЬ ЛЮБОВЬ 등)로 특성화된다.

위의 곡용 체계가 나타내는 바를 간략하게 설명한다.

첫째, 단수 곡용 시 개별 격 어미의 이형태 분포는 모든 격을 아우르는, 곡용상의 '**변이식**(allo-pattern)'(즉, 곡용식)에 의해 기술되는 반면, 복수 곡용 시 이형태의 분포는 개별 격의 '변이형(allo-form)'으로 기술된다. 단수와 복수에서의 이형태 분포 양상이 이렇게 다른 이유에 대한 역사적 설명이 요청된다(7.1.3 참고). 위 곡용 체계에서 보는 바처럼, 단수 격 변화 시에는 해당 어휘소가 어떠한 곡용식을 선택하는 명사인가에 따라 6개 격 전체의 어미 형태가 결정된다. 가령 ВОДА는 어휘형이 -a로 끝나는 명사이기 때문에, 격 변화 시 모든 격 어미들은 제2곡용식에 속하는 형태들을 선택한다. 그러나 복수 격 변화 시에는 개별 격에 따라 당해 명사의 형태 선택 잣대가 달라진다. 가령 ВОДА의 복수주격에서의 어미 형태 선택은 자신이 여성 명사이기 때문에 -i를 선택하지만, 복수생격에서는 자신의 어휘형이 -a로 끝나는 명사류에 속하기 때문에 -ø를 선택하며, 복수대격에서는 불활물성 명사이기 때문에 주격형과 동일한 형태를 선택한다.

둘째, 이전에 간략하게 언급했듯이, 단수에서의 **변이식 정체성**은 해당 변이식을 구성하는 격 어미 사이의 형태적 관계 및 특정 격 어미의 음성적 변별성으로 파악된다.

제1곡용식

a. 생격이 -a, 여격 -u, 조격 -om으로 실현

b. 대격은 자신 만의 형태를 가지지 못함

c. 주격이나 생격의 어미를 공유

제2곡용식

a. 주격 어미가 -a

b. 대격이 독립적인 형태 -u로 실현

c. 조격 어미가 -oj로 다른 곡용식과 변별

d. 처격과 여격이 어미를 공유

제3곡용식

a. 대격이 -ø로 주격과 동일한 어미를 보임

b. 생격, 여격, 처격의 어미 모두 -i 라는 특성을 보임

'복수' 곡용식

a. 주격과 생격에서 자체적으로 이형태를 가짐

b. 대격은 주격 또는 생격과 어미를 공유

c. 처격, 여격, 조격에서 -a-라는 어미 초 모음을 공유

셋째, 개별적 변이식의 분포는 어휘형의 음성적 특성 및 성에 의해 정의되는 어휘 부류, 즉 **곡용류**(declension class)에 의해 포착된다. 제1곡용식의 '남성' 하위(下位)식은 어휘형(語彙形)이 자음으로 끝나는 남성 명사(), '중성' 하위식은 어휘형이 /o/로 끝나는 (중성)명사에 분포한다. 이들 '남성' 하위식과 '중성' 하위식을 하나의 변이식으로 묶는 이유는 '주격=대격'의 **신크레티즘**, 모든 사격(생격, 여격, 처격, 조격)에서 동일하기 때문이다. 제2곡용식은 어휘형이 /a/로 끝나는 모든 명사에 분포하고, 제3곡용식은 어휘형이 자음으로 끝나는 여성명사와 어휘형이 /m'a/로 끝나는 중성 명사 그리고 남성명사 путь에 분포한다.

곡용식	곡용류
제1곡용식	
남성 하위식	어휘형이 자음으로 끝나는 남성 명사
	/stol//muzej//portf'el'/ /ot'ec/ /muž/
중성 하위식	어휘형이 -o로 끝나는 중성 명사
	/okno//zdan'ijo/ /čudov'iščo/[102]
제2곡용식	어휘형이 -a로 끝나는 모든 명사
	/voda/ /s'ostra/ /d'ad'a/ /s'irota/
제3곡용식	어휘형이 자음으로 끝나는 여성명사
	/noč/ /l'ubov'/ /miš/ /cerkov'/

102 ЧУДОВИЩЕ '괴물'은 단수에서 중성 하위식을 선택하기 때문에, 대격어미형은 주격 어미형과 동일하지만, 복수대격에시는 활물성 잣대에 의해서 생격 어미형과 동일하다. 러시아어에서 단수와 복수의 이형태 선택 기준이 다르다는 점을 보이는 증거이다.

어휘형이 -m'a로 끝나는 중성명사

/im'a/ /vr'em'a/ /br'em'a/ /vim'a/

유일한 남성명사 /put'/

어휘형 /-t'/로 끝나는 수사

/p'at'/ /šest'/ /dvadcat'/

물론 '복수' 곡용식은 명사의 복수 격변화 시 출현하는 곡용식이다.[103] (1) **복수주격의 이형태 분포**는 대체로 성에 의해 결정된다. 중성 명사는 -a, 그 외의 명사는 -i이다. 남성 명사 중 일부 자의적으로 결정되는 명사들(가령, ДОМ БЕРЕГ ГОРОД 등)은 -a이고, 민족이나 계층을 나타내는 남성 명사들(АНГЛИЧАНИН ГОРОЖАНИН 등)은 -e이다. (2) **복수생격 어미 이형태 분포**는 대체로 어휘형의 음운적 형상과 어간 말 자음의 연음성 등 주로 형태음운적 요인에 의해 결정된다. 어휘형이 모음으로 끝나는 명사들(-a로 끝나는 여성 명사와 -o로 끝나는 중성 명사)은 -ø이고, 어휘형인 자음으로 끝나는 명사들(남성 명사와 제3곡용식의 여성명사)의 경우, 어간 말 자음이 경자음이나 /c j/이면 -ov, 연자음이나 /š ž č/이면 -ej이다. (3) **복수 대격 어미 이형태 분포**는 활물 명사이면 복수생격 어미와 동일하고, 불활물 명사이면 복수주격 어미와 동일하다. (4) 다른 복수 사격에서는 어미 변동을 보이지 않는다.[104]

이처럼 러시아어의 이형태는 어휘적 특성에 의해 그 분포가 동기화되어 있지만, 다음 절에서 논의되겠지만, 고대 러시아어의 곡용식 분포는 **자의적인 어휘 명세**에 의해 결정되었기 때문에 예측이 불가능하고(1.2.2절 참고), 따라서 현대 러시아어의 동기화된 곡용식 분포는 역사적 변화에 의한 결과임을 이해하는

---

103 다음에 기술되는 어미 이형태 분포 기술은 물론 매우 소략적임을 지적해 둔다.

104 МАТЬ ДОЧЬ ЛЮДИ ЛОШАДЬ 등의 제3식 명사들이 복수조격에서 일반적인 -am'i 대신에 -m'i를 보이는 경우가 있지만, 이러한 단어들에서도 -am'i로 대체되고 있다. 즉, матерьми дочерьми лошадьми людьми ~ матерями дочерями лошадями людями.

것이 중요하다.

넷째, 제1곡용식을 선택하는 남성 명사들 중 일부는 소위 '**제2생격**', '**제2처격**'이라고 불리는 특별한 형태를 가진다. 일반적인 생격은 -a로 실현되지만, '**부분성**(partitive)'을 표현하는 제2생격은 -u를 가진다(가령, сахару/saxar-u/ чаю/čaj-u/ 등). 한편 일반적인 처격(=전치격)은 -e로 실현되지만, '**장소성**(locative)'의 제2처격은 -ú로 실현된다(가령, саду/sad-ú/ берегу/b'er'eg-ú/ 등). 제2생격과 제2처격이 왜 특히 남성 명사에만 나타나는 현상인지 역사적 시각에서 분석해 본다(7.1.3.1.3 참고).

마지막으로, 제1곡용류의 남성명사들은 독립적인 대격 어미 형태가 부재하여, 활물체 남성명사들은 생격의 어미 형태를 공유하고(가령, Я вижу мальчика), 불활물체 남성명사들은 주격의 어미를 공유한다(예, Я купил журнал). 이러한 **활물성**(animacy) **신크레티즘**은 단수 곡용 시에 오직 제1곡용류 남성 명사에 적용되지만, 복수 곡용 시에는 모든 명사에 적용된다. 단수와 복수 사이에 보이는 활물성 신크레티즘의 적용 차이가 출현하게 되는 역사적 배경에 대해서도 알아본다(7.1.4 참고). 이외에도 명사 곡용과 관련한 다양한 공시적 특이성들이 관찰되는데, 이 점에 대해서는 역사적 변천 과정을 기술하는 자리에서 논의될 것이다.

위의 곡용 체계에 의해 러시아어 명사의 굴절 패러다임(inflectional paradigm)이 형성된다. 위의 체계에 의거해 러시아어 명사 어휘소 몇 개의 어휘적 특성을 제시하고, 위 곡용식에 준거해 굴절 패러다임을 형성해 본다.

어휘소	성	활물성	어휘형	어간
СТОЛ	'남성'	'불활물'	/stol/	/stol-/

	주격	대격	생격	처격	여격	조격
단수	stol-ø	stol-ø	stol-a	stol'-e	stol-u	stol-om
복수	stol-i	stol-i	stol-ov	stol-ax	stol-am	stol-am'i

어휘소	성	활물성	어휘형	어간
КОНЬ	'남성'	'활물'	/kon'/	/kon'-/

	주격	대격	생격	처격	여격	조격
단수	kon'-ø	kon'-a	kon'-a	kon'-e	kon'-u	kon'-om
복수	kon'-i	kon'-ej	kon'-ej	kon'-ax	kon'-am	kon'-am'i

어휘소	성	활물성	어휘형	어간
СЛОВО	'중성'	'불활물'	/slovo/	/slov-/

	주격	대격	생격	처격	여격	조격
단수	slov-o	slov-o	slov-a	slov'-e	slov-u	slov-om
복수	slov-a	slov-ø	slov-a	slov-ax	slov-am	slov-am'i

어휘소	성	활물성	어휘형	어간
ВОДА	'여성'	'불활물'	/voda/	/vod-/

	주격	대격	생격	처격	여격	조격
단수	vod-a	vod-u	vod-i	vod'-e	vod'-e	vod-oj
복수	vod-i	vod-i	vod-ø	vod-ax	vod-am	vod-am'i

어휘소	성	활물성	어휘형	어간
НОЧЬ	'여성'	'불활물'	/noč/	/noč-/

	주격	대격	생격	처격	여격	조격
단수	noč-ø	noč-ø	noč-i	noč-i	noč-i	noč-ju
복수	noč-i	noč-i	noč-ej	noč-ax	noč-am	noč-am'i

다음 장에서는 현대러시아어의 이러한 곡용 체계가 고대러시아어의 곡용 체계에서 어떠한 과정을 거쳐 발달되었는지 알아본다. 우선 고대러시아어의 곡용과 관련한 몇 가지 사실을 논의한다.

7.1.2 고대 러시아어 곡용 체계

7.1.2.1 곡용 범주

고대 러시아어에도 수 범주와 격 범주가 존재했었다. 이미 언급한 바와 같이, 고대 러시아어의 수 범주는 단수(singular), 쌍수(dual), 복수(plural)의 세 자질로 구성되어 있었다. 쌍수는 지시체가 2개이거나 쌍을 이루는 사물을 지시할 때 사용되었다. 이 쌍수는 10세기경에 사라지기 시작했을 것으로 추정되지만, 14세기까지 일종의 (문어적) 규범(norm)으로 지속되었다. 쌍수는 그 흔적이 현대 러시아어에 여기저기 남아있다.

한편, 격 범주는 현재의 6개 격외에도 호격(呼格, vocative)이 존재했었지만, 지금은 사라졌다. 그 흔적이 Господи! Боже (мой)! отче! 등에 남아 있다.[105]

7.1.2.2 곡용식의 자의적 분포

고대 러시아어 곡용 체계는 현대러시아어 곡용 체계와 여러 점에서 달랐다. 그 중 하나는, 곡용식이 단수라는 하위(下位)의 어미 패러다임에 근거해서 설정되는 현대러시아어의 경우와는 달리, 고대러시아어 곡용 체계는 단수, 쌍수 그리고 복수를 아우르는 전체 어미 패러다임(paradigm)을 대상으로 그 곡용식이 설정되었다는 것이다(아래의 설명 참고).

다른 하나는 이렇게 하여 설정된 곡용식들의 분포는 개별 어휘소의 어휘적 특성에 의해 결정되지 않았다. 다시 말해 개별 곡용식을 선택하는 명사류(즉, 곡용류)를 어떤 특정의 어휘적 특성에 의해 포착할 수 없었기 때문에, 개별 어휘소의 곡용식 선택은 해당 어휘소의 자의적 특성이었다. 곡용식의 분포가 특정의 어휘적 특성(즉, 어휘형과 성, 활물성 등)에 의해 동기화되는 현대 러시아어의 곡용

---

105 현대러시아어에는 제2곡용류 명사들에 한하여 어간만으로 형성되는 새로운 호격형이 존재한다.
мама → мам! Ваня → Вань! Миша → Миш!

체계와는 크게 다른 점이다.

고대 러시아어에서 이렇게 곡용식이 자의적으로 분포하게 된 근본적인 이유는 굴절형(단어)의 형태적 구조를 모호하게 만든 여러 음성 변화들 때문이었다. 이 부분에 대해 간략하게 설명해 보자.

인구조어의 형태론적 단어는 '**테마**(theme)'라고 하는 일종의 어간 말 형태가 존재했었는데,[106] 동일한 테마를 가지는 어휘소들은 동일한 어휘 부류에 속해 있음을 나타내는, 일종의 지표적(index) 역할을 담당했었다. 테마 형태로는 ā, jā, a, ja, u, i, ū 등 모음 테마형태와 s, r, n, nt 등의 자음 테마 형태가 있었으므로, 어떤 테마 형태를 가지는가에 따라 명사들은 분류가 되었다. 가령, 테마 모음 /ā/를 가지는 명사류는 ā-어간 명사류이고, 테마 자음 /s/를 가지는 명사류는 s-어간 명사류이다.

그런데 이미 논의한 바와 같이, 공통슬라브어 시기로 들어서면서, 공명도 상승의 법칙(4.1.1 참고)에 의해 어말 자음이 탈락하게 되면서, 인구 조어에서 계승되어 내려온 어미는 소실되거나 축약되었는데, 그 결과 이제 어간의 테마 모음이 어간의 일부가 아니라 어미로 재해석되고, 따라서 어간-어미 재구조화가 발생한 것이다. 예컨대, LCS *syn-ъ는 IE *[sūn-u]-s '어간-테마-어미'에서 발달된 형태로 인구 조어 재구형은 어간 말에 u-테마 형태를 가진 명사이었지만, 공통슬라브어 시기에 어미 -s가 소실되면서 테마 모음 -u (> -ъ)가 어미로 재해석된 것이다. 슬라브 역사언어학에서 LCS(즉, OR)의 synъ와 같은 명사들을 u-어간 명사라 부르는 이유는 이들 명사가 당해 시기에 테마 모음 -u를 가졌기 때문이 아니라, 역사적으로 인구 조어에서 이들이 u-어간 명사류이었기 때문이다.

이러한 **어간-어미 재구조화**가 LCS 곡용 형태론에 끼친 영향은 첫째, 이전에 단일했던 곡용 어미가 이제 다양한 변이형을 가지게 되었는데, 왜냐하면 '테마

---

106 형태론적 단어는 구조적으로 어간과 어미로 구분되고, 다시 어간은 '어근(+접사)+테마'로 구분되었었다.

모음+어미'의 음성적 발달 양상이 테마 모음이 무엇이었느냐에 따라[107] 그 후대 발달형이 달라졌기 때문이었다. 둘째, 이렇게 해서 나타난 다양한 곡용 변이식의 분포를 결정할 수 있는 어휘적 특성이 부재했다. 이미 테마 형태는 많은 경우 어미의 일부로 바뀌었기 때문이었다. 따라서 LCS 당시의 공시적 언어 상황에서 synъ 명사들이 u-어간 곡용식을 선택하는 것은 여전히 자의적인 선택이었다. 다시 말하면, 명사의 곡용식 선택은 해당 명사가 어휘적으로 가지고 있는 속성이어서, 언어 기술의 시각에서 보자면, 해당 명사의 어휘 항목에 어떤 곡용식을 선택하는지 그냥 기술할 수밖에 없는 것이다.[108] 가령, 같은 남성 명사이면서 동일한 유형의 음성적 형상을 가지고 있었던 LCS *vьlkъ는 IE *ω̥lk-o-s의 후대 발달형으로 o-어간 명사이다. 인구어에서는 이 두 단어는 테마 모음으로 구별되었지만, OR에서는 (위에서 언급한 여러 음성 변화에 의해) 어휘적으로 두 곡용식의 분포를 예측할 수 없게 되었고, 따라서 어휘소의 곡용식 선택(즉, 곡용식의 분포)은 개별 어휘소의 자의적 속성이 되었던 것이다.

7.1.2.3 고대 러시아어 곡용식

위의 테마 형태소에 대응하여 OR에는 다음과 같은 곡용식이 설정된다. 고대 러시아어의 경우, 곡용식이 굴절 패러다임 전체를 대상으로 설정되기 때문에, 곡용식을 해당 단어의 곡용 패러다임으로 갈음한다.

---

107 인구 조어에서 격 어미가 모든 명사에서 동일하지는 않았을 것으로 추정된다. 만약 명사류에 따라 격어미가 달랐다면, 이것 역시 다양한 곡용식 출현에 일조를 했을 것이다.

108 만약 우리가 고대러시아어를 배운다면, 어떤 명사가 어떤 곡용식을 선택하는지는 그냥 외우는 수밖에 없을 것이다. 경험적으로 우리가 현대 러시아어 명사의 곡용 체계를 배울 때, 해당 명사의 곡용식 선택을 그냥 외우지는 않는 것과 대비된다.

	1. o-어간		2. jo-어간		3. u-어간
	남성	중성	남성	중성	남성
단주	gorod-ъ	sel-o	końь	poĺ-e	syn-ъ
단대	gorod-ъ	sel-o	koń-ь	poĺ-e	syn-ъ
단생	gorod-a	sel-a	koń-ä	poĺ-ä	syn-u
단처	gorod-ě	sel-ě	koń-i	poĺ-i	syn-u
단여	gorod-u	sel-u	koń-ü	poĺ-ü	syn-ovi
단조	gorod-ъmь	sel-ъmь	koń-ьmь	poĺ-ьmь	syn-ъmь
단호	gorod-e	sel-o	koń-ü	poĺ-e	syn-u
쌍주-대-호	gorod-a	sel-ě	koń-ä	poĺ-i	syn-y
쌍생-처	gorod-u	sel-u	koń-ü	poĺ-ü	syn-ovu
쌍여-조	gorod-oma	sel-oma	koń-ema	poĺ-ema	syn-ъma
복주	gorod-i	sel-a	koń-i	poĺ-ä	syn-ove
복대	gorod-y	sel-a	koń-ě	poĺ-ä	syn-y
복생	gorod-ъ	sel-ъ	koń-ь	poĺ-ь	syn-ovъ
복처	gorod-ěxъ	sel-ěxъ	koń-ixъ	poĺ-ixъ	syn-ъxъ
복여	gorod-omъ	sel-omъ	koń-emъ	poĺ-emъ	syn-ъmъ
복조	gorod-y	sel-y	koń-i	poĺ-i	syn-ъmi

	4. i-어간		5. ā-어간	6. jā-어간	7. ū-어간
	남성	여성	여성	여성	여성
단주	put-ь	kost-ь	žen-a	zemĺ-ä	cьrk-y
단대	put-ь	kost-ь	žen-u	zemĺ-ü	cьrkъv-ь
단생	put-i	kost-i	žen-y	zemĺ-ě	cьrkъv-e
단처	put-i	kost-i	žen-ě	zemĺ-i	cьrkъv-e
단여	put-i	kost-i	žen-ě	zemĺ-i	cьrkъv-i
단조	put-ьmь	kost-ьju	žen-oju	zemĺ-eju	cьrkъv-ьju
단호	put-i	kost-i	žen-o	zemĺ-e	cьrk-y
쌍주-대-호	put-i	kost-i	žen-ě	zemĺ-i	cьrkъv-i

쌍생-처	put-ьju	kost-ьju	žen-u	zemĺ-ü	cьrkъv-u
쌍여-조	put-ьma	kost-ьma	žen-ama	zemĺ-äma	cьrkъv-ama
복주	put-ije	kost-i	žen-y	zemĺ-ě	cьrkъv-i
복대	put-i	kost-i	žen-y	zemĺ-ě	cьrkъv-i
복생	put-iji	kost-iji	žen-ъ	zemĺ-ь	cьrkъv-ъ
복처	put-ьxъ	kost-ьxъ	žen-axъ	zemĺ-äxъ	cьrkъv-axъ
복여	put-ьmъ	kost-ьmъ	žen-amъ	zemĺ-ämъ	cьrkъv-amъ
복조	put-ьmi	kost-ьmi	žen-ami	zemĺ-ämi	cьrkъv-ami

	8. /n/		9. /s/	10. /nt/	11. /r/
	남성	중성	중성	중성	여성
단주	kamy	imä	slov-o	telä	mati
단대	kamen-ь	imä	slov-o	telä	mater-ь
단생	kamen-e	imen-e	sloves-e	telät-e	mater-e
단처	kamen-e	imen-e	sloves-e	telät-e	mater-e
단여	kamen-i	imen-i	sloves-i	telät-i	mater-i
단조	kamen-ьmь	imen-ьmь	sloves-ьmь	telät-ьmь	mater-ьju
단호	kamen-i	imä	slovo	telä	mati
쌍주-대-호	kamen-i	imen-ě	sloves-ě	telät-ě	mater-i
쌍생-처	kamen-u	imen-u	sloves-u	telät-u	mater-u
쌍여-조	kamen-ьma	imen-ьma	sloves-ьma	telät-ьma	mater-ьma
복주	kamen-e	imen-a	sloves-a	telät-a	mater-i
복대	kamen-i	imen-a	sloves-a	telät-a	mater-i
복생	kamen-ъ	imen-ъ	sloves-ъ	telät-ъ	mater-ъ
복처	kamen-ьxъ	imen-ьxъ	sloves-ьxъ	telät-ьxъ	mater-ьxъ
복여	kamen-ьmъ	imen-ьmъ	sloves-ьmъ	telät-ьmъ	mater-ьmъ
복조	kamen-ьmi	imen-ьmi	sloves-y	telät-y	mater-ьmi

o-어간 곡용식과 ā-어간 곡용식은 '중립(neutral)' 곡용식으로 불리고, jo-곡용식과 jā-곡용식은 '경구개(palatal)' 곡용식으로 불린다. 후자가 그렇게 불리는 이유는 어간 말 자음이 J-Pal(요트-경구개음화)로 인해 경구개음(č š ž ń ĺ ŕ)으로 변했기 때문이다(4.5 참고). 어간 말 분절음이 자음(n-어간, s-어간, nt-어간, r-어간)인 명사들이 취하는 곡용식을 특히 '자음' 곡용식으로 부른다.

7.1.3 곡용식 변화

OR과 CSR의 곡용 체계를 서로 비교해 보면, 우선 체계가 매우 단순화되었음을 알 수 있다. 양적으로는 11개의 곡용 변이식에서 (단수에서) 3개의 곡용 변이식으로 단순화되었다. 질적으로는 쌍수와 호격의 소멸과 더불어 곡용식은 단수에서만 존재하게 되고, 복수에서는 변이식이 소멸되어 하나로 단일화된다. 위에서 지적했듯이, OR에서는 곡용 어미의 이형태 분포가 단수, 쌍수, 복수를 아우르는 전체 패러다임의 어미를 대상으로 설정된 곡용식에 의해 기술되는 반면, CSR에서는 복수에서는 곡용식이 단일하고, 이형태는 개별 격(즉, 주격과 생격)의 변이형으로 존재하게 되어서, 변이식은 이제 단수에서만 나타나게 되었다는 것이다. 단수와 복수에서의 곡용식 변화를 구별해서 살펴보기로 한다.

곡용 변이식의 양적 단순화라는 변화를 관통하는 주요한 요인은 성(性) 범주이었다. 즉, 단순화는 성을 매개로 진행되어서, 이질적 곡용식을 가지지만 동일한 성을 공유하는 명사들은 **곡용식의 합류**(merger)를 통해 양적으로 단순화되었던 것이다. 따라서 단순화는 곡용식 분포의 동기화(예측성) 강화와 맞물려 있었다고 말할 수 있다.

7.1.3.1 단수 변화

7.1.3.1.1 중립 변이식과 경구개 변이식의 합류. 고대 러시아어의 jo-어간과 o-어간 변이식 그리고 jā-어간과 ā-어간 변이식은 합류한다. 합류를 촉진시킨 요인은 예르 변화이었다. 먼저 남성 jo-어간과 o-어간 곡용식의 합류에 대해 논

의해 보자.

	예르 변화 이전(OR)		예르 변화 이후(R)	
	o-식	jo-식	o-식	jo-식
NS	gorod-ъ	kon̍-ь	gorod-ø	kon'-ø
AS	gorod-ъ	kon̍-ь	gorod-ø	kon'-ø
GS	gorod-a	kon̍-ä	gorod-a	kon'-a
LS	gorod-ě	kon̍-i	gorod'-e	kon'-e
DS	gorod-u	kon̍-ü	gorod-u	kon'-u
IS	gorod-ъмь	kon̍-ьмь	gorod-om	kon'-em

예르 변화 이전에는 이 두 변이식은 어간 말 자음의 차이(비-경구개음 vs. 경구개음)뿐만 아니라 어휘형(=단수주격형)의 음운적 형상(후설 모음 -ъ vs. 전설 모음 -ь, 즉, /gorodъ/ vs. /kon̍ь/)에 의해서 그 분포가 차별화되었다. 즉, 예르 변화 이전에는 적어도 이 두 변이식의 분포는 명사들의 어휘적 특성에 의해 예측될 수 있었다.

그러나 예르 변화는 다음의 변화를 초래하였다. 첫째, 이전의 어간 말 자음 '비경구개' vs. '경구개'의 대립이 이제는 '경자음 vs. 연자음'의 음운적 자질의 대립으로 재해석되었고, 이에 따라 '어휘형 말 경구개음'이라는 특징적인 어휘적 특성이 사라지게 되었다. 또한 어말 예르의 소멸로 인해 어휘형의 음운적 형상에 있어서의 차이 역시 소멸되었다.

OR	/n̍ l̍ r̍/ (경구개음)	>	/n' l' r'/ (연자음)
	/gorod-ъ/ vs. /kon̍-ь/	>	/gorod-ø/ vs. /kon'-ø/

이러한 상황의 도래가 의미하는 바는 이 두 변이식의 분포를 차별화하는 어휘적 특성이 사라지게 되는 것이고, 결국은 분포의 예측성이 사라지게 되었다는 것이다.

둘째, 예르 변화 이전에는 전설성(frontness)이 변별적 자질로 기능했지만 (즉, /-front/=/a u/ vs. /+front/=/ä ü/), 예르 변화 이후에는 전설성은 잉여적 자질화 되었고, 대신 원순성(roundness)이 변별적 자질로 기능하게 된다.

OR /a u/ vs. /ä ü/ > (JS) /a/=[a] & [ä], /u/=[u] & [ü]

이러한 음운체계 상의 변화로 인해, GS 어미와 DS 어미에서 이 두 변이식은 더 이상 구별되지 않게 된다.

셋째, IS의 경우, '후예르' vs. '전예르'의 차이는 예르 변화의 결과 /o/ vs. /e/의 차이로 전환된다. gorod-ъmь vs. końь-ъmь > gorod-om vs. kon'-em. 그러나 강세 모음 /é/ > /ó/('E > O'은 5.3 참고, 어미 말 /m'/ > /m/은 5.4.1 참고) 변화와 비강세모음의 약화(яканье, 6.3 참고)로 인해 두 어미 사이의 구별 역시 소실된다.

이러한 일련의 음운 변화들은 두 변이식을 하나의 곡용식으로 합류하게 만드는 결정적 역할을 하게 되고, 이는 결국 LS에서의 구별(gorod-ě vs. końi-i) 역시 소멸하게 만든다. 즉, jo-어간의 -i를 o-어간의 -ě(> e)로 대체한다(gorod'-e, kon'-e). 이렇게 해서 **중립 o-어간 곡용식**과 **경구개 jo-어간 곡용식**은 단수 굴절에서 완전히 합류하게 된다. 이러한 합류의 결과 현대 러시아어의 제1곡용식의 남성 하위식이 형성된다.

	예르 변화 이전(OR)			예르 변화 이후(R)
	o-식		jo-식	제1곡용식
NS	ъ		ь	ø
AS	ъ		ь	ø
GS	a		ä	a
LS	ě	←	i	e
DS	u		ü	u
IS	ъмь		ьмь	om

jo-어간의 단수처격 어미 -i는 현대러시아어에 -ij로 끝나는 어간을 가지는 명사들의 철자에 흔적으로 남아 있다. 예: NS гений, LS гении.[109]

이러한 합류는 남성뿐만 아니라 중성 o-어간과 jo-어간 곡용식 및 여성 ā-어간과 jā-어간 곡용식에서도 발생한다.

	예르 변화 이전(OR)						예르 변화 이후(R)	
	중성			여성			중성	여성
	o-식		jo-식	ā-식		jā-식	제1식	제2식
NS	o	←	e	a		ä	o	a
AS	o	←	e	u		ü	o	u
GS	a		ä	y	←	ě	a	i
LS	ě	←	i	ě	←	i[110]	e	e
DS	u		ü	ě	←	i	u	e
IS	ъmь	←	ьmь	oju	←	eju	om	oj(u)

중성과 여성에서의 합류에서도, 소멸되는 곡용식은 경구개 변이식이다. '전설성'이 음성적 잉여 자질화되면서 /ä/ > /a/, /ü/ > /u/로 음운적 재해석되고(중성 o-식의 경우 GS와 DS, 여성 ā-식의 경우, NS와 AS), 'E > O' 변화로 인해 /é/ > /ó/가 되고, 비강세 모음이 약화되면서, 경구개 곡용식의 어미 -e가 -o로 형태음운적으로 재해석된다(중성 o-식의 NS-AS-IS, 여성 ā-식의 IS). 남성에서의 합류와 마찬가지로, 중성과 여성에서도 예르의 변화가 합류를 이끈 직접적인 원인이 되었으며, 그로 인한 발생한 두 변이식의 분포 상 자의성을 문법에서 제거하고자 합류

109 철자에 흔적으로 남아있다고 한 이유는 LS гении의 마지막 철자 <и>는 사실상 음운 /e/의 표기라고 볼 수 있기 때문이다. 다시 말해 단수처격 어미는 이미 /e/로 변화되었는데, 표기의 보수성으로 인해 현대러시아어 표기에 그대로 남아 있다고 보는 것이다. 영어의 know, bright등에서의 음성과 표기의 불일치를 참고.

110 고대 러시아어 북부 방인(노브고로드 방언)에서는 여성 명사에서 일반화된 곡용식은 jā-식이었다. OR NW dial. ж н '단수생격' ж ны '단수여격-처격'.

를 촉진했을 것으로 추정된다.[111]

여성 a-어간 집합 명사(集合名詞, 예: ГОСПОДА БРАТЬЯ), 중성 o-어간 집합명사(예: ЗУБЬЕ)는 각각의 명사들(ГОСПОДИН БРАТ ЗУБ)의 복수주격 어미 -a를 갖는 복수명사로 재해석되었다.

7.1.3.1.2 u-어간과 o-어간 곡용식의 합류. u-어간 명사들과 o-어간 명사들은 어휘형(모두 ъ로 끝남)과 성(모두 남성), 어간(모두 중립어간) 또한 서로 변별되지 않았기 때문에, 이들이 선택하는 곡용식을 어휘적으로 예측할 수 없었다. 어떤 남성명사가 u-곡용식을 선택하는지, 혹은 o-곡용식을 선택하는지는 해당 명사의 어휘 명세에 자의적으로 표시하는 수밖에 없었다는 것이다. 곡용식 자체에서도 단수주격(-ъ), 단수대격(-ъ), 단수조격 어미(-ъmь)가 동일했다. 이러한 상황이 이 두 곡용식의 합류를 견인했을 것으로 추정된다.

	예르 변화 이전(OR)			예르 변화 이후(R)	
	o-식		u-식	제1식	
				불활물	활물
NS	ъ		ъ	ø	ø
AS	ъ		ъ	ø	a
GS	a	←	u	a	a
LS	ě	←	u	e	e
DS	u	←	ovi	u	u
IS	ъmь		ъmь	om	om

сын의 단수주격어미 -ø는 예르 변화로 인해 나타난 것이고, 단수대격 어미

111 고대 러시아어 북부 방언(노브고로드 방언)에서는 여성 명사에서 일반화된 곡용식은 jā-식이었다. OR NW dial. ж н ‘단수생격’ ж ны ‘단수여격-처격’.

-a는 '활물성(animacy)'이라는 새로운 분포 요인의 도입으로 출현한 것이다. 즉, (남성) 제1식에서 'AS=GS, -a'는 활물성의 어휘적 의미를 가지는 명사들에 분포한다는 새로운 형태음운 규칙이 문법에 도입되었다. u-어간 곡용식의 GS -u, LS -u, DS -ovi 등의 어미는 o-어간 곡용식의 대응하는 어미 -a, -e, -u로 변화한다. 이로써 두 곡용식은 합류하게 되었는데, 합류의 근본적 동인은 자의성의 축소이고, 동기성의 확대이었다. 두 명사류 모두 남성 명사이었고, 어휘형 또한 동일했기 때문에 각각이 독립적인 곡용식을 선택할 특별한 이유가 없는 한 두 곡용식은 합류의 길을 걸을 수밖에 없었을 것이다. 합류의 목표(target) 곡용식은 o-어간 곡용식이었고, 따라서 u-곡용식은 소멸된다.

u-어간 곡용식의 GS 어미 -u는 일정 기간 동안 o-어간 GS 어미 -a와 공존하다가 u-어간 곡용식이 소멸한 뒤, 현대 러시아어에서는 남성 명사 일부(불가산不可算 물질 명사)에서, 통사적으로 구현된 소위 '부분성(partitivity)'을 나타내는 소위 '제2생격'으로 기능한다. 양적 의미가 배제한 순수 생격의 용법(가령, 'N-N'의 명사구)에서는 제1생격이 사용된다.

제1생격	мёда	сахара	супа	табака	снега	шума
제2생격	мёду	сахару	супу	табаку	снегу	шуму

이전에 단수생격의 이형태로서 기능했던 -u가 제2생격이라는 새로운 의미를 나타내는 형태로 변화했기 때문에 이것은 형태(의미)론적 변화이다.

이전 u-어간 곡용식의 잔재는 다음과 같은 관용구와 부사에도 남아있다.

с глазу на глаз, ни слуху ни духу, из дому, со смеху;
сразу, донизу, доверху, смолоду

u-어간 LS 어미 -u는 CSR에서 통사적으로 구현된 '장소(location)'를 나타내

는 제2처격으로 "재활용"된다. 전치사 o/об와 같이 사용되는 경우에는 제1처격(전치격)이 사용됨은 물론이다.

в лесу, в аду, в бою, на берегу, на краю, на мосту,
на льду, на ветру;
внизу, вверху, наряду, ввиду

u-어간 DS 어미 -ovi는 예르 변화이후 남성 명사 중 활물성 명사 혹은 인물 명사 등에 분포하면서 한 동안 사용되었지만(14세기 까지), 현대 러시아어에서는 사라지고, 그 흔적이 домой (< dom-ov'i), долой (< dol-ov'i)에 남아 있다.

7.1.3.1.3. i-어간과 n-어간 남성 곡용식의 변화

i-어간 곡용식을 선택하는 남성 명사들(예컨대, 현대 러시아어의 ПУТЬ ГОСТЬ ЗВЕРЬ ЗЯТЬ ГОЛУБЬ ГОРТАНЬ ЛОКОТЬ 등에 대응되는 고대 러시아어 어휘소들)은 (ПУТЬ를 제외하고) 모두 jo-어간 남성 곡용식을 취하게 된다. 그러나 jo-어간과 o-어간 곡용식이 합류됨에 따라 결국 i-어간 곡용식은 현대 러시아어 제1곡용식으로 변화한다.

	예르변화 이전(OR)		예르변화 이후(R)
	i-식: gostь		제1식: gost'
NS	ь	>	ø
AS	ь	>	ø
GS	i	→	a
LS	i	→	e
DS	i	→	u
IS	ьmь	>	om

i-어간 곡용식이 예르 변화 이후 jo-어간 곡용식을 따르게 된 것은 이 두 곡용식을 선택하는 남성 명사들이 어간 말 연자음이라는 어휘적 특성을 공유하기 때문이다. 예르 변화 이전에는 i-어간은 비-경구개음, jo-어간은 경구개음으로 어휘적으로 차별화되었었다.

n-어간 곡용식을 선택하던 남성명사는 변화의 초기 단계에서는 i-어간 남성 명사의 곡용식을 따라 간다.[112] 그런데, n-어간 남성명사들은 여타의 모든 남성 명사처럼 NS=AS의 신크레티즘을 가지기 시작했는데(예: NS kam-y → kamen-ь), 이러한 신크레티즘이 jo/o-어간 곡용식을 선택하게 되는 계기가 되었을 것으로 추정된다. 부연하면 신크레티즘은 원래의 테마 접사 -(e)n-을 단순히 어간의 일부로 재해석할 수 있게 만들어 주었고, 더 나아가 /e/를 어간 말에 출현하는 출몰모음으로 재해석하게 만들어 준 것이다(다음 단락 참고).[113] 이러한 일련의 재해석으로 인해 n-어간 명사들은, 이제 어휘형 및 어간의 형상이 jo-어간 남성 명사와 동일해진 i-어간 남성 명사처럼(어휘형: /kamen'/ & /gost'/, 어간: /kam'en'-/ & /gost'-/), jo-어간 곡용식을 선택하다가, 최종적으로는 o-어간 곡용식을 따라가게 된다.

	예르 변화 이전		예르 변화 이후	
	n-곡용식		초기(i-곡용식)	R(제1곡용식)
NS	kam-y	→	kamen'-ø	kam'en'-ø
AS	kamen-ь	>	kamen'-ø	kam'en'-ø
GS	kamen-e	→	kamen'-i	kamn'-a
LS	kamen-e	→	kamen'-i	kamn'-e
DS	kamen-i	>	kamen'-i	kamn'-u
IS	kamen-ьmь	>	kamen'-em	kamn'-om

112 이것은 테마 자음을 가지는 모든 곡용식은 i-어간 명사의 곡용식을 따라 간다는 일반적 변화 과정에 부합된다. 7.1.3.1.4 참고.

113 n-어간 중성명사에는 이러한 신크레티즘이 발생하지 않았다. CSR에서 이들은 여전히 예전의 i-어간 곡용식(즉, 제3식)을 선택한다.

n-어간 곡용식을 선택했던 명사들 중에는 камень처럼 유추에 의한 출몰모음을 가지는 경우도 있다(예: корень корня). 고대 러시아어에서 дьнь(CSR день)는 n-어간 곡용류이었지만, 현대 러시아어에서 제1곡용식을 취한다. 현대 러시아어에서 '오늘'을 의미하는 부사 сегодня는 OR의 сь의 생격형 сего와 n-곡용식의 дьнь의 생격형 дьне이 결합한 통사적 구성 *сего дьне에서 발달한 형태이다.

OR	*сего дьне	(n-곡용식)
	сегодни	(i-곡용식)
CSR	сегодня	(제1곡용식)

한편, степень печать 등은 i-어간 곡용식으로 그대로 남았지만, i-어간 곡용식이 주로 여성명사에 분포하기 때문에, 여성명사로 자신의 성을 바꾸어서, 현대 러시아어에서는 제3곡용식으로 곡용하며(제3곡용식은 거의 대부분 여성명사에 나타남), пламень은 n-어간 곡용식으로 중성 명사화해서 NS пламя로 형태음운 변화하고, 현대 러시아어에서는 имя-식(중성 제3식)을 따른다.[114]

7.1.3.1.4 자음 테마 중성 곡용식: n-어간, s-어간, nt-어간

n-어간 곡용식을 선택하는 중성명사들은 GS와 DS에서 i-어간 곡용식 어미 -i를 취하게 되는데, 이것은 자음의 테마 접사를 가지는 명사들이 자신의 예전 곡용식을 포기하고 i-어간 곡용식을 선택하려는 보다 일반적인 변화의 일부이다. 남성 n-어간 명사의 경우에는 i-어간 곡용식을 한동안 선택하다가 o/jo-어간 곡용식으로 바꾸었지만, 중성 n-어간 명사의 경우에는 그대로 i-어간 곡용식을 선택했음이 비교된다. 이것은 n-어간 중성 명사들이 가지는 어휘형의 유표적 음운 형상 때문인 것으로 파악된다. 중성명사의 어휘형(=단수주격형)은 -о로

114 пламень은 남성 단수주격(=대격)형으로 사용되는데, 그 사용은 시(詩)적 형태로만 가능하다.

끝나는 것이 무표적인데, 이들 n-어간 중성 명사들은 -m'a로 끝나며, 사격형에서 어간확장 접사 -on(<ен>)이 존재한다는 점에서 유표적이라 볼 수 있다. 현대 러시아어의 곡용식 중 유표적인 변이식인 제3곡용식이 이들 유표적 중성명사들에 의해 선택되는 이유가 여기에 있다고 추정된다.

	OR		R
NS	imä		im'a
AS	imä		im'a
GS	imen-e	→	im'en'-i
LS	imen-e	→	im'en'-i
DS	imen-i		im'en'-i
IS	imen-ьmь		im'en'-om

그러나 s-어간 곡용식을 선택하는 중성명사들은 i-어간 곡용식 대신에 o-어간 곡용식을 선택하는 방향으로 개신이 발생했다. s-어간 중성명사들이, n-어간 중성명사들과는 달리, o-어간 곡용식을 선택한 것은 테마 접사 -es의 사격형에서의 소실 때문일 것으로 추정된다. 이렇게 됨으로써 이제 s-어간 중성 명사들은 전형적인 중성 명사들과 동일한 어휘-음운적 형상을 가지게 되었기 때문이다.

	OR		CSR
	s-어간		제1식
NS	slov-o		slov-o
AS	slov-o		slov-o
GS	sloves-e	→	slov-a
LS	sloves-e	→	slov'-e
DS	sloves-i	→	slov-u
IS	sloves-ьmь	→	slov-om

현대 러시아어에서 -es-는 어간확장 요소로 몇몇 (교회 슬라브어 기원을 둔) 파생어에 남아 있다. 예컨대, словесность небесный чудесный. 그러나 러시아 고유어에는 -es가 부재하다. 위의 단어에 대응하여 словно задненёбный чудак 등과 비교하라.

마지막으로 nt-어간 중성 명사들은 단수형에서 새로운 어간형으로 개신되면서 남성명사로 변했고, o-어간 곡용식을 취한다.

	OR	CSR
NS	telä	t'el'onok-ø
AS	telä	t'el'onk-a
GS	telät-e	t'el'onk-a
LS	telät-e	t'el'onk-e
DS	telät-i	t'el'onk-u
IS	telät-ьmь	t'el'onk-om

7.1.3.1.5 여성 r-어간과 ū-어간 곡용식

7.1.3.1.3에서 논의한 바와 같이, i-어간 남성명사들은 (ПУТЬ를 제외하고) 모두 jo/o-어간 남성 곡용식을 선택하는 형태음운 변화를 겪었는데, 그 이유는 이들 남성명사들이 어휘형(단수주격형)에서 어휘-음운적 동일성(즉, 어휘형이 자음으로 끝남)을 보이기 때문이라고 추정된다. i-어간 гость & jo-어간 конь을 비교해 보라. 그러나 i-어간 여성 곡용식은 그대로 유지하면서, 현대 러시아어의 제3곡용식으로 남아 있는데, 그 이유는 i-어간 여성명사들이 a-어간 여성명사들과 어휘적 특성에서 분명히 차별화되었기 때문일 것으로 추정된다. 즉, a-어간 여성명사의 어휘형 -a (voda) vs. i-어간 여성명사의 어휘형 -C(kost').

여성 r-어간 명사와 ū-어간 명사들은 모두 i-어간 곡용식을 취한다. 두 r-어간 명사 ДЪЧИ와 МАТИ의 경우, AS형이 NS형으로 동일해지면서(дъчерь матерь → дъчи мати), AS=NS 신크레티즘이 구현되었고, 이제 테마-접사 -er-는 사격형에만 등장하는 어간확장 요소로 재해석된다. 이렇게 r-어간 여성명사는 전형적인 여성명사와 달리 어휘형이 자음으로 끝난다(дъчи мати > дочь /doč/ мать /mat'/)는 점에서 유표적이고, 이것이 a-어간(현대 러시아어의 제2식) 곡용식 대신에 i-어간 곡용식(현대 러시아어의 제3식)을 선택하는 이유로 추정된다.

ū-어간 여성명사들이 i-어간 곡용식을 선택하면서 a-어간 곡용식으로 변화하지 않는 것도 이와 유사하게 설명할 수 있다. 우선 자음-테마 어간 명사들처럼 ū-어간 여성명사도 자신의 곡용식을 포기하고 i-어간 곡용식을 선택하는 것은 일반적인 변화 유형과 그 궤를 같이한다. ū-어간 명사들의 경우, NS형은 AS형과 동일해지면서(즉, цьркы → цьркъвь) AS=NS 신크레티즘이 구현되어, 이제 테마 모음(즉, -ū- > -ъv- > -ov-)은 어간의 일부로, /o/는 출몰모음으로 재해석된다. 이들 명사가(церковь < OR цьркъвь)가 제3곡용식을 보이는 것 역시, r-어간 여성 명사들처럼, 이들의 어휘형이 자음으로 끝나는 특성을 가지고 있기 때문인 것으로 추정된다.

ЛЮБОВЬ, МОРКОВЬ, КРОВЬ (< OR любы мъркы кры) 등은 ū-어간 여성명사로서 CSR에서 제3곡용식을 보이는 반면, москва ботва (< OR москы боты) 등은 ū-어간 명사이었지만, 자신의 어휘형을 ā-어간 명사들의 어휘형을 따라 바꾼 예들이다.

	OR		CSR	
	r-어간	ū-어간	제3식	제3식
NS	mati	cьrky	mat'-ø	cerkov'-ø
AS	mater-ь	cьrkъv-ь	mat'-ø	cerkov'-ø
GS	mater-e	cьrkъv-e	mat'er-i	cerkv'-i
LS	mater-e	cьrkъv-e	mat'er-i	cerkv'-i
DS	mater-i	cьrkъv-i	mat'er-i	cerkv'-i
IS	mater-ьju	cьrkъv-ьju	mat'er'-ju	cerkov'-ju

7.1.3.1.6. 요약

이상의 논의를 요약하면, 현대 러시아어 제1곡용식, 제2곡용식, 제3곡용식의 역사적 기원은 각각 o-어간 곡용식, ā-어간 곡용식, i-어간 곡용식이다. 역사적 변화의 시각에서 보자면, 모든 남성명사와 중성명사는 o-어간 곡용식(즉, 제1식)을 선택하는 것으로 수렴되고, 여성명사는 ā-어간 곡용식(즉, 제2식)을 선택하는 방향으로 변화한다. 그러나 유표적으로, 어휘형이 -a로 끝나는 남성명사는 제2식을, 어휘형이 자음으로 끝나는 여성명사와 어휘형이 -m'a로 끝나는 중성명사는 i-어간 곡용식(즉, 제3식)을 가진다. 그리고 고대러시아어의 곡용식 체계의 변화를 추동한 배경에는 예르의 변화에 의해 촉발된 곡용식 분포의 자의성(즉, 어휘소의 곡용식 선택의 자의성)을 축소하고, 동기성(예측가능성)을 확대하려는 언어 내적 동인이 있었다.

7.1.3.2 쌍수 변화

쌍수는 지시 대상이 쌍을 이루거나 두 개일 때 사용되는데, '2'를 표현하는 수사의 쌍수형 дъва/дъвѣ나 оба/обѣ[115]가 명사에 통합되기도 한다. дъв-а/об-а는 후행하는 명사가 남성일 때 사용되고, дъв-ѣ/об-ѣ는 여성이나 중성일 때 사용되는 일치어미이다. -a는 o-어간 남성명사의 쌍수주격 어미이고, -ě(<ѣ>)는 o-어간 중성명사와 a-어간 여성명사의 쌍수주격 어미이다. 셋 이상의 대상을 지칭할 때에는 복수형이 사용된다. 따라서

	남성	여성	중성
단수	одьнъ берег-ъ	одьна роук-а	одьно плеч-о
쌍수	дъва берег-а	дъвѣ руц-ѣ	дъвѣ плеч-и
복수	трие берез-и	три роук-ы	три плеч-а

115 дъв-а/об-а는 동반하는 명사가 남성일 때, дъв- /об- 는 여성이나 중성일 때 사용되는 일치어미이다. -a는 o-어간 남성명사의 쌍수주격 어미이고, -ě(< >)는 o-어간 중성명사, a-어간 여성명사의 쌍수주격 어미이다.

고대 러시아어의 이러한 삼분 대립은 쌍수의 소실로 현대 러시아어에서는 이분 대립으로 변화했고, 일치의 양상 역시 변화를 겪는다. 현대 러시아어의 два는 남성과 중성 명사와 쓰이고, 여성 명사는 две와 쓰인다(수사 дъва의 발달에 관해서는 7.4.2 참고). 쌍수의 소실로 어미 -a와 -e(< ě)는 그 의미를 상실하고, 순수 일치 어미로 사용되었는바, 남성과 중성 명사가 곡용식을 공유하기 때문에 이러한 변화가 발생한 것으로 추정된다.

	남성	중성	여성
OR	дъва берега	дъвѣ плечи	дъвѣ руцѣ
R	два берега	два плеча	две руки

고대 러시아어의 쌍수형의 흔적은 현대 러시아어에 남아 있다.

우선, 현대러시아어에 쌍을 형성하는 **신체부위 중성 명사**의 복수형은 전형적인 어미 -a 대신에 -i를 가지는데, 이것은 OR 중성 jo-어간 쌍수주격어미의 흔적이다.

		단수	복수
R	УХО	ux-o	uš-i
	ОКО	oko	oč-i
	ПЛЕЧО	pl'eč-o	pl'eč-i
	КОЛЕНО	kol'en-o	kol'en'-i (← OR kolen-ě)

둘째, 남성명사에 보이는 **복수형 어미 -a**(예: b'er'eg-á, glaz-á, rog-á, 등)는 o-어간 쌍수주격형 어미 -a가, 쌍수가 소멸되는 시기에, 복수주격 어미의 이형태로 재해석된 결과로 볼 수 있다. 이렇게 복수주격으로 재해석된 어미 이형태 -a는 쌍 지시체 명사가 아닌 다른 남성 명사들(예: dom-á, gorod-á, l'es-á, 등)로도 확장

되었다.[116]

셋째, дъва/дъвѣ와 함께 나타나는 명사의 쌍수주격형은, 쌍수가 소멸되면서, **단수생격형으로 재해석**되고, 이 단수생격형은 나중에(17세기경) три четыре 등으로 확대되었다. CSR dva časá(cf. ЧАС/čás/의 생격형 čása), dva šagá(cf. ШАГ/šág/의 생격형 šága)의 어미 강세는 아마 이전의 쌍수에서의 어미 강세의 흔적으로 추정된다.

넷째, с глазу на глаз 'face-to-face'의 глазу는 쌍수생격형의 흔적이고, двести '200'는 OR дъвѣ сътѣ '이백'에서 파생되어 나온 것으로 보인다.

7.1.3.3 복수 변화

7.1.3.1에서 논의한 바와 같이, 단수 곡용식에서의 변화는 '여성 vs. {남성 vs. 중성}'의 성 대립을 근간으로 하여 전개되었다. 현대 러시아어 단수에서의 곡용식이 대체로 **'여성 vs. 비-여성'의 대립**으로 구조화 되어 있는 것은 이러한 발달 경향을 반영하고 있는 것으로 보인다.

그렇다면 복수에서는 어떻게 변화하였을까? 현대 러시아어에서 복수 곡용에서 보이는 이형태는 단수에서 설정된 변이식들(즉, 제1곡용식, 제2곡용식, 제3곡용식)에 의해 포착되지 않음은 이미 지적한 바 있다. 사실 고대 러시아어 복수에서의 다양한 곡용식은 현대 러시아어에서 하나로 단일화되었고, 이형태는 개별격 자체적으로 기술된다. 따라서 **복수 곡용의 역사적 변화**는 어떤 방식으로 곡용식의 단일화가 발생하였는가 하는 과정을 살펴보는 데에 있다.

7.1.3.3.1. 복수주격(NP)과 복수대격(AP). 고대러시아어 복수 곡용에는 단수 곡용과는 구별되는 특징적 사실이 있었음을 먼저 주목하자. 단수 곡용에서

---

116 그러나 복수형 어미 -á의 출처는 중성 명사의 복수주격형 어미 -á의 확장으로 볼 수도 있다. 복수형 어미 -á를 가지는 남성명사는 '단수에서는 어간 강세 vs. 복수에서는 어미 강세'의 강세식을 보이는데, 이는 많은 중성 명사에서 '단수에서의 어간 강세 vs. 복수에서의 어미 강세'(slóv-o vs. slov-á)와 동일하다.

는 **'주격=대격' 신크레티즘**이 남성과 중성 명사에 존재했었지만, 복수 곡용에서는 여성과 중성 명사에 존재했었다. 달리 말하면, **'주격≠대격'의 어미 구별**이 단수에서는 여성명사에서 발견되었다면, 복수에서는 남성명사에서 발견된다. (즉, 중성은 단수와 복수 모두에서 주격=대격의 신크레티즘이 적용된다.) 다음의 복수 곡용 어미 패러다임에서 확인해 보라.

남성			중성			여성		
	NP	AP		NP	AP		NP	AP
o-어간	i	y	o-어간	a	a	ā-어간	y	y
jo-어간	i	ě	jo-어간	ä	ä	jā-어간	ě	ě
u-어간	ove	y	n-어간	a	a	i-어간	i	i
i-어간	ije	i	nt-어간	a	a	u-어간	i	i
n-어간	e	i	s-어간	a	a	r-어간	i	i

위 표에서 보는 바와 같이, 남성 명사에서는 복수주격과 대격이 일관되게 구별되는 반면, 여성 명사에서는 일관되게 동일하다. 이러한 상황은 단수와 복수에서의 곡용 패턴이 서로 차별화되었음을 시사한다. 쌍수의 소멸과 더불어, 단수와 복수의 이항 대립이 성립된 가운데, 이들 둘 사이의 곡용 패턴상의 차별화는 복수를 단수에서 분리하게 만들고, 이것이 복수의 곡용 변화에 중요한 요인으로 작용한 것으로 추정된다.

그런데 이러한 차별화는 여러 변화 의해 더욱 심화된다. 먼저 복수주격에 대해 논의한다. 첫째, 남성 명사의 경우, o-어간 명사와 jo-어간 명사 모두 남성 NP 어미 /i/[i] 이었다. 그런데 예르 변화로 ā-어간 여성 NP 어미 /y/[y]를 음운 /i/의 변이음으로 재해석하게 되었고[117], 따라서 남성 o-어간과 jo-어간 명사와

117 o-어간 남성명사의 경우, 복수주격 어미 -i앞의 어간 말 자음이 연자음이었지만(OR stol-i > stol'-i). 이 연자음은 예르 변화 후에 경자음으로 형태음운 변화한다(즉, stol'-i → stol-i). 즉, '경~연' 변동을 러시아어 이형태 문법에서 제거한다. 그러나 CSR сосед чёрт에서는 복수주격형 соседи черти(sos'ed'-i čert'-i)의 어간 말 연자음이 다른 복수형들로 일반화되었다.

여성 ā-어간 명사는 동일한 어미형을 공유하게 된다. 단수에서 남성과 여성의 주격 어미가 항상 변별되는 것(즉, -ø vs. -a)과 비교하라.

둘째, 여성 ā-어간과 jā-어간 명사를 곡용식 행태 상 동일한 명사류로 평가되는 연유(즉, 단수에서의 곡용식 합류)로 인해 ja-어간 NP(=AP) 어미 -ě가 -i(< -y)로 일반화되어, 이제 모든 o-어간 남성 명사는 물론, ā-여성 명사를 비롯하여 원래 NP 어미가 -i였던 다른 여성 명사까지 포함하여, 이제 NP 어미는 모두 -i로 동일해졌다(R. NP столы портфели, школы песни матери).

셋째, 앞에서 논의한 바와 같이, u-어간 명사와 o-어간 명사는 어휘적으로 구별되지 않았기 때문에 단수에서 이미 곡용식 합류가 일어나는데, 복수에서도 u-어간 NP 어미 -ove는 -i로 대체되면서 소멸의 길을 걷는다. 다만 얼마 동안은 민족명을 나타내는 남성명사에 사용되기도 하였다(예컨대, грекове татарове 등. 현대 러시아어의 сын-сыновья, кум-кумовья의 복수주격어간에 그 흔적이 남아 있다).

넷째, u-어간 명사와 유사한 이유로 남성 및 여성 i-어간 NP 어미 -ije 역시 -i 로 대체되면서 소멸되었다.

다섯째, 남성 n-어간 역시 o-어간 명사의 곡용식을 따라가고, 따라서 NP 어미 -e 역시 -i로 대체된다. 다만 현대 러시아어에서-an-in으로 끝나는 남성명사에 한하여 사용되고 있다(예: англичанин англичане, гражданин граждане, 등).

이로써, 실제적으로 거의 모든 남성명사와 거의 모든 여성명사의 NP 어미는 -i로 통일된다. 이전에 언급했듯이, 단수에서 주격 어미의 경우 남성과 여성명사가 일관되게 구별된다는 사실(-ø vs. -a)과 뚜렷하게 대비된다.[118] 단수와 복수(그리고 쌍수)의 곡용이 하나의 곡용식을 이루었던 이전의 곡용 패턴과 달리, 이제 쌍수의 소멸과 더불어 복수 곡용은 단수 곡용에서 분리되게 된 것이다. 그

118 물론 단수에서 남성명사도 -a로 끝나는 경우가 있고, 여성명사도 -ø로 끝나는 경우가 있지만, 이러한 명사들은 곡용상 모두 유표적인 명사들임에 틀림없다. 그리고 복수에서 남성명사들 중에는 -a를 선택하는 경우도 있고, -e를 선택하는 경우도 있지만 이 또한 모두 유표적인 특이한 경우로 평가된다. 일반적인 경우는 단수에서 남성은 -ø, 여성은 -a이고, 복수에서는 남성과 여성 모두 -i라는 사실이 중요하다.

리고 중요한 점은 남성 명사와 여성 명사에서의 복수주격의 어미 단일화는 여타의 다른 격에서의 단일화를 촉발시키고, 결국에서는 복수에서의 곡용식 단일화를 가져오는 계기가 되었다는 것이다.

나아가 AP(복수대격)에서도 변화가 발생한다. 첫째, 여성 ā-어간과 jā-어간의 합류로 인해 두 명사 부류는 하나의 동일한 곡용부류로 평가되었기 때문에 jā-어간 AP 어미 -ě는 ā-어간 AP 어미 -i로 형태음운 변화를 겪는다. 둘째, 예르 변화 이후, o-어간 남성 AP 어미 -y는 -i로 음운적으로 재해석되어, 여성명사처럼, NP=AP의 신크레티즘이 형성된다. 셋째 o-어간과 jo-어간 명사의 곡용식 합류에 의해 이제 jo-어간 AP 어미 -ě역시 o-어간 AP 어미 -i로 형태음운 변화를 겪는다. 따라서 모든 남성 명사에 있어서도 AP 어미는 모두 -i로 통일된다.

정리하면, 곡용 패턴 상 단수에서는 '여성'과 '남성'의 형태적 차이를 최대화하는 반면, 복수에서는 두 성의 형태적 차이를 최소화하는 방향으로 발달하여서, '단수'와 '복수'의 곡용 양상이 차별화되어 서로 분리되는 과정을 겪는다. 한편, 복수 곡용 내적으로는 남성 명사와 여성 명사 공히 NP=AP -i이고, 중성명사 역시 NP=AP -a이기 때문에 이제 복수에서 모든 명사는 NP=AP의 신크레티즘이 확립되고,[119] 이런 상황은 단수에서 분리되어 나간 복수에서의 곡용식 단일화가 발생하게 되는 결정적인 요인이 된다.

7.1.3.3.2 복수생격(GP). 원래 GP 어미는 예르였다(7.1.2.3 참고). 어간 말 자음이 경구개음이나 연자음이면 전예르(-ь)였고, 그 외에는 후예르(-ъ)였다. 그러나 '어간-어미'의 재구조화(7.1.2.2 참고) 결과, u-어간 및 i-어간 명사의 복수생격형의 어간 말 -ov-와 -ьj/ij-가 GP 어미로 재해석되고, 예르 변화가 발생하면서, 이제 GP 어미는 영형태(zero morph, -ø), -ov, -ej의 세 이형태가 출현하게 된다.

---

119 활물성(animacy) 신크레티즘이 단수에서는 남성 제1식 명사에만 나타나지만 복수에서는 모든 명사에 나타나는 이유가 바로 여기에 있다.

그런데 GP의 경우 이들 세 이형태가 하나의 단일한 형태로 통합되지 않고 그대로 남았지만, 이전의 분포를 대체하는 새로운 분포 영역을 찾아간다. 즉, -ø는 이전의 a-어간 명사와 중성 o-어간 명사들, 특히 어간 말 자음이 경자음인 어휘소들에 분포한다.[120] -ov는 남성 o-어간 명사 중 어간 말 자음이 경자음(과 -j와 -c)인 어휘소들에 분포하고, -ej는 o-어간 명사 중 어간 말 자음이 연자음(과 -š -ž -č)인 명사와 i-어간 명사들에 분포한다. 다시 말하면 어휘형이 -a 또는 -o로 끝나는 명사에는 대체로 -ø가, 어휘형이 -ø로 끝나는 명사에는 대체로 -ov/-ej가 분포한다.

어휘소	어휘형	어간	성	곡용식	복수생격형
СТОЛ	stol	stol-	남	제1식	stol-ov
МУЗЕЙ	muz'ej	muz'ej-	남	제1식	muz'ej-ov
ОТЕЦ	ot'ec	ot'ec-	남	제1식	ot'c-ov
УЧИТЕЛЬ	učit'el'	učit'el'-	남	제1식	učit'el'-ej
ГОСТЬ	gost'	gost'-	남	제1식	gost'-ej
КОСТЬ	kost'	kost'-	여	제3식	kost'-ej
ВРАЧ	vrač	vrač-	남	제1식	vrač-ej
НОЧЬ	noč	noč-	여	제3식	noč-ej
СЛОВО	slovo	slov-	중	제1식	slov-ø
ОКНО	okno	okn-	중	제1식	okon-ø
ЯЙЦО	jajco	jajc-	중	제1식	jajec-ø[121]
ЗДАНИЕ	zdan'ijo	zdan'ij-	중	제1식	zdan'ij-ø
КНИГА	kn'iga	kn'ig-	여	제2식	kn'ig-ø
ШКОЛА	škola	škol-	여	제2식	škol-ø
ЗЕМЛЯ	z'eml'a	z'eml'-	여	제2식	z'em'el-ø
ДЕРЕВНЯ	d'er'evn'a	d'er'evn'-	여	제2식	d'er'ev'en'-ø

120 어간 말 자음이 연자음인 제2식 여성 명사들인 경우에는 GP 어미의 이형태 분포에 대한 변화가 완전히 확정되어 있지 않았음을 시사한다. 가령, земля의 GP는 z'em'el'-ø, доля의 GP는 dol'-ej이다.

121 <яиц>로 표기함에 주의하라.

ДОЛЯ	dol'a	dol'	여	제2식	dol'-ej
МОРЕ	mor'o	mor'-	중	제1식	mor'-ej

이처럼 복수생격 이형태의 분포는 단수생격의 곡용식 분포와 완전히 차별화된다. 단수와 복수의 곡용 패턴의 결별을 뒷받침하는 또 다른 증거이다.

그러나 예전의 흔적이 현대 러시아어에 남아 있다. OR o/jo-어간 남성 명사들의 GP 어미 -ъ (> -ø)는

OR	gorod-ъ końь-ь	→	CSR gorod-ov kon'-ej

등으로 형태음운 변화했지만, 몇몇 (단위) 명사들에서, 그리고 수사 구성에서 남아 있다.

пара сапог-ø	рота солдат-ø
пять раз-ø	семь человек-ø

그리고 민족/지역/계층명 등의 -an'in- 명사, '자식, 새끼'의 복수 접사 -at-를 가진 명사에서도 남아 있다.

단수주격	복수주격	복수생격
англичанин	англичан-е	англичан-ø
горожанин	горожане	горожан-ø
ребёнок	ребят-а	ребят-ø
волчёнок	волчат-а	волчат-ø

7.1.3.3.3 복수처격(LP), 복수여격(DP), 복수조격(IP). 고대 러시아어에서는 복수 사격 어미들의 이형태 분포가, 아래에서 보는 바와 같이, 단수 곡용식에 준거해서 설정되었지만,

	a-어간	ja-어간	o-어간	jo-어간	u-어간	i/C-어간
LP	axъ	äxъ	ěxъ	ixъ	ъxъ	ьxъ
DP	amъ	ämъ	omъ	emъ	ъmъ	ьmъ
IP	ami	ämi	y	i	ъmi	ьmi

복수 주격/대격에서의 곡용식 단일화 경향에 따라 이들 사격형에서도 이형태를 제거한다. 그리고 어미 초 모음은 a-어간 곡용식의 -a로 일반화된다.[122] 따라서 -ax -am -am'i.

원래 o-어간 DP 어미 -om은 관용구 это тебе по дел-ом.에 그 흔적이 남아 있고, i-어간 IP 어미 -ьmi는 детьми людьми дверьми(~дверями) лошадьми (~лошадяи) матерьми(-матерями) 등 약간의 명사들에 남아 있지만, 현대러시아어에서 이들 어미는 고형으로 규정된다.

7.1.4 활물성(animacy)

주지하다시피, 공통슬라브어 시기에는 **활물성**이라는 어휘 의미적 특성이 문법적으로 의미 있는 요인으로 작용하지 않았다. 예컨대, 현대 러시아어에서 남성 제1식 명사류가 보이는 AS=GS **신크레티즘**은 [+활물성]의 특성을 가지는 명사들에 나타나고, AS=NS **신크레티즘**은 그러한 의미특성을 결여한(즉, 불활물체) 명사들에 나타나는데, 고대러시아어 시기에는 이러한 '활물성 신크레티즘'이 존재하지 않았다.

122 명사는 -a-로, 형용사는 -i-로, 수사는 -u/o-로 단일화된다. nov-ix/im/im'i tr'-ox/om/om'a dom-ax/am/am'i.

OR	онъ ѹвидѣ братъ/столъ.
CSR	Он увидел брата/стол.

모든 남성 명사는 활물성 여부와 무관하게 AS=NS의 신크레티즘을 보였다 (7.1.2 참고).

그러나 문장에서 행위의 주체(즉, 행위주agent)는 주어로 기능하면서 주격 명사에 의해 표현되고, 행위의 대상(즉, 피의체patient)은 목적어의 문법적 기능을 담당하면서 대격 명사에 의해 표현되는 것이 일반적임을 고려할 때, 만약 주체와 대상이 모두 활물체일 때에는 형태적으로 구분이 되는 것이 문장의 의미 해석에 중요할 것으로 예상된다. 고대 러시아어의 어순이 자유로운 점을 고려하면 더욱 그렇다. 특히 대명사의 경우에는 이미 주격과 대격이 일관되게 구분되고,

	주격	대격
OR	азъ/язъ/я	мєнє/мѧ
	ты	тєбє/тѧ
	мы	насъ/ны
	вы	васъ
	къто	кого

여성 a-곡용식 명사도 주격≠대격이기 때문에 남성 활물체 명사에서도 이 두 격이 구분되어야 할 이유는 충분히 존재했다.

이러한 의미 해석적 요구에서 o-어간 남성 명사는 인칭 대명사의 대격=생격 신크레티즘을 따라, 우선 인물 명사부터 '대격=생격' 신크레티즘을 형성한다. 인물 명사라고 하더라도 초기에는 자유인이면서, 건강한 남자 성인을 나타내는 명사부터 시작하여, 나중에 모든 인물 명사, 그리고 동물 명사로 확장되었다. 이렇게 활물체 명사에는 대격=생격의 신크레티즘을, 불활물체 명사에는 대격=주격의 신크레티즘을 보이는 것을 '활물성' 신크레티즘이라고 한다. 복수의 경우 '활

물성’ 신크레티즘은 남성 명사에 AP=NP 신크레티즘이 형성된 후(14세기)[123]에서야 비로소 나타나고, 곡용식 단일화가 종결된 후(16세기)에는 여성 명사에서, 그리고 동물 명사(17세기)에서도 적용된다. 이처럼 ‘활물성’ 신크레티즘의 적용은 명사 지시체의 부류에 따라 그리고 수와 성에 따라 출현의 시기가 달랐다.

‘활물성’ 신크레티즘의 발달	
(1) 어휘적 측면	자유인 > 노예 건강함 > 허약함 성인 > 아이 인물 > 동물
(2) 문법 범주적 측면	단수 > 복수 남성 > 여성 (복수에서)

활물성 신크레티즘은 통사적 구성에도 민감했는데, 고대 러시아어에서 동격 명사구의 통사적 환경에 출현하는 명사들 중 마지막 명사에서만 적용되기도 했다(a). 현대 러시아어에서는 모든 동격 명사 모두에 활물성 신크레티즘이 적용되지만, 전치사구의 통사적 환경에서는 신크레티즘이 적용되지 않은 채로, 즉 OR의 대격이 그대로 남아 있는 경우도 있다(b-e).

a. посъалъ посолъ свои Вѧчєслава.
b. Он пошел в солдаты.
c. Мы пошли в гости.
d. она вышла замуж.
e. на конь!

(b, c)의 солдаты гости는 OR의 복수대격형(=복수주격형)의 흔적이다. CO

123 그러나 12세기에 이미 복수에서도 출현했다고 보는 학자도 있다.

ЛДАТ ГОСТЬ의 복수대격형(=복수생격형)은 солдат /soldat-ø/, гостей /gost'-ej/이다. 위 (d, e)는 OR의 단수대격형의 흔적이다.[124] 현대 러시아어의 단수대격형(=단수생격형)은 각각 мужа /muž-a/, коня /kon'-a/이다.

7.2. 대명사 곡용 변화

7.2.1. 인칭대명사

고대 러시아어의 **인칭 대명사**는 다음과 같았다.

	1인칭단수 (1S)	2인칭단수 (2S)	1인칭복수 (1P)	2인칭복수 (2P)	재귀대명사 (Refl)
주격	азъ, язъ	ты	мы	вы	----
대격	мєнє/мѧ	тєбє/тѧ	насъ/ны	васъ/вы	сєбє/сѧ
생격	мєнє	тєбє	насъ	васъ	сєбє
처격	мънѣ	тобѣ	насъ	васъ	собѣ
여격	мънѣ/ми	тобѣ/ти	намъ/ны	вамъ/вы	собѣ/си
조격	мъною	тобою	нами	вами	собою

현대러시아어의 인칭대명사 체계와 가장 다른 점은 OR에는 소위 **약 대명사**(weak pronoun) 혹은 **접어 대명사**(pronominal clitic)라는 형태(위 표의 "/"오른편에 있는 형태)가 있었다는 점이다. 이 접어대명사는 일반적인 대명사(혹은 **강 대명사** strong pronoun)보다 형태적으로 축약된 형태이고, 운율적으로는 항상 무강세

124 시적인 측면에서 이러한 형태의 격이 무엇인가를 결정하기란 쉽지 않다. 주격이라면, 전치사가 주격을 지배한다고 해야 하지만, 주격의 이러한 용법을 설명하기란 난감하다. 만약 대격이라면 해당 전치사의 용법에 잘 부합되기는 하겠지만, 활물체 명사의 경우 대격에서 두 개의 이형태가 존재한다(예컨대, гости~гостей)고 보아야 하는 어려움이 있다.

였으며, 통사적으로 문장의 첫 번째 강세 단어 바로 뒤에 위치한다.[125]

이들 접어 대명사는 모두 사라지고 현대러시아어에서는 재귀대명사 대격 접어 сѧ가 재귀 파생접사의 자격으로 남아 있다(учиться, учусь, учащиеся). 여격 접어 си는 ушли восвояси '자기가 온 데로 갔다'와 같은 표현에 남아있다.

생격형 mene tebe sebe > m'en'a t'eb'a s'eb'a의 변화는 명사 생격 어미 -a와 접어대명사 m'a t'a s'a의 영향으로 추정된다. toběsobě> t'eb'e s'eb'e의 어간 변화는 일종의 어간 평준화의 결과라고 보인다. 조격 어미의 마지막 모음 -u는 14세기에 이미 사라지기 시작한다.

쌍수의 소실로 인해 다음의 쌍수 인칭 대명사도 모두 소멸되었다.

		1인칭	2인칭
쌍수	주격	мѣ	вѣ
	대격	на	ва
	생-처격	наю	ваю
	여-조격	нама	вама

3인칭 대명사는 다음 장에서 논의된다.

7.2.2. 3인칭 대명사와 관계 대명사

고대 러시아어에는 **3인칭 대명사**의 기능을 공통 슬라브어시기에 지시대명사로 기능했던 и(j-ь)에 의해 표현되었다.

125 OR. оже ми сѧ ѥстє ꙗли... '너나 돕기로 했으니...'

	단수			복수		
	남성	중성	여성	남성	중성	여성
N	j-ь	j-e	j-ä	j-i	j-ä	j-ě
A	j-ь	j-e	j-ü	j-ě	j-ä	j-ě
G	j-ego		j-eję̌		j-ixъ	
L	j-emь		j-eji		j-ixъ	
D	j-emu		j-eji		j-imъ	
I	j-imь		j-ejü		j-imi	

이 и가 же와 함께 **관계 대명사**의 역할을 수행하는 역사적 이유이기도 하다. 다음은 원초 연대기(повесть временных лет)의 일부이다.

OR	И бяше варягъ одинъ, бѣ дворъ его, идеже бѣ церкви святыя Богородйца, <u>юже</u> създа Володимиръ.
R	Был тогда один варяг, и был его двор, где сейчас церковь святой Богородицы, <u>которую</u> построил Владимир.

3인칭 대명사 용법으로 사용된 и/е/я(j-ь/j-e/j-ä)는 주격에서 다른 지시대명사 onъ/оно/она에 의해 대체된다. 현대 러시아어 он/оно/она/они. 그러나 사격에서는 *j-의 곡용형이 그대로 사용된다. 다만 여성단수 생격형 j-eję̌는 아마도 남성 단수 생격형 j-ego에의 유추로 j-ejó로 변화하지 않았을까 추정된다. j-eji > j-ej는 어말 /i/의 탈락이고, j-ejü → j-ej는 여성 단수조격명사에서의 /u/ 탈락과 그 궤를 같이한다.

현대 러시아어 он/оно/она/они의 사격형 его/её/их 등이 전치사와 함께 사용될 때 어간 'j'~ n''의 교체가 발생하는데,

им /j-im/ vs. с ним /s n'-im/

ей /j-ej/ vs. к ней /k n'-ej/

их /j-ix/ vs. в них /v n'-ix/

이 교체는 역사적 이(異)분석(matanalysis)의 결과이다. 즉,

CS *sъn jimь > (J-Pal) sъńimь > (Matanalysis) sъ ńimь > (예르 변화) s n'im.

이러한 교체는 원래 /n/를 가지지 않았던 모든 전치사로 확장된다. 즉, перед ним, до них, после него, 등.[126]

7.2.3. 지시대명사(demonstrative)

OR의 **지시대명사**는 sь '이', tъ '그', онъ '저' 등 세 대명사로 구분되어 있었다. сь는 화자에 가까운 개체를 지시할 때, тъ는 청자에 가까운 개체를 지시할 때, 그리고 онъ는 화자와 청자 모두에게서 떨어져 있는 개체를 지시할 때 사용된다. 즉, 앞의 두 지시대명사는 발화 현장 내에 있는 개체를, 마지막 지시대명사는 발화 현장 밖에 있는 개체를 지시할 때 사용된다.[127]

발화 현장 내		발화 현장 밖
화자 가까움	청자 가까움	
сь	тъ	онъ

이들 지시 대명사의 곡용 패러다임은 다음과 같다. онъ는 7.2.2 참고.

126 снять < *sъn-jäti 도 참고.

127 이러한 점에서 한국어 '이, 그, 저'의 용법과 매우 흡사하다.

sь						
	단수			복수		
	남성	중성	여성	남성	중성	여성
N	s-ь	s-e	s-ä	s-i	s-ä	s-ě
A	s-ь	s-e	s-ü	s-ě	s-ä	s-ě
G	s-ego		s-eję	s-ixъ		
L	s-emь		s-eji	s-ixъ		
D	s-emu		s-eji	s-imъ		
I	s-imь		s-ejü	s-imi		

tъ						
	단수			복수		
	남성	중성	여성	남성	중성	여성
N	t-ъ	t-o	t-a	t-i	t-a	t-y
A	t-ъ	t-o	t-u	t-y	t-a	t-y
G	t-ogo		t-oję	t-ěxъ		
L	t-omь		t-oji	t-ěxъ		
D	t-omu		t-oji	t-ěmъ		
I	t-ěmь		t-oju	t-ěmi		

tъ는 예르 변화로 to로 되지만, 중성과의 동음이의로 인해 확장소 /tъ/를 덧붙여 tъtъ > tot로 변한다. 현대 러시아어 этот는 새로운 형태인데, э '여기, 여봐'라는 직시소와 tot가 통합된 것이다. 이 개신형 этот는 결국 sь를 대체한다. OR сь тъ > R этот тот. этот의 복수형 эти는 고대 러시아어 복수 곡용의 단일화 경향에 따라 남성 복수주격형이 일반화된 것이고, 이에 따라 모든 복수 사격형에서도 어미 초 모음이 -i로 변화된다.

R эти эти/этих этих этих этим этими

반면, тот의 복수형은 사격형의 어미 초 모음 -e (< ѣ)가 일반화되어 주격형이 변화한다.

R те те/тех тех тех тем теми

sь '이'는 예르 변화로 se로 되지만 중성과의 동음이의 현상을 피하기 위해 확장소 /j/를 가지게 되어 <сей> sej로 발달하지만 위에서 언급한 것처럼 этот에 의해 대체된다. 현대 러시아어에 예컨대 до сих пор, сейчас, сегодня 등에 그 흔적이 남아 있다.

онъ가 3인칭 대명사로 그 기능이 변화함에 따라, 고대 러시아어의 3분적 지시 체계는 현대 러시아어의 2분적 지시 체계로 변화한다. 즉, этот '이' vs. тот '그/저'.

7.2.4. 소유 대명사

인칭 대명사가 명사구 내에서 한정어(determiner)로 사용될 때, 자신의 형태를 변화시키는데, 이러한 통사적 기능을 할 때의 인칭 대명사를 특히 "**소유 대명사**(possessive pronoun)"라고 한다. 고대 러시아어 1인칭 단수와 1인칭 복수 소유 대명사 곡용 패러다임을 소개한다.

мои						
	단수			복수		
	남성	중성	여성	남성	중성	여성
N	moj-ь	moj-e	moj-ä	moj-i	moj-ä	moj-ě
A	moj-ь	moj-e	moj-ü	moj-ě	moj-ä	moj-ě
G	moj-ego		moj-ejě	moj-ixъ		
L	moj-emь		moj-eji	moj-ixъ		
D	moj-emu		moj-eji	moj-imъ		
I	moj-imь		moj-eju	moj-imi		

нашь						
	단수			복수		
	남성	중성	여성	남성	중성	여성
N	naš-ь	naš-e	naš-ä	naš-i	naš-ä	naš-ě
A	naš-ь	naš-e	naš-ü	naš-ě	naš-ä	naš-ě
G	naš-ego		naš-eję̌	naš-ixъ		
L	naš-emь		naš-eji	naš-ixъ		
D	naš-emu		naš-eji	naš-imъ		
I	naš-imь		naš-eju	naš-imi		

소유 대명사의 곡용식은 지시대명사 *j- s'-, t- 등의 곡용식을 그대로 따랐다. 지시 대명사가 명사구에서 한정어의 문법적 기능을 담당한다는 사실에 의해 설명될 수 있다. 현대 러시아어에서 -ov-(отцов), 특히 -in-(мамин) 등의 접사를 가진 소위 "**물주 형용사**"의 곡용식이 소유 대명사 곡용식을 가지는 것도 이러한 이유로 판단된다.

	단수			복수
	남성	중성	여성	
N	мамин-ø	мамин-о	мамин-а	мамин-ы
A	мамин-ø/ -ого	мамин-о	мамин-у	мамин-ы/ -ых
G	мамин-ого		мамин-ой	мамин-ых
L	мамин-ом		мамин-ой	мамин-ых
D	мамин-ому		мамин-ой	мамин-ым
I	мамин-ым		мамин-ой	мамин-ыми

예르 변화와 그로 인한 여러 음운 체계 상의 변화(5.1.2 참고)로 현재의 мой моих моим 등으로 변화하였고, моё моём 등은 'E > O' 변화, 어말 'm' >

m'의 변화 등으로 결과한 형태이다. 여성 사격형에서는 모든 어말 모음이 소실되어 현재의 моей 'G-L-D-I'가 나타났고, 복수에서는 남성 주격-대격형 мои가 일반화되었다(7.1.3.3.1 참고).

현대 러시아어 3인칭 대명사 он она оно они의 소유 대명사는 его её его их인데, 이들 형태는 해당 3인칭 대명사의 생격-대격형이기도 하다. 다음을 보라.

его (소유 대명사) книга	vs.	Она его (대격형) любит.
у его (소유 대명사) брата	vs.	у него (생격형)
у её (소유 대명사) сестры	vs.	у неё (여격형)

이러한 동음이의적 현상은 고대 러시아어 3인칭 대명사가 지시 대명사 онъ 등에서 나왔다는 사실에서 설명할 수 있다.

7.2.5. 의문 대명사

고대 러시아어 кто '누구'와 чьто '무엇'은 원래 어근에 자음 요소 *k를 포함하는 어휘소들이었다.

CS	*kŭ-	LCS	*kъ-
	*kĭ-		*čь-

*kĭ- > *čь-의 발달은 I-PAL의 결과였다. -то는 지시대명사 то가 통합되면서 발달된 형태이다. къто의 곡용식은 тъ와 동일했고, чьто는 сь와 동일했다.

	누구	무엇
N	къто	чьто
A	кого	чьто

G	кого	чего
L	комь	чемь
D	кому	чему
I	цѣмь	чимь

къто의 조격형 цѣмь/ć-ěmь/의 ć는 II-PAL의 결과인데(4.4.1 참고), 고대 러시아어에서 발생한 II-PAL의 결과는 모두 원래의 연구개음으로 복원된다. 현대 러시아어에서 조격형이 кем인 이유이다. чьто의 조격형 чимь의 어미 -im'은 jo-어간 곡용식과 o-곡용식의 합류에 의해(7.1.3.1.1 참고), -ěm' > -em으로 변화한다. 현대 러시아어 чем인 이유이다. о чём vs. с чем으로 모음이 상이한 이유에 대해서는 5.3.2 참고하라.

7.3. 형용사 변화

현대 러시아어의 형용사 중 장형 형용사는 통사적으로 수식어와 서술어로 사용되는 반면, 단형 형용사는 서술어로만 사용됨은 주지의 사실이다. OR에서도 이에 대응하는 두 형태가 존재했었는데, 하나는 **대명사적**(местоименные) 혹은 **복합**(членные) **형용사**이고, 다른 하나는 **명사적**(именные) 혹은 **단일**(нечленные) **형용사**이다. 둘 다 수식어로도, 서술어로도 기능했는데, 수식어로 사용될 때, 대명사적 형용사는 피수식어 명사가 지시하는 개체가 한정적(definite)임을 적극적으로 표현하는 반면, 명사적 형용사는 개체의 한정성 자질에 중립적이었다.

대명사적 형용사	добрая жєна '그 좋은 여자'
명사적 형용사	добра жєна '좋은 여자'

7.3.1 명사적 형용사

수식어로 사용되는 명사적 형용사는 피수식어 명사의 성, 수, 격과 일치한다. 그리고 해당 피수식어 명사가 남성이면, o/jo-어간 남성 곡용식의 어미를 취하고, 중성이면 o/jo-어간 중성 곡용식의 어미를 취하고, 여성이면 ā/jā-어간 여성 곡용식의 어미를 취한다. 다음의 형용사 단수 곡용 패러다임과 7.1.2에서 논의한 바 있는 대응하는 명사 단수 패러다임을 비교해 보라.

단수						
	중립			경구개		
	남성	중성	여성	남성	중성	여성
N	nov-ъ	nov-o	nov-a	siń-ь	siń-e	siń-ä
A	nov-ъ	nov-o	nov-u	siń-ь	siń-e	siń-ü
G	nov-a		nov-y	siń-ä		siń-ě
L	nov-ě		nov-ě	siń-i		siń-i
D	nov-u		nov-ě	siń-ü		siń-i
I	nov-ъmь		nov-ojü	siń-ьmь		siń-ejü

복수						
	중립			경구개		
	남성	중성	여성	남성	중성	여성
N	nov-i	nov-a	nov-y	siń-i	siń-ä	siń-ě
A	nov-y	nov-a	nov-y	siń-ě	siń-ä	siń-ě
G	nov-ъ		nov-ъ	siń-ь		siń-ь
L	nov-ěxъ		nov-axъ	siń-ixъ		siń-äxъ
D	nov-omъ		nov-amъ	siń-emъ		siń-ämъ
I	nov-y		nov-ami	siń-I		siń-ämi

예르 변화 이후 13-14세기에 이르면 [한정성]이라는 통사적 특성이 탈문법화되고, 따라서 명사적 형용사와 대명사적 형용사 사이에는 의미 변별성이 소

실되어, 이 두 형태는 일종의 자유변이 관계에 놓인다. 결국 명사적 형용사는 수식어의 통사적 용법을 상실하게 되고, 현대 러시아어에서는 명사적 형용사(단형 형용사)의 주격형이 서술어로 사용된다. 즉, nov-ø, -o, -a. 나머지 사격형은 모두 소멸된다.

명사적 형용사 복수주격형에서 보이는 NP-M nov-i vs. NP-N nov-a vs. NP-F nov-y의 성 대립은 중화되는데, 이것은 명사나 대명사의 복수 곡용에서 보이는 곡용식 단일화에 의해서 성이 곡용요인으로 더 이상 작동하지 않게 된 상황과 궤를 같이 한다. 즉, 형용사 남성복수형의 어간 말 '경~연' 대립이, 남성명사 복수형의 어간 말 '경~연' 대립의 소실을 좇아 제거되면, 이제 남성 복수주격형과 여성 복수주격형(OR nov-y > (예르 변화) CSR nov-i <новы>)이 동일해지면서, 성 대립이 중화된다는 것이다.

명사적 형용사는 현대 러시아어 관용어구 표현에 그 흔적이 남아 있다.[128]

средь бела дня '백주에'
от мала до велика '노소 할 것 없이'
подобру-поздорову '좋게 말할 때'
на босу ногу '맨발로'

중성 단형 형용사가 전치사와 함께 출현하는 경우도 있다.

снова '새롭게'
свысока '위로부터'
издалека '멀리서'
неподалёку '멀지 않은 곳에'

---

128 푸쉬킨의 '짜르 살탄 이야기(Сказка о царе Салтане)'의 다음 시행을 보라.
Царь Салтан, с женой простяся
На добра коня садяся
Ей наказывал себя
Поберечь, его любя.

현대 러시아어 물주형용사와 소유대명사(7.2.4 참고)의 주격형과 대격형은 여전히 명사적 형용사 어미를 사용하는 반면, 나머지 사격형에는 대명사적 형용사 어미가 사용된다.[129]

адамово яблоко '목젖'
мельникова дочь '제분소 주인 딸'
мамина комната '엄마 방' в мамину комнату

-ov-와 -in-의 요소를 가지는 현대 러시아어 성(姓, family name) 명사 역시 주격형과 대격형에서 단형 형용사 어미가 남아 있을 뿐 아니라, 남성 성 명사는 조격형을 제외하고는 모두 단형 형용사 어미를 사용한다.

	N	A	G	L	D	I
Иванов	-ø	-a	-a	-e	-u	-im
Иванова	-a	-u	-oj	-oj	-oj	-oj
Ивановы	-i	-ix	-ix	-ix	-im	-im'i

7.3.2 대명사적 형용사

대명사적 형용사의 어미는 원래 명사적 형용사 어미에 지시 대명사 *jь je jä(и ѥ я)의 격변화형을 첨가한 복합 형태이었다. 지시 대명사가 후행 명사가 지시하는 개체를 한정하는 문법적 기능을 수행한다는 점에서 고대 러시아어의 대명사적 형용사가 '**한정성**'의 의미를 가졌다고 추정하는 것은 설득력이 있다.

---

129 물주형용사 사격형에는 여전히 단형 어미가 사용되기도 하지만, 생산적인 -in- 물주 형용사의 경우는 장형 어미가 대세를 이루고 있고, 소유 대명사의 경우에는 장형 어미로 고착되어 있다.

	명사적 형용사	지시대명사		대명사적 형용사
NS-M	dobr-ъ	j-ь	⇒	dobr-ъjь
NS-F	dobr-a	j-ä	⇒	dobr-ajä
NS-N	dobr-o	j-e	⇒	dobr-oje.

교회 슬라브어의 경우 위의 방식으로 형성된 대명사적 형용사의 굴절형은 형태적으로 단순화된다. 특히 사격형에서 이러한 단순화 과정이 큰 폭으로 나타났다.

	j-탈락	동화	축약
*dobr-a-jego	> dobraego	> dobraago	> dobrago
*dobr-u-jemu	> dobruemu	> dobruumu	> dobrumu
*dobr-ě-jěmь	> dobrěěmь	> --	> dobrěmь

모음과 모음 사이에 출현하는 [j]가 사라지고 난 뒤 서로 연접하게 된 두 모음은 동화의 과정을 겪은 뒤, 하나의 모음으로 축약된다. 명사적 형용사의 어미가 일음절 이상으로 되어 있는 경우에, 해당 대명사적 형용사의 어미는 '**중음탈락**(haplology)'으로 단순화된다. 즉, 동일한 음절 전체가 탈락된다.

*dobr-ъmь-jimь	'MN-IS	⇢	dobr-yimь
*dobr-omъ-jimъ	'DP'	⇢	dobr-yimъ
*dobr-ěxъ-jixъ	'GLP'	⇢	dobr-yixъ

고대 러시아어 대명사적 형용사의 곡용은 지시 대명사의 곡용식을 단순히 따르므로 형태음운적인 방식으로 어미를 단순화한다. 예컨대, 단수 생격은 원래의 재구형 *nov-a-jego (혹은 음성적으로 축약된 nov-aago, nov-ago) 대신에 개신

형으로 (경硬어간) 대명사 тъ의 GS-M 어미 -ogo가 실현된 nov-ogo 혹은 (연軟어간) 대명사 jь의 GS-M 어미 -ego가 실현된 siń-ego가 사용되었다. 교회 슬라브어의 축약된 형과 고대 러시아어 개신형이 공존하는 격도 있었다. 고대 러시아어 대명사적 형용사의 곡용 패러다임은 다음과 같다.

단수						
	남성		중성		여성	
N	nov-ъjь	siń-ьjь	nov-oje	siń-eje	nov-ajä	siń-äjä
A	nov-ъjь	siń-ьjь	nov-oje	siń-eje	nov-ujü	siń-üjü
G		nov-ogo	siń-ego		nov-yjě	siń-ijě
					-ojě	-ejě
L		nov-ěmь	siń-imь		nov-ěji	siń-iji
		nov-omь	siń-emь		nov-oji	siń-eji
D		nov-omu	siń-emu		nov-ěji	siń-iji
					nov-oji	siń-eji
I		nov-yimь	siń-iimь		nov-oju	siń-eju
		nov-ymь	siń-imь			

복수						
	남성		중성		여성	
N	nov-iji	siń-iji	nov-aja	siń-äjä	nov-yjě	siń-ijě
A	nov-yjě	siń-ijě	nov-aja	siń-äjä	nov-yjě	siń-ijě
G			nov-yxъ	siń-ixъ		
			nov-yixъ	siń-iixъ		
L			nov-yxъ	siń-ixъ		
			nov-yixъ	siń-iixъ		
D			nov-ymъ	siń-imъ		
			nov-yimъ	siń-iimъ		
I			nov-ymi	siń-imi		
			nov-yimi	siń-iimi		

단수남성주격 형용사 어미 -ъjь의 -ъ는 소위 긴장 예르(tense jer)로서, 남슬라브어에서는 -y로 변하지만, 동슬라브어에서는 강예르로 -o로 변한다. 따라서 교회슬라브어 문헌에서는 가령 добрыи (/dobryjь/)로 출현하는 반면, 고대 러시아어 발달 결과를 반영하는 문헌에서는 доброи (/dobrojь/)로 출현한다. 현대 러시아어의 добрый는 교회 슬라브어 표기를 따르고 있다(5.1.2. 참고). 그러나 강세 어미인 경우에는 고대 러시아어 발달 결과를 반영하는 표기를 사용한다. 즉, слепой /sl'ep-ój/.

명사적 형용사처럼, 대명사적 형용사 복수형에서도 성 구별은 소실되었다. 형용사 복수 사격형의 어미 초 모음은 -i로 통일된다. 이것은 명사 복수 사격형의 어미 초 모음이 -a로 통일되었고, 수사 사격형의 어미 초 모음이 -e인 것과 비교된다(각주 123)도 참고).

	수사	형용사	명사
여격	трём	новым	столам
조격	тремя	вовыми	столами
처격	трёх	новых	столах

성(姓) Живаго [žɪʋágə]는 교회슬라브어의 GS-M 형 및 발음을 반영한다. живого [žɪʋóʋə]와 비교.

7.3.3. 비교급

현대 러시아어 **형용사의 비교급**은 более를 사용하여 표현하거나(통사적 방식), -ee나 -e를 어간에 붙여 표현한다(형태적 방식). 전자는 수식어나 서술어로 사용되는 형용사에 모두 나타날 수 있지만, 후자의 형태적 방식의 비교급은 서술어로 출현하면서, 곡용을 하지 않는 불변화 형태이다.

공통 슬라브어 비교급은 어간에 비교급 접사 *-ē-jĭs(jěs)-j-를 통합한 뒤에 굴절 어미를 덧붙이는 방식으로 형성되었다고 재구된다. 접사 모음 ĭ vs. ě는 '비-중성' vs. '중성' 명사에 따라 분포되었을 것으로 추정된다.

CS	*형용사 어간 + ē-{jĭs/jes}-j- + 굴절 어미

접사 초 모음 -ē-는 대부분의 형용사에 존재했지만, 부재한 형용사도 있었다. -ē-가 부재한 형용사의 비교급이 현대 러시아어에서 -e 비교급 접사를 갖는다.

CS	*xud-jěs > *xuž'e	R. хуже

비교급의 곡용식은 굴절 어미 바로 앞에 *j가 존재했었기 때문에 синии의 패턴을 따르는 것으로 추정된다. 고대 러시아어의 비교급 형태를 살펴보면,

CS	*dabr-ējĭs-j-ād 'MSG'	>	OR	dobrějš'ä	добрѣиша
	*dabr-ējĭs-j-ī 'FSN'			dobrějš'i	добрѣиши

그러나 이러한 형태적 방식의 형용사 비교급이 서술어로 사용되면서, 굴절이 소멸되어, 남성과 중성의 단수주격형이 현대 러시아어의 비교급 어미로 재해석된다.

CS	*dabr-ējĭs-ø	>	OR	dobrěj	добрѣи (남성)
	*dabr-ējěs-ø			dobrějě	добрѣѥ (중성)[130]

130 남성 재구형에는 /j/가 부재하고, 중성 재구형에는 /ĭ/ 대신에 /ě/를 상정하는 등 자의적인 측면이 있기는 하다 (Nesset 2015, 124).

현대 러시아어의 최상급은 самый를 사용하는 통사적인 방식도 있고, -ейш/айш-의 접사를 통합하는 형태적 방식이 있다. 후자의 방식은 위의 비교급 방식에서 발달한 것이 분명하지만, 어떠한 방식으로 최상급으로 재해석되었는지는 불분명하다. 접사 초 모음 -ейш- vs. -айш-의 변동에 대해서는 4.2.3 참고.

7.4 수사 변화

7.4.1. 현대 러시아어 수사

수사(numerals)는 순서와 수량을 표현하기 위해 사용되는데, 순서를 나타내기 위해 사용되는 수사를 서수사(ordinal numerals)라 하고, 개체의 양을 나타내거나 수 자체를 나타내는 수사를 **기수사**(cardinal numerals)라고 한다.

현대 러시아어의 기수사는 형성 방식과 통사적 특성에 따라 몇 개의 부류로 나눌 수 있다.

(1) один

(2) два/две три четыре

(3) пять шесть семь восемь девять десять

(4) одиннадцать двенадцать тринадцать
четырнадцать пятнадцать ...

(5) двадцать тридцать сорок пятьдесят шестьдесят
семьдесят восемьдесят девяносто

(6) сто двести триста четыреста пятьсот шестьсот .

(7) тысяча миллион миллиард/биллион ...

(8) две тысячи семьсот девяносто два (=2,792)
две тысячи семьсот девяносто пять (=2,795)

우선, 기수사는 단순 어휘소나 합성법에 의해 형성된 어휘소, 그리고 통사적 형성 방식에 의해 형성된 통사적 구성에 의해 표현된다. 부연하면 0, 1에서 10까지, 100, 1000, 그리고 1000의 1000배(миллмион), 백만의 1000배(십억, миллиард) 등은 모두 단순 어휘소에 의해 표현되고, 11에서 19까지, 10의 배수 그리고 100의 배수(위의 4-6)는 합성법에 의해 표현되고, 나머지 수사는 모두 통사적 구성으로 형성된다(위의 8).

10의 10배(сто '백(百)')와 10의 100배(тысяча '천(千)')를 표현하는 수는 독립적인 단순 어휘소에 의해 표현되는 반면, 10의 1000배('만')를 표현하는 독립적인 단순 어휘소는 부재한다. 러시아어에서 '만(萬)'은 통사적 방식에 의해 형성된다(десять тысяч '만'). 따라서 러시아어에서는 1000의 1000배를 나타내는 어휘소가 존재하고(миллион '백만'), миллион의 1000배를 나타내는 어휘소가 존재한다(миллиард/биллион '10억').[131]

통사적 특성의 측면에서 살펴보자면, 우선 수사는 후행하는 명사와 더불어 명사가 지시하는 개체의 양을 표현하는데, 이러한 '수사+명사'의 수사구에서 수사의 통사적 특성이 수사마다 차이를 보인다. 수사 один '일'은 형용사적 특성을 가져서, 후행하는 명사의 성, 수, 격에 따라 곡용한다. 이는 수사구의 머리어가 후행하는 명사이라는 것을 의미한다.

	남성	중성	여성	복수
NS	один	одно	одна	одни
AS	один/одного	одно	одну	одни/одних
GS	одного		одной	одних
LS	одном		одной	одних
DS	одному		одной	одним
IS	одним		одной	одними

131 '만' 단위로 세는 한국어와 다르다. 천의 천 배를 миллион이라는 어휘소로 표현하는 러시아어와 달리 한국어에서는 만의 만 배를 '억'이라는 어휘소로 표현한다.

그러나 수사가 '2' 이상일 경우에는 상황이 복잡해진다. 우선 수사구가 문장에서 주어의 문법적 기능을 하는 경우에는 수사가 머리어로 기능하지만, 그 외의 기능을 하는 경우에는 명사가 머리어로 기능한다. 가령,

(1) У меня три сестры.

(2) Я увидел двух девушек.

(1) 문장에서 수사구의 머리어는 수사 три이고, 명사는 단수생격으로 곡용되는 반면, (2)의 수사구의 머리어는 명사 девушек인데, 이 명사가 복수대격으로 곡용되었고, (형용사처럼) 이에 일치하여 선행 수사 два가 대격으로 곡용한다.

'2' 이상의 수사가 출현하는 수사구가 주어의 문법적 기능을 하는 경우, '2-4'의 수사는 후행 명사가 '단수생격형'으로 곡용하도록 하는 반면(아래 1), '5' 이상의 수사는 후행 명사가 '복수생격형'으로 곡용하도록 한다(아래 2). 통사적 구성으로 형성되는 수사의 경우는 마지막 일의 자리 수사에 따라 곡용형이 결정된다(아래 3).

(1) два стола, два окна, две книги

(2) пять столов, тринадцать окон, сорок книг

(3) тридцать один стол, сто одна собака

'2-4'까지의 곡용 패턴은 다음과 같다.

N	два/две	три	четыре
A	два/две~двух	три~трёх	четыре~четырёх
G	двух	трёх	четырёх
L	двух	трёх	четырёх
D	двум	трём	четырём
I	двумя	тремя	четырьмя

'5-10, 11-19, 20-30, 50-80'까지의 곡용 패턴은 명사 제3곡용식을 따른다.

	'5'	'7'	'8'	'20'	'50'
N	пять	семь	восемь	двадцать	пятьдесят
A	пять	семь	восемь	двадцать	пятьдесят
G	пяти	семи	восьми	двадцати	пятидесяти
L	пяти	семи	восьми	двадцати	пятидесяти
D	пяти	семи	восьми	двадцати	пятидесяти
I	пятью	семью	восемью	двадцатью	пятьюдесятью

백 단위 기수사와 '1000'의 곡용은 다음과 같다.

	'200'	'300'	'500'	'1000'
N	двести	триста	пятьсот	тысяча
A	двести	триста	пятьсот	тысячу
G	двухсот	трёхсот	пятисот	тысячи
L	двухсот	трёхсот	пятисот	тысяче
D	двумстам	трёмстам	пятистам	тысяче
I	двумястами	тремястами	пятьюстами	тысячью

백 단위 수사는 구성 성분인 두 수사 모두 곡용하고, '1000'은 제2곡용식을 따르고, '백만, 십억'의 수사는 제1곡용식을 따른다.

'40, 90, 100, 1과1/2' 등은 주-대격과 사격형 두 형태만 존재한다.

NA	сорок	девяносто сто	полтора(M-N)/полторы(F)
GLDI	сорока	девяноста ста	полутора

7.4.2 고대 러시아어 수사와 발달

7.4.2.1. 일의 자리 수. '1'은 고대 러시아어에서도 형용사처럼 곡용했다. 현대 러시아어 '모음 ~ ø'의 변동은 여성형과 남성형, 그리고 사격형에서의 예르 존재에 기원한다.

	남단주	중단주	여단주	남단생	남단조	남복주
OR	одинъ	одьно	одьна	одьного	однъмь	одьни
R	один	одно	одна	одного	одним	одни

복수에서 남성주격형은 одьни, 여성주격형은 одьны, 중성주격형은 одьна 였는데, 예르 변화이후 모음 /i/ vs. /y/의 차이가 선행 자음의 연음성 대립으로 재해석된 후에(즉, od'n'-i vs. od'n-i), 복수에서의 성 대립 소멸이라는 경향으로 인해, 복수주격형은 남성 одни로 일반화된다. 이러한 이유로 모든 복수 사격형에서도 연자음 어간을 갖는다. 즉, 현대 러시아어 одних '생격-처격' одним '대격' одними '조격' 등. 단수에서는 유일하게 남성단수조격형에서 어간 말 연자음이 보이는데(одним vs. одного одному одну одной 등), 이것은 아마도 형용사 곡용에서 단수조격형과 복수여격형과의 신크레티즘의 결과일 것으로 추정된다.

дъва '2'는 쌍수 변화한다.

	남성	중성	여성
NA	дъва	дъвѣ	дъвѣ
GL		дъвою	
DI		дъвѣма	

쌍수의 소실은 수사 '2'의 곡용 패턴에도 영향을 줄 수밖에 없었는데, 우선 남성과 중성이 하나의 곡용식을 형성하는 명사 단수 곡용에서처럼 중성 dъv-ě

는 dъv-a로 바뀐다. 생격-처격형 дъвою의 경우, 어미 -oju는 명사 남성 곡용식의 쌍수 어미 -u(7.1.2.3 참고)와 일정 시간 서로 경쟁 관계를 이루다가 -u로 확정되어 dъv-u로 바뀐다. 현대 러시아어의 двоюродный[132] '사촌의' 등은 원래 쌍수 생격형의 흔적으로 남아 있고, двуглавый '쌍두의', двугласный '이중 모음의' 등은 후자의 흔적이다.

현대 러시아어 생격-처격형 двух의 어미 -ux는 쌍수 소멸 이후 생격-처격형 дву의 마지막 모음 -u에 형용사의 복수생격-처격의 특징적인 어말 자음 -x(가령, новых)가 통합되어 새롭게 형성된 것으로 추정된다. 복수대격형 двум도 마찬가지로(новым) 형성되었고, 조격형 двумя은 어미 -u에 형용사 복수조격형의 특징적 자음인 -m'- (новыми)과 원래 쌍수 어미 말 모음 -a(OR вовыма)가 혼용된 것으로 이해된다.

триѥ '3'과 четыре '4'는 복수 변화하는데, 전자는 i-어간 명사의 복수 곡용식을, 후자는 자음-어간 곡용식을 따른다.

	남성	중성/여성	남성	중성/여성
N	триѥ	три	четыре	четыри
A	три		четыри	
G	трии/trijь/		четыръ	
L	трьхъ		четырьхъ	
D	трьмъ		четырьмъ	
I	трьми		четырьми	

복수 변화하는 이들 수사는 복수의 성 단일화에 따라 주격에서 하나의 형태로 일반화된다(три четыре). 쌍수처럼 변화하는 дъва와는 달리 복수 변화하는 три четыре는 복수의 명사나 형용사 사격형의 특징적인 요소를 이미 가지고

132 троюродный는 개신형으로 보인다.

있었다. 즉, 처격에서는 /x/, 여격에서는 /m/, 조격에서는 /m'i/ 등이 그것이다. 이들 수사에 특징적인 어미 초 모음 /e > o/는 예르의 변화 및 'E > O'의 결과이다. 형용사의 G=L의 신크레티즘에 따라 생격형은 OR. трьхъ > трех > трёх, четырьхъ > четырех > четырёх의 형태를 가진다. 여격의 발달은 처격의 발달과 동일한 과정을 거쳤다. 조격의 경우에는 쌍수의 소멸 이래 '2 3 4'가 동일한 부류의 수사로 인식되기 시작했기 때문에, два처럼 '3'의 조격형 трьми → тремя, '4'의 조격형 четырьми → четырьмя로 대체되었다.[133]

'5-9'까지의 수사는 고대 러시아어에서 i-어간 여성 곡용식과 동일하게 곡용하였고, '10'은 t-자음 어간의 남성명사처럼 곡용했다.

	'5'	'10'
N	пѧть	десѧть
A	пѧть	десѧть
G	пѧти	десѧте
L	пѧти	десѧте
D	пѧти	десѧти
I	пѧтью	десѧтьмь

고대 러시아어 시기부터 '5-10'의 수사는 명사처럼 취급되었다. 따라서 '수사+명사'의 수사구에서 머리어는 수사 자체였기 때문에, 수식어는 수사와 일치하였고, 후행하는 보충어-명사는 복수생격형으로 출현하였다. 가령,

дроугоую 'F-A' пѧть 'F-A' талантъ 'G-Pl'
съ пѧтию 'I' отрокъ 'G-Pl'

133 TrьT에서의 예르 발달은 5.1.1 참고. 따라서, тремя vs. четырьмя.

현대 러시아어에서는 이들 수사는 모두 명사 제3곡용식을 따른다. 여성 i-어간 곡용식의 후대 대응식은 제3곡용식인 만큼, '5-9'의 수사 곡용에는 큰 변화는 없었지만, '10'은 자음 곡용식의 소멸과 더불어 유사한 통사적 특성을 지닌 '5-9'의 곡용식을 가지게 된다.

7.4.2.2. '11-19'. '11-19'의 수사는 고대 러시아어에서 통사적인 형성 방식으로 표현된다. 글자 그대로 이해해 보자면, '10위에 하나', '10위에 둘' 등으로 즉, '10+1', '10+2', 등의 덧셈으로 표현된다.

OR.	1의 자리 수사+ на десѧть '처격'
'11'	одинъ на десѧте
'12'	дъва на десѧте

현대 러시아어로 발달하면서, 이들 통사적 구성은 어휘화된다.

7.4.2.3. '20-90'. '20-90'까지의 수사 역시 통사적인 방식으로 형성된다. 그리고 그 방식은 곱셈의 방식이다. '2×10', '3×10', 등.

OR	1의 자리 수사 + десѧть
'20'	дъва десѧти '쌍수'
'30/40'	триѥ/четыре десѧте '복수'
'50-'	пѧть десятъ '복수생격'

'20-40'의 통사적 구성에서 머리어는 десѧть이고, '50-'의 구성에서는 머리어는 선행하는 일의 자리 수사이다. 따라서 전자의 경우, 격 변화시 머리어인 десѧть뿐만 아니라, 앞의 일의 자리 수사도 동일한 격으로 변화한다. 후자의

경우에는 머리어인 일의 자리 수사만 격 변화하고 десѧть는 복수생격으로 불변한다.

현대 러시아어로 발달해 오면서, '40'과 '90'을 제외한 모든 십의 자리 수사는 어휘화 과정을 겪는다. 그중 '20'과 '30'은 합성명사화 되면서 десѧть가 가지는 수의 구분이 소실되면서 음운론적으로 축약되고, 선행 일의 자리는 성 구별이 소실되면서 два три로 일반화된다. '50' 이상의 수사는 통사적 방식이 그대로 굳어지면서 어휘화된다.

'40'과 '90'은 сорокъ девяносто로 대체된다. сорокъ는 아마도 당시 40개 들이 모피 가마니를 나타내는 단어가 '40'을 나타내는 수사로 전용된 것으로 추정된다. '90'의 девяносто는 девѧть десѧтъ을 대체하는데 그 연원은 분명하지 않다. 아마도 통사적 방식으로 표현된 구성(즉, девян-до-съта '10이 모자라는 100')이 어휘화되지 않았을까 추정된다.

7.4.2.4. '100-900'과 '1000-'. '100'을 의미하는 съто나 '1000'의 тысѧча는 둘 다 모두 명사의 통사적 특성을 가지며, 곡용식 역시 전자는 o-어간 중성 곡용식을, 후자는 a-어간 여성 곡용식을 가지고 있었다.

	단수	쌍수	복수
'100'	съто	сътѣ	съта
'1000'	тысѧча	тысѧчѣ	тысѧчи

전술한 바와 같이, 현대 러시아어의 сто는 сорок девяносто와 더불어 주대격형과 나머지 사격형 두 개만 가지는 단순화된 곡용식을 보인다. 고대 러시아어에서 '200-900'은 통사적인 방식으로 형성되었는데,

	고대 러시아어		현대 러시아어
‘200’	дъвѣ	сътѣ	двести
‘300’	три	съта	триста
‘400’	четыри	съта	четытеста
‘500’	пѧть	сотъ	пятьсот

‘200’의 경우, дъвѣ는 후행 중성 수사의 쌍수에 일치한다. ‘300, 400’에서 три четыри는 후행하는 중성 수사 съто의 복수에 일치하여 나타난 형태이다. ‘500’ 이상의 수사는 머리어인 일의 자리 수사가 후행하는 съто에 복수생격을 요구한다. 이러한 통사적 방식은 러시아어의 역사적 변모 과정에서 모두 어휘화 과정을 겪는다. ‘1000’ 이상 수사의 경우는 어휘화 과정을 겪지 않고, 그대로 통사적 방식을 사용한다. 가령, две/три/четыре тысячи ‘단수생격’ vs. пять тысяч ‘복수생격’.

7.5. 동사 활용의 변화

7.5.1 현대 러시아어 활용

현대 러시아어 활용 체계에 있어서 중요한 두 범주는 시제와 일치이다. 시제는 행위의 시간적 특성(‘과거’ vs. ‘비과거’)을 구현하여, 동사 어간에 형태론적으로 실현하는 범주이며, 일치는 동사가 서술어의 문법적 기능을 수행할 때, 서술의 대상인 주어의 인칭이나 성, 그리고 수 등의 의미 자질을 실현하는 범주이다. 따라서 현대 러시아어 동사는 서술어로 사용될 때 일반적으로 다음과 같은 형태론적 구조를 가진다.

동사 어간-시제	형태-일치 형태
govor'i-l-a	'말하다-과거-여성단수'
govor'-i-š	'말하다-현재-2인칭단수'

명령의 화행 문장에서는 시제 대신에 명령형 어미가 사용된다.

동사 어간-시제	형태-일치 형태
govor'-i-t'e	'말하다-명령-2인칭복수'

동사가 서술어의 문법적 기능 대신에 수식어나 부사어의 기능을 담당할 때에는 그러한 문법적 기능을 표현하는 접사가 시제 자리에 위치한다.

동사 어간-시제	형태-일치 형태
govor'-ašč-ij	'말하다-현재분사-남성단수주격'
ugovor'-onn-ij	'설득하다-피동분사-남성단수주격'
govor'-a	'말하다-부동사'

7.5.1.1 현재 활용. 현대 러시아어에서 현재 활용에서 동사는 주어의 인칭과 일치한다. 주어의 성과 일치하는 과거 활용과 근본적으로 다른 점이다. 현재 활용에는 두 변이식이 존재한다.

	단수			복수		
	1인칭	2인칭	3인칭	1인칭	2인칭	3인칭
제1활용식	u	oš	ot	om	ot'e	ut
제2활용식	u	iš	it	im	it'e	at

두 변이식의 분포는 대체로 어휘형(=부정사형)의 어간 형상에 의해 예측가능하다. 우선 어휘형이 -i로 끝나는 동사는 제2활용식을 선택하고(купить готовить 등), -e, -Ča로 끝나고 어휘적으로 명세된 동사들(смотреть сидеть, слышать кричать 등)도 제2활용식을 선택하고, 그 외 나머지 모든 동사는 제1활용식을 선택한다.[134]

7.5.1.2. 과거 활용. 전술한 바와 같이, 현대 러시아어의 과거 활용은 과거 형태와 성/수의 일치 형태가 접미되어 이루어진다. 과거 어미는 -l-이고, 일치 어미는 -ø '단수남성', -a '여성단수', -o '중성단수', -i '복수' 등이다. 복수 일치 어미 -i 앞에서 연자음으로 변동된다.

남성단수	여성단수	중성단수	복수
делал	делала	делало	делали
d'ela-l-ø	d'ela-l-a	d'ela-l-o	d'ela-l'-i

과거 어미 -l-은 어간이 -b -k -g -s -z -r로 끝나는 "자음어간" 동사에서 삭제된다.

ГРЕСТИ	gr'ob-	гребу	gr'ob-ú	грёб	gr'ob-ø-ø
ПЕЧЬ	p'ok-	пеку	p'ok-ú	пёк	p'ok-ø-ø
МОЧЬ	mog-	могу	mog-ú	мог	mog-ø-ø
НЕСТИ	n'os-	несу	n'os-ú	нёс	n'os-ø-ø
ВЕЗТИ	v'oz-	везу	v'oz-ú	вёз	v'oz-ø-ø
ТЕРЕТЬ	t'or-	тру	t'r-ú	тёр	t'or-ø-ø

134 물론 예외적인 동사들은 자신의 어휘 항목에 활용 패러다임이 명시된다. 가령, дать есть хотеть бежать 등.

7.5.1.3. 명령법과 가정법. 명령형은 어간에 명령형 접사와 복수 접사가 통합된다. 명령형 접사는 -i이고 -ø와 변동한다. 복수 접사는 -t'e이다. 명령형 접사 변동은 대체로 다음 2가지 요인에 의해 기술된다. -ø는 현재형 어간이 -j로 끝나는 동사, 현재형 어간이 자음 하나로 끝나면서 강세가 떨어지는 동사에 분포한다. 그 외에는 -i이다.

	현재형 어간	명령형	
СЛУШАТЬ	slušaj-	slušaj-ø	слушай(те)
ТАНЦЕВАТЬ	tancuj-	tancuj-ø	танцуй(те)
ДАВАТЬ	da(va)j-	davaj-ø	давай(те)
ВСТАТЬ	vstán'-	vstán'-ø	встань(те)
ГЛАДИТЬ	glád'-	glád'-ø	гладь(те)
ПОМНИТЬ	pómn'-	pómn'-i	помни(те)
ЧИСТИТЬ	číst'-	číst'-i	чисти(те)

현대 러시아어에서 가정법은 소사(particle) бы와 동사 과거 시제형을 사용한다.

7.5.1.4. 부정사형. 부정사형 어미는 -t'/t'í ~ -st'/st'í ~ č이다. 어미 이형태의 분포는 다음과 같다. 현재형 어간이 연구개음(k g)으로 끝나는 동사에는 -č가 분포하고, 현재형 어간이 t d b로 끝나는 동사의 경우, 어간 무강세이면 -st'í, 어간 강세이면 -st'가 분포하며, 마지막으로 현재형 어간이 s z로 끝나는 어간 무강세 동사에는 -t'í가 분포한다. 나머지 모든 동사에는 -t'가 분포한다.

	현재형 어간	부정사형
ПЕЧЬ	p'ok-	p'e-č
БЕРЕЧЬ	b'er'og-	b'er'e-č

МЕСТИ	m'ot-	m'o-st'í
ВЕСТИ	v'od-	v'o-st'í
ГРЕСТИ	gr'ob-	gr'o-st'í
КРАСТЬ	krád-	kra-st'
НЕСТИ	n'os-	n'os-t'í
ВЕЗТИ	v'oz-	v'oz-t'í

7.5.1.5. 형동사(분사) 및 부동사(동명사). 형동사는 동사가 명사 수식어의 문법적 기능을 담당할 때 출현하는 형태이고, 부동사는 동사가 동사 수식어(부사어)의 문법적 기능을 담당할 때 출현하는 형태이다. 이렇게 기능이 전환되면서, 통사 범주(즉, 동사에서 형용사 또는 부사)의 전환을 표현하는 접사를 각각 형동사 접사와 부동사 접사라고 부른다.

현대 러시아어 형동사에는 시제(또는 상)에 따라 과거 형동사와 현재 형동사가 있고, 태에 따라 능동 형동사와 피동 형동사가 존재한다. 각각의 접사와 예를 몇 개 들어본다.

과거 능동 형동사	-v-š- ~ -ø-š-	
	прочитавший	pročita-vš-ij
	принёсший	pr'in'os-š-ij
과거 피동 형동사	-t- ~ -on-n- ~ -n-n-	
	взятый	vz'a-t-ij
	уговорённый	ugovor'-onn-ij
	прочитанный	pročita-nn-ij
현재 능동 형동사	-a-šč- ~ -u-šč-	
	говорящий	govor'-ašč-ij
	пишущий	p'iš-ušč-ij

현재 피동 형동사	-o-m- ~ -i-m-	
	прочитаемый	pročitaj-om-ij
	захвалимый	zaxval'-im-ij

형동사는 대화체(구어체)에서는 잘 사용되지 않으며, 현재 피동 형동사는 서술체(문어체)에서도 거의 사용되지 않는다. 과거 피동 형동사는 단형으로 문장의 서술어로 사용된다. 가령, Статья уже написана.

현대 러시아어 부동사는 현재(불완료) 부동사와 과거(완료) 부동사 두 종류가 있다.

현재 부동사	-a	
	делая	d'elaj-a
	живя	živ'-a
	смотря	smotr'-a
과거 부동사	-v ~ -ši	
	сделав	sd'ela-v
	прожив	proži-v
	посмотрев	posmotr'e-v
	принёсши	pr'in'os-ši

현재 부동사형은 비성절 현재 어간을 가지는 동사들(ПИТЬ류의 동사, ДЕТЬ류의 동사, ТЕРЕТЬ류의 동사, ЖДАТЬ류의 동사)에서 형성되지 않는다. 또한 비(鼻)자음을 어간 말에 가지는 동사들(가령, НАЧАТЬ МОКНУТЬ 등), 연구개음을 어간 말에 가지는 동사들(가령, ПЕЧЬ БЕРЕЧЬ)에서도 형성되지 않는다. 현재 부동사는 불완료 동사에서 형성되기 때문에 불완료 부동사라고 불리기도 한다.

과거 부동사형의 접사 이형태 분포는 어휘형(부정사형)에서 모음 접사를 가지는 모든 동사에는 -v가 분포하고, 자음으로 끝나는 어간을 가지는 동사에는

-ši가 분포한다. 과거 부동사는 완료 동사에서 형성되기 때문에 완료 부동사라고 불리기도 한다. 한편, 모음 접사를 가지지 않는 동사들의 경우에는 -ši 대신에 -a가 사용되기도 한다(принёсши ~ принеся, прошедши ~ пройдя, сберегши ~ сберегя, 등).

7.5.2. 고대 러시아어 활용과 발달

OR과 CSR의 동사 활용 체계상의 특징적 차이는 OR에서는 시제(時制, время /tense) 체계가 복잡한 반면, CSR에서는 상(相, вид/aspect) 체계가 대신 발달했다는 점이다. **고대 러시아어의 시제 체계**는 단순 시제와 복합 시제로 구분된다. 단순시제는 사건이 발생한 시점과 발화시점과의 선후 관계를 표현하는 절대 시제(absolute tense)인 반면, 복합시제는 발화 시점이 아닌 어떤 시점과 사건 발생 시점의 상대적 선후 관계를 표현하는 상대 시제(relative tense)이며 동시에 완료성(perfectness)을 아울러 표현한다.

단순시제는 현재(present)와 과거(past) 두 시제로 나누어지고, 과거는 다시 **아오리스트**(aorist)와 **임퍼펙트**(imperfect)의 하위 시제로 나누어진다. 복합시제는 완료(perfect), 과거완료(pluperfect), 미래완료(future perfect)의 세 하위범주로 나누어진다.

단순 시제[135]	
현재	нєсоу, твороу, юсмь 'нести творить быть'
아오리스트	нєсохъ, творихъ, бѣхъ/быхъ
임퍼펙트	нєсяхъ, творяхъ, бяхъ
복합 시제	
현재 완료	нєслъ юсмь, творилъ юсмь, былъ юсмь

135 OR에서 '미래'의 의미는 통사적인 구성, 즉 'хоч /начьн /почьн /имамь/им + 부정사형'으로 표현되었다. 예: почьн ставити '(나) 놓을 것이다', с ж хоч ть пом р ти отъ глада '보세요, 그 사람은 굶주림으로 죽을 거예요'. 학자에 따라서는 아오리스트와 임퍼펙트의 구별은 시제가 아니라 상적 구별이었다고 보기도 한다.

과거 완료	нєслъ бяхъ, творилъ бяхъ
미래 완료	нєслъ боудоу, творилъ боудоу

현실을 직접 서술하는 직설법(indicative mood)은 특정한 형태를 요구하지 않는 형태적 무표형이지만, 현실이 아닌 어떤 상황을 가정하는 가정법(subjunctive mood)이나, 현실을 새롭게 구성해 가는 명령법(imperative mood)의 경우에는 특정의 형태가 유표적으로 사용된다.

법(mood)	
가정법	нєслъ быхъ, творилъ быхъ, былъ быхъ
명령법	нєси/нєсѣтє, твори/творитє, боуди/боудѣте

동사가 통사적으로 서술어로 사용되지 않을 때 다양한 형태적 변용이 발생한다(7.5.1.5 참고). 동사가 수식어로 사용될 때 형동사형(분사, participle), 동사가 통사적 부가어로 사용될 때에는 부동사형(동명사, gerund), 동사가 통사적 논항어로 사용될 때는 부정사형, 이동 동사의 목적을 나타내기 위해 사용되는 "수파인(Supine)"형이 형성된다. 이러한 형태는 두 개의 통사범주(통사기능)을 보이기 때문에 "혼합 범주(mixed category)"라고 부를 수 있다.

비-정형(혼합 범주)	
현재능동분사	нєса/нєсоучи, творѧ/творѧчи, са/соучи
현재피동분사	нєсомъ, творимъ
과거능동분사	нєсъ/нєсъши, творивъ/творивъши
과거피동분사	нєсєнъ, творѥнъ
l-분사	нєслъ, творилъ
부정사	нєсти, творити, быти
Supine	нєстъ, творитъ, бытъ

7.5.2.1. 동사 분류

고대 러시아어의 동사 활용 체계와 그 역사적 발달을 이해하기 전에 먼저 레스키엔(August Leskien)의 동사 분류에 대해 알아본다. **레스키엔의 동사 분류**는 슬라브 조어의 시제 접사(현재 접사와 아오리스트 접사)의 형태음운적 성격에 의거해 이루어진다. 예컨대, нєсти라는 OR 동사는 슬라브 조어에서 -e-의 현재시제 접사, 제로의 아오리스트 접사를 가지고 있었고, знати는 -je-의 현재 접사와 제로의 아오리스트 접사를, двигноути는 -ne- 현재 접사, -nūn- 아오리스트 접사를 가지고 있었다. 이처럼 슬라브 조어에서 대부분의 동사는 어휘적으로 명시된 이 두 시제 접사를 바탕으로 분류된다. 즉, 이 두 시제 접사를 가진 어간형들이 근간이 되어, 활용 패러다임의 모든 활용형들이 만들어진다. 레스키엔의 동사 분류는 바로 이 두 어간형에 근거해 이루어진다는 것이다.

그러나 슬라브 조어의 이러한 어간 말 시제 접사는 공통슬라브어 시기의 여러 음성 변화들(J-Pal, Monoph, 충음화 등)에 연루되면서 특히 동사 부류의 현재형에서 시제 접사는 어미의 일부로 재해석되는 변화를 겪는다. 이러한 어간-어미 경계의 재해석의 결과 OR의 동사 활용은 이제 단 하나의 어간이 존재하게 되었고, 활용 패러다임의 모든 활용형은 이제 하나의 어간형에서 도출된다.[136]

다음의 동사 분류에서 예시한 활용형 중 첫 번째는 3인칭 단수 현재형이고, 두 번째는 부정사형이다. '-e/o- 현재', '-je/jo- 현재', '-ne/-no 현재', '-i- 현재' 등은 현재 활용형에 e/o, je/jo, ne/no, i 등의 접사가 출현함을 나타낸다. '아오리스트 -a- 어간', '아오리스트 -nu- 어간', '아오리스트 -ě- 어간' 등은 현재형과 상이한 별개의 아오리스트 접사를 가짐을 말하고, '현재 단일형'은 그러한 아오리스트 접사가 부재함을 말한다. '자음 어간'은 어간이 자음으로 끝나는 동사들이고, '모음 어간'은 어간이 모음으로 끝나는 동사들이다.

---

136 단일어간에서 모든 활용형이 도출된다는 점에서 고대 러시아어의 활용 방식은 현대 러시아어의 활용 방식과 동일하다고 볼 수 있다. "-"는 어근-접사 경계, "–"는 어간-어미 경계를 나타낸다. "#"는 기본어간 말 모음이나 /j/의 탈락을 의미한다. OR의 밑줄친 어간이 야콥손(Jakobson 1948) 식의 완전(full) 기본(basic) 어간이다.

Leskien의 동사 분류			
	PS	OR	CSR
I-부류: -e/o- 현재			
I-A. 어간 단일형			
I-A-a. 자음 어간	nes-e_ti	nes_e-tь	несёт
	nes-ø_tēi	nes_ti	нести
I-A-b. 모음 어간	pleu-e_ti	plov_e-tь	
	pleu-ø_tēi	plu_ti	
I-B. 아오리스트 -a 어간			
I-B-a. 자음 어간	ber-e_ti	ber#_e-tь	берёт
	bir-ā_tēi	bьra_ti	брать
I-B-b. 모음 어간	zeu-e_ti	zov#_e-tь	зовёт
	zuu-ā_tēi	zъva_ti	звать
II-부류: -ne/no- 현재 & -nu- 아오리스트			
	duīg-ne_ti	dvig-n#_e-tь	двинет
	duīg-nūn_tēi	dvig-nu_ti	двинуть
	stā-ne_ti	stan_e-tь	станет
	stā-ø-tēi	sta#_ti	стать
III-부류: -je/jo- 현재			
III-1. 비-파생 동사			
III-1-A. 어간 단일형			
III-1-A-a. 모음어간	znā-ie_ti	znaj_e-tь	знает
	znā-ø_tēi	zna#_ti	знать
III-1-A-b. 자음어간	mel-ie_ti	meĺ#_e-tь	мелет
	mel-ø_tēi	molo_ti	молоть
III-1-B. 아오리스트 -a 어간			
III-1-B-a. 모음 어간	tā-ie_ti	taj#_e-tь	тает
	tā-iā_tēi	tajä_ti	таять

III-1-B-b. 자음 어간	ar-ie_ti	oŕ#_e-ть	орет
	ar-ā_tēi	ora_ti	орать
III-2. 파생 동사			
III-2-A. 어간 단일형			
III-2-A-a. -a 어간	dēl-ā-ie_ti	děl-aj_e-ть	делает
	dēl-ā-ø_tēi	děl-a#_ti	делать
III-2-A-b. -ĕ어간	kail-ē-ie_ti	ćěl-ěj_e-ть	умеет
	kail-ē-ø_ti	ćěl-ě#_ti	уметь
III-2-B. 아오리스트 -a 어간			
	kaup-au-ie_ti	kup-uj#_e-ть	рисует
	kaup-au-ā_tēi	kup-ova_ti	рировать
IV-부류. -i- 현재			
IV-A. 어간 단일형	xuāl-ei_ti	xval#_i-ть	хвалит
	xuāl-ī_tēi	xval-i_ti	хвалить
IV-B. ĕ-아오리스트	ueid-ei_ti	vid#_i-ть	видит
	ueid-ē_tēi	vid-ě_ti	видеть
V-부류. 비-테마 동사[137]			
	ēd_mi	jě_мь	ем
	ēd_tēi	jěs_ti	есть
	dād_mi	da_мь	дам
	dād_tēi	da_ti	дать

137 고대 러시아어에는 5개의 비-테마 동사가 존재했다. в д ти ‘알다’, сти ‘먹다’, дати ‘주다’ быти ‘있다’ им ти ‘가지다’.

요컨대, 고대 러시아어의 동사 부류는 다음과 같은 계층적 구조를 보인다.

동사	→	비-테마					быти
	↘	테마	→	i-테마			хвалити
			↘	e/o-테마	→	e/o	нести
					↘	ne/o	съхноути
					↘	je/o	знати

7.5.2.2 단순시제

7.5.2.2.1 현재형(비-과거형)

OR의 현재형은 시제 범주 중 가장 무표적인 활용형으로, 발생 시점이 현재이거나 미래인 사건을 지시하는데 사용된다. 이런 점에서 현재형은 '비과거형'으로 불리기도 한다. 앞에서 언급했듯이, OR 동사의 대부분은 어간 말에 현재의 테마 접사(즉, CS *-e/o-, *-ne/no-, *-je/jo-, *-i-)를 가지고 있었는데, 이들은 여러 음운 변화에 의해 '어간—어미' 경계가 모호하게 되었다. 다음 I-부류 동사의 현재 활용을 보라.

PS	*nes-ō—m[138]	>	nes—ǫ	OR	nes—u	R	несу
	*nes-e—ši		nes-e—ši		nes—eši		несёшь
	*nes-e—ti		nes-e—ti		nes—etь		несёт
	*nes-e—mu		nes-e—mu		nes—emъ		несём
	*nes-e—te		nes-e—te		nes—ete		несёте
	*nes-o—nti		nes—ǫti		nes—utь		несут

II-부류 -ne/no- 동사 및 III-부류 -je/jo- 동사의 경우, 선행 자음은 어간의

138 PS의 후설 저모음은 슬라브어학에서 *o/ō로도 혹은 a/ā로도 표기되었다. 레스키엔식 동사 부류는 전자의 전통에 기반한다.

일부로, 후행 모음은 어미의 일부로 재해석된다.

PS	*duīg-nō—m	>	dvig-n—ǫ	dvign—ǫ	двину
	*duīg-ne—ti		dvig-ne—ti	dvign—etь	двинет
	…				
PS	*kol-iō—m	>	koĺ—ǫ	koĺ—ü	колю
	*kol-ie—ti	>	koĺ-e—ti	koĺ—eti	колет
	*zna-iō—m	>	znaj—ǫ	znaj—ü	знаю
	*zna-ie—ti	>	zna-je—ti	znaj—etь	знает
	…				

IV-부류 동사들이 실제로 테마 접사를 가지는 동사로 보는 것에 대해서는 문제가 없지는 않지만,[139] 테마 동사군에 소속시키는 것이 전통적이다.

PS	*tuor-i-ō—m	>	tvoŕ—ǫ	tvoŕ—ü	творю
	*tuor-i—ti		tvor-i—ti	tvor—itь	творит

비-테마 동사로는 고대 러시아어에 вѣдѣти ѣсти дати быти имѣти 등 5개가 있었는데, 현대 러시아어에는 두 개만 남아 있다(дать есть).

OR	быти, jesmь jesi jestь jesmъ jeste sutь
	дати, damь dasi dastь damъ daste dadätь
	ѣсти, jěmь jěsi jěstь jěsmъ jěste jědätь

вѣтѣти는 CSR ведать로 일반 동사화 되었고, имѣти 역시 иметь로 바

139 슬라브조어로 계승된 인구조어의 아블라우트 체계는 저모음 계열의 교체이었다(즉, e~o).

꿔었다. 소위 계사로 사용되는 быти의 현재형은 생략되어 갔다. 예컨대, сє (єсть) коньць '이것이 끝이다.'

위에 설명한 '어간-어미' 경계의 재해석으로 인해 현대 러시아어의 활용 변이식이 발생하게 되었는데, 현대 러시아어의 제1활용식 동사들은 이전의 현재시제형에서 e/o-테마 어간을 가진 동사들(즉, I II III 부류)이었고, 제2활용식 동사들은 이전의 현재형에서 i-테마 어간을 가지는 동사들(즉, IV 부류)이었다.

현대 러시아어에서 부정사형의 어간 말 접사가 -e인 동사들 중 제1활용식을 가지는 동사(УМЕТЬ ИМЕТЬ 등)는 고대 러시아어 III 부류 동사에 속했던 것들이었고, 제2활용식을 하는 동사(СИДЕТЬ 등)은 IV 부류 동사에 속하는 동사들이었다.

현대 러시아어에서 부정사형의 어간 말에 '-Ča'을 가지는 동사들 중 제1활용식을 하는 동사들(СЛУШАТЬ 등)은 III-부류 동사들이었고, 제2활용식을 하는 동사들(СЛЫШАТЬ 등)은 IV-부류 동사들 중 ě-아오리스트 어간을 가지는 동사들이었다.

CS	slūx-ē-tei	OR	slyš'-ä-ti	R	слышать

부정사형에서 -a를 보임에도 제2활용식을 가지는 이유가 다음과 같이 설명된다. 어간 말 연구개음 *x는 I-PAL에 의해 š'로 변하고, 그렇게 변한 경구개음 뒤에 *ē는 *ä로 변한 것이다(4.2 참고). 부정사형에서 이러한 변화가 발생했음에도 현재 활용형은 어간에 그대로 테마 모음 i를 가지고 있었던 것이다.

현재 활용 어미에서 2인칭단수 어미 OR -eš'i는 어미 말 모음의 소실, 탈연음화 š' > š 이후, 선행 é > ó의 변화로 인해, 현대 러시아어의 -oš가 된 것이다. 글자 <-ёшь>의 연음부호는 표기상의 전통일 뿐이다. 3인칭 단수 어미 OR -etь

는 예르의 소멸이후 t' ⇢ t로 경자음화되고, E > O의 변화를 겪는다.[140] 1인칭 복수 어미 OR -émъ > óm은 예르 변화와 E > O의 변화로 설명된다. 이에 이끌려 2인칭 복수 어미 OR -éte ⇢ ót'e의 변화가 발생했다. 이 변화가 패러다임 일반화에 이끌린 형태음운 변화임은 물론이다.

현대 러시아어의 현재 활용 3인칭 복수 어미 -ut ~ -at의 변동은 비음의 이중모음의 변화에 의한다.

CS	*-o-ntĭ	>	-ǫtĭ	>	-utь
	*-i-ntĭ	>	-ętĭ	>	-ätь

공통슬라브어에는 현재형에서 '시작(inchoative)'의 의미를 표현하는 접요사(infix) -n-을 가지는 동사들이 있었다. 이 접요사는 N-Diph의 음운변화에 의해 비모음으로 변화하여, 대응하는 CSR 동사에 그 흔적이 남아 있다.

CS	*sēd-ti	>	sěsti	OR	sěsti	R	s'est'	сесть
	*sē-n-d-ō-m	>	sędǫ		sädu		s'adu	сяду
	*leg-ti	>	leči		leči		l'eč	лечь
	*le-n-g-ō-m	>	lęgǫ		lägu		l'agu	лягу
	*le-n-g-e-ti	>	lęžetь		läžetь		l'ažet	ляжет
	*bū-ti	>	byti		byti		bit'	быть
	*bū-n-d-ō-m	>	bǫdǫ		budu		budu	буду
	*stā-ti	>	stati		stati		stat'	стать
	*stā-n-ō-m		stanǫ		stanu		stanu	стану

140 인칭 어미의 어말 연자음 t'의 경자음화는 설명이 어려운 변화이다. 아마도 지시 대명사 тъ 또는 3인칭 대명사 онъ의 어말 경자음에 이끌린 것이 아닌가 추정된다.

7.5.2.2.3 과거 시제

A. 아오리스트. **아오리스트**의 기능은 현대러시아어 과거 완료상의 용법과 흡사해서, 과거 시간 영역에 발생한 사건의 일회적 발생을 표현하며, 이야기체의 텍스트에서는 사건들의 전경화(foregrounding) 및 계기성(sequentiality)을 표현한다.[141] 아오리스트는 부정사형 어간에 아오리스트 접사(-s-~-x-)가 접미된 후에 일치 어미가 어말 위치에 출현한다. 접사 -x-는 역사적으로 RUKI 변화(3.2.3 참고)에 의해 출현하고, 유추적으로 확산된 것이다.

	아오리스트 곡용식	
Sg	1st	-хъ
	2nd	Ø
	3rd	Ø
Du	1st	-xově
	2nd	-sta
	3rd	-sta
Pl	1st	-xomъ
	2nd	-ste
	3rd	-šä

아오리스트 패러다임					
	I-부류	II-부류	III-부류	IV-부류	V-부류
	нєсти	стати	знати	хвалити	бы(ѣ)ти
1S	нєсохъ	стахъ	знахъ	хвалихъ	быхъ
2S	нєсе	ста	зна	хвали	бы
3S	нєсе	ста	зна	хвали	бы
1D	нєсоховѣ	стаховѣ	знаховѣ	хвалиховѣ	быховѣ

141 OR 아오리스트 활용형: nes-ox-ъ nes-e nes-e nes-ox-omъ nes-os-te nes-oš-a

2D	нєсоста	стаста	знаста	хвалиста	быста
3D	нєсоста	стаста	знаста	хвалиста	быста
1P	нєсохомѣ	стахомѣ	знахомѣ	хвалихомѣ	быхомѣ
2P	нєсосте	стасте	знасте	хвалисте	бысте
3P	нєсоша	сташа	знаша	хвалиша	быша

중요한 사실은 고대 러시아어 과거 시제 아오리스트는 소멸되고, 그 의미 기능은 복합시제의 완료형(l-participle)에 의해 대체되었다는 점이다. 현대 러시아어의 과거형은 완료형의 후대 발달형이다.

현대 러시아어에 유일하게 남아 있는 아오리스트 흔적은 부활절 때의 인사, Христос воскресе! Во истину воскресе! '그리스도가 부활했다, 참으로 부활했도다!'의 동사에서 보인다.

가정법 소사 бы는 быть 동사의 완료 아오리스트 (완료상) 3인칭단수형에서 발달된 것이다. 러시아 서사시(былина)에 흔히 나오는 быстъ '언젠가 ~ 있었다' 역시 완료 아오리스트형이다.

B. 임퍼펙트. 임퍼펙트는 단순 과거형으로 그 기능은 현대러시아어의 과거 불완료상의 용법과 매우 흡사하다. 과거 시간 영역에서 지속되는 사건이나 반복되는 사건, 또는 어떤 특정 사건의 배경(background)이 되는 사건을 나타낸다. 불완료상[142] 동사에서만 형성되는 임퍼펙트는 고대러시아어 시기에 특히 구어체(대화체)에서 이미 사라진 것으로 추정된다. 현대러시아에 임퍼펙트의 흔적은 남아 있지 않다.

---

142 OR에서 상은 아직은 문법적 범주로 발달하지 못해서, 특정의 제한된 부류의 동사에만 나타난다.

임퍼펙트 곡용식		
Sg	1st	-хъ
	2nd	-še
	3rd	-še
Du	1st	-xově
	2nd	-šeta
	3rd	-šeta
Pl	1st	-xomъ
	2nd	-ste
	3rd	-хоү(ть)

임퍼펙트 패러다임					
	I-부류	II-부류	III-부류	IV-부류	V-부류
	нєсти	стати	знати	хвалити	бы(ѣ)ти
1S	нєсяхъ	стахъ	знахъ	хваляхъ	бяхъ
2S	нєсяшє	сташє	знашє	хваляшє	бяшє
3S	нєсяшє	сташє	знашє	хваляшє	бяшє
1D	нєсяховѣ	стаховѣ	знаховѣ	хваляховѣ	бяховѣ
2D	нєсяшєта	сташєта	знашєта	хваляшєта	бяшєта
3D	нєяяшєта	сташєта	знашєта	хваляшєта	бяшєта
1P	нєсяхомѣ	стахомѣ	знахомѣ	хваляхомѣ	бяхомѣ
2P	нєсясте	стасте	знасте	хвалясте	бясте
3P	нєсяхоү	стахоү	знахоү	хваляхоү	бяхоү

7.5.2.3. 복합 시제

이미 지적한 바처럼, 두 단어로(분석적으로) 형성되는 **완료시제**는 상대적 시점 관계를 표현한다. 즉 담화 가운데 주어진 어떤 시점을 기준으로 문장에 표현된 사건이 그 이전에 발생했으며 동시에 해당 사건의 결과가 그 시점에서도 여전히 관여적이라는 점을 표현한다. 현재완료(그냥 완료라고도 불림)는 과거 사건의 발생 결과 현재까지도 그 결과 상황이 유효함을 말한다.[143] 과거완료는 어떤 사건이 담화 내에 주어진 어떤 과거 시점 이전에 발생했으며, 그 결과 해당 시점까지 여전히 유지됨을 표현하고, 미래완료는 어떤 사건이 담화 내에 주어진 어떤 미래 시점 이전에 발생했으며 그 결과 해당 시점까지 여전히 유지됨을 표현한다.[144]

복합 시제는 '동사의 l-분사형[145] + быти의 단순시제형'으로 구성된다. быти의 단순 시제형은 다음과 같다.

	현재	임퍼펙트	아오리스트		미래
			불완료	완료	
1S	ѥсмь	бяхъ	бѣхъ	быхъ	боудоу
2S	ѥси	бяше	бѣ	бы	боудеши
3S	ѥсть	бяше(ть)	бѣ	бы(сть)	боуде(ть)
1D	ѥсвѣ	бяховѣ	бѣховѣ	быховѣ	боудевѣ
2D	ѥста	бяста	бѣста	быста	боудета
3D	ѥста	бяста	бѣста	быста	боудета
1P	ѥсмъ	бяхомъ	бѣхомъ	быхомъ	боудемъ
2P	ѥстє	бяшете	бѣстє	быстє	боудете
3P	соуть	бяхоу(ть)	бѣшѧ	бышѧ	боудоу(ть)

быти는 주어의 인칭과 수에 일치하고, 문장에서는 강세 받는 단어 바로 뒤에 접어(clitics)로 위치한다. 그 기능은 담화 내에 주어지는 어떤 기준시를 표현

143 한국어에서 '신을 신었다'라고 말한다면, 신을 신은 행위 자체는 이미 일어난 사건이지만, 그러한 동작의 결과가 지금도 여전히 유지되고 있음을 암시한다. '아까 신을 신었는데, 지금도 신고 있다.'

144 과거 완료는 한국어의 '작년에 여기로 이사 오기 전에 도시에 살았었다', 미래완료는 '내년 이 맘 때면 아마 졸업했을 거야.' 또는 '쉬었다가 가세요' 등에서 그 의미 내용을 이해할 수 있다.

145 원래 '결과(resultative)'를 표현하는 분사형이었지만, 서술어로 그 분포(즉, 통사적 기능)가 확장되면서 상대 시제를 표현하는 것으로 재해석되었다. 원래의 결과 분사형이 형용사로 재해석된 예는 CSR의 устал-ый умел-ый смел-ый 등이 있다.

하는 것인데, 현재완료는 현재형(ѥсмь 등)이, 과거완료는 과거형(임퍼펙트, 아오리스트)이, 미래완료는 боудоу 등의 형태가 사용된다.

현재완료	нєслъ ѥсмь
과거완료	нєслъ бяхъ (임퍼펙트)
	нєслъ бѣхъ (불완료-아오리스트)
미래완료	нєслъ боудоу

l-분사형은 일반적 분사처럼 주어의 성과 수에 일치하며, 통사적으로 서술어 기능을 수행한다.

	남성	중성	여성
단수	нєсл-ъ	нєсл-о	нєсл-а
복수	нєсл-и	нєсл-а	нєсл-ы

예: На Давыда пришелъ ѥсмь, а с вама хощоу имѣти
миръ и любовь.
'На Давыда я пришел, а с вами хочу иметь мир и любовь.'
Азъ оужє мьстила ѥсмь мужа своѥго.
'Я уже мстила за обиду своего мужа.'

이러한 OR의 복합 완료시제 역시 소멸하게 되는데, 첫 단계로는 복합 시제의 현재 완료형이 '과거'의 의미를 가지는 단순 시제로 재해석되고, 이에 따라 단순 과거 시제인 아오리스트와 임퍼펙트가 소멸을 겪게 된다. 따라서 복합 시제의 임퍼펙트-과거완료와 아오리스트-과거완료의 구별 역시 소멸되게 된 것이다.

또한 현재완료형의 단순 시제로의 재해석은 быти의 현재형 접어(ѥсмь ѥси

등)의 생략을 가져오게 되고 궁극적으로는 사용되지 않게 된다. 명사 및 형용사 복수 곡용에서의 통합을 좇아, l-분사형의 복수에서도 통합이 발생되는데, 통합형은 남성형이다(즉, OR нєсл-и vs. нєсл-а vs. нєсл-ы > R несли).

현재완료형이 아오리스트와 임퍼펙트의 의미를 포함하는 일반적인 과거형으로 재해석되면서, быти의 현재완료형(былъ ѥсмь 등)이 이전에 과거완료시제를 표현했던 быти의 아오리스트와 임퍼펙트를 대체하였다. 예: нєслъ былъ (ѥсмь).

현대 러시아어의 첨사 было는 이전의 과거완료의 흔적이다.

он хотел было вернуться, но раздумал.

단순시제와 복합시제의 대립이 소멸됨에 따라 미래완료 역시 소멸된다. 고어체 문장인 буде (=если) он пришел 등에 나오는 조건 첨가 буде는 미래완료형의 흔적이다.

7.5.2.4. 가정법과 명령법

7.5.2.4.1 가정법. 가정법은 '완료상동사 + быти의 아오리스트-완료형'으로 형성된다.

нєслъ быхъ	нєслъ бы	нєслъ бы
нєсли быхомъ	нєсли быстє	нєсли быша

아오리스트가 더 이상 사용되지 않았을 때, '가정'의 의미는 일반화된 3인칭 단수형 бы에 의해 표현되었고, 접어(clitic)에서 첨사(particle)로 재해석되었다.

7.5.2.4.2 명령법

OR의 명령형은 두 곡용식이 존재한다. IV-부류의 동사의 경우, 명령형 접사 -i-에 인칭 어미를 덧붙이는 반면, 그 외의 동사에서는 단수 -i-, 복수(및 쌍수) -ě-의 명령형 접사에 인칭 어미를 덧붙인다.

	단수		쌍수		복수	
1	…	…	несѣвѣ	ходивѣ	несѣмъ	ходимъ
2	нєси	ходи	несѣта	ходита	несѣтє	ходитє
3	нєси	ходи	…		…	

쌍수의 소실과 더불어 단수에서 모든 동사의 명령형 어미가 /i/이고, 생산적인 IV-부류의 동사의 복수 명령형 어미 역시 /i/인 연유로 복수에서도 모든 명령형 어미는 /i/로 일반화된다. 아울러 명령형으로서 3인칭 단수형이 소멸되고(현대 러시아어에서 'пусть+동사 부정사형 or 동사 현재형'의 통사적 구성으로 대체됨), 명령형 1인칭 복수형이 현재시제 1인칭 복수형과 신크레티즘화된다. 2인칭 복수형의 인칭 어미 -te는 이제 명령의 대상인 청자가 복수임을 나타낸다.

'단수청자 명령'	нес-и	'복수청자 명령'	нес-и-те
'단수청자 청유'	нес-ём	'복수청자 청유'	нес-ём-те

7.5.2.5 부정사형과 수파인(Supine)

7.5.2.5.1 부정사형. 무강세 어미 -ti의 모음 /i/는 소실되어 현재의 -t'로 변화된다. 어간 말 연구개음 *k/g-ti는 -či로 변화하고, 강세의 어간 모음으로의 이동의 결과 현재의 -č로 바뀐다. 예컨대, *мог-ти > мочи > CSR мочь.

현대 러시아어 부정사형 грести는 OR грєти에서 발달한 형태이다. 부정사형 어미 -t'i 앞에 OR에 없었던 /s/의 출현이 음성변화의 결과가 아님은 분명하다. 이러한 발달을 이해하기 위해서는 소위 자음어간 동사에 관련된 몇 가지 역사적 변

화를 알아야 한다. 우선, 유사한 자음어간 동사 вести의 역사적 발달 상황을 보면,

CS	*ved-tei	OR	vesti	R	вести
	*ved-ām		vedu		веду

어간 말 *d는 부정사 어미 ti 앞에서 이화에 의해 *s로 변하지만(4.9.1 참고), 모음 앞에서는 변화를 겪지 않는다. мести/мету도 마찬가지다. 이러한 변화의 결과 발생한 공시적 변동은 아마도 '부정사 어간 말 자음 s와 현재 어간 말 자음 t/d'의 변동으로 볼 수 있을 것이다. 그런데, 공시적 변동을 이렇게 해석하기 어렵게 하는 발달이 생겼는데, 그것이 OR грєти кляти ⟶ R грести клясть 이다.

CS	*greb-tei	OR	greti	R	грести
	*greb-ām		grebu		гребу
	*klin-tei		kl'äti		клясть
	*klin-ām		klьnu		кляну

어간 말 *b의 탈락은 자음군 간소화(4.9.1 참고) 결과이고, 동음절 위치에서의 *in > ę > ä은 비음 이중모음의 변화(4.8 참고) 결과이다. 이러한 역사적 변화의 결과에 대한 공시적 해석은 당연히 '부정사형의 Ø~ 현재형의 b/n'의 변동일 것이다. 그러나 러시아 문법은 위의 's ~ t/d'의 변동과 'Ø ~ b/n'의 변동을 별개로 보지 않고, 부정사형과 현재형 사이에서 보이는 동일한 유형의 변동으로 보기 시작했고, 이러한 공시적 재해석은 вести 등의 자음어간 동사들에 있어서 부정사형 어미를 -t'i/t'가 아니라, -st'i/st'로 해석하는 데에 있었다. 즉, v'os-t'i m'os-t'i ⟶ v'o-st'i m'o-st'i. 그리고 이러한 동사의 부정사형은 기본 어간 v'od- m'ot-의 마지막 자음의 탈락으로(d/t가 s로 변동하는 것이 아니라!) 형성된 것으로 기술된다. грєти кляти ⟶ грести клясть의 변화는 이러한 공시적 변동이 일반화된 것이라고 볼 수 있다. 이제 이러한 동사들의 부정사형 역시 기본 어간 gr'ob- kl'an-

의 마지막 자음이 어미 -st'(i) 앞에서 탈락된 것으로(b/n이 s로 변동하는 것이 아니라!) 이해할 수 있다.

7.5.2.5.2 수파인. **수파인**은 부정사형 어간에 -tъ를 붙여 형성하는데, 이동의 목적을 나타낼 때 사용된다.[146]

Констѧтинъ идє <u>оучитъ</u> болгарского ѧзыка
'콘스탄틴은 불가리어(GS)를 공부하러 갔다'.
идеть ... <u>искатъ</u> кунъ
'담비(GS) 찾으러 갔다'

수파인-구 내의 목적어는 생격을 취한다. 그러나 부정사형이 수파인의 기능을 가지게 됨으로써 후자는 소멸된다.

7.5.2.6 형동사형

OR의 형동사(**분사**)에는 다섯 종류의 하위 범주가 존재했었다. 현재능동(Present Active), 과거능동(Past Active), 현재수동(Present Passive), 과거수동(Past Passive), 완료(perfect participle, l-participle). 이전에서 언급했듯이(7.5.1 참고), 이들은 문장에 출현한 동사가 수식어의 문법적 기능을 수행하기 위해 동사에 특별한 접사를 동반하는 형태이다. 다시 말하면, 이들은 동사이면서 형용사이기도 하는 통사적으로 혼합 범주이다. 다음은 고대 러시아어 형동사 접사 목록이다.

---

146 한국어의 '~러'와 그 기능이 유사하다. 예: '<u>공부하러</u> 학교에 갔나.' 이동 사체는 목적이 될 수 없기 때문에, 이동 동사는 수파인을 형성하지 못한다.

	형동사 접사	예(여성단수주격형)
현재 능동	-č-	нєсоучи творѧчи
과거 능동	-въш-	творивъши
	-ъш-	нєсъши
현재 피동	-м-	нєсома творима
과거 피동	-т-	взята
	-н-	нєсєна творєна
완료	-л-	нєсла творила

고대 러시아어 형동사(완료 형동사는 제외)는 일반적인 형용사처럼 장형뿐만 아니라 단형도 존재했었다. 일치 어미는 일반 형용사의 곡용식과 동일했다(7.3 참고). 그러나 능동 형동사 주격형은 특이한 형태를 가지고 있었다. 아래는 단형을 예시한다.

		남성	중성	여성
현재능동	단수	нєса(нєся)	нєса(нєся)	нєсоучи
	복수	нєсоуче	нєсоуча	нєсоучѣ
과거능동	단수	нєсъ	нєсъ	нєсъши
	복수	нєсъше	нєсъша	нєсъшѣ
현재피동	단수	нєсомъ	нєсомо	нєсома
	복수	нєсоми	нєсома	нєсомы
과거피동	단수	нєсєнъ	нєсєно	нєсєна
	복수	нєсєни	нєсєна	нєсєны
완료	단수	нєслъ	нєсло	нєсла
	복수	нєсли	нєсла	нєслы

형동사 범주에서 발생한 중요한 변화는 현재능동 단형과 과거능동 단형이 명사 수식의 통사적 기능을 상실하고, 동사 수식어, 즉 부동사(동명사, gerund)로 재해석되었다는 점이다. 즉, 현재능동 형동사 단형은 현재 부동사형으로, 과거능동

형동사 단형은 과거부동사형으로 바뀐다. 장형의 경우, 현재능동형은 교회슬라브어에서 차용된 형태에 의해 대체되었지만, 과거능동형은 여전히 사용된다.

현재피동형은 이미 OR 시기에 거의 사용되지 않았으며, 사실 이 형동사는 고대러시아어에 고유한 형태가 아니었을 것으로 추정된다. 만약 문헌에 현재피동형이 사용된다면, 그것은 교회슬라브어 영향 때문일 것으로 보이며, 따라서 현대 러시아에서도 문어체에서만 그것도 매우 제한적으로 사용된다.

완료 형동사 단형(l-분사형)은, 이미 언급되었듯이, 서술어의 통사적 기능으로만 사용되면서 '과거'의 의미를 가지게 되었으며, 과거피동 단형 역시 서술어의 통사적 기능으로 사용되면서, '(완료)피동'의 의미를 가지게 된다. 전자의 장형은 OR 시기에 이미 사용되지 않았었고, 후자의 장형은 CSR에서 어휘화되기도 했다(가령, былой зрелый 등).

7.5.2.6.1 능동 형동사형. OR 시기에 이미 능동 형동사형의 일치 어미는 불안정했다. 예컨대, помоливъши сѧ єпископъ '기도했던 주교'에서 과거능동형동사 단형 помоливъши는 여성단수주격형이어서 자신이 수식하는 남성 명사 єпископъ와 성이 일치하지 않는다. 이러한 상황에서 능동형동사 단형은 궁극적으로 모두 부동사형으로 재해석되고, 나머지 사격형은 자연스럽게 소멸된다.

현재 능동의 경우에는 남(-중)성 단수주격 단형(неса хваля)만을 부동사로 사용하고, 어말 –a는 '현재 부동사' 접사로 재해석되었다. 여성 단수주격 단형(нєсоучи хвалѧчи)의 부동사 사용이 허용된 몇몇 경우도 있다(예: будучи идучи играючи).

접사 –v-를 가지는 과거능동 단형의 경우, 남(-중)성 단수주격형(творивъ) 뿐만 아니라 여성 단수주격형(творивъши) 둘 다 부동사형으로 재해석되었지만, 현대 러시아어에서는 전자가 문체적으로 무표적이다(купив написав). 그러나 -ся 동사의 경우에는 후자로 일반화된다(улыбнувшися). 접사 –v-가 부재한 과거능동 단형의 경우에는 여성 단수주격형(нєсъши)만이 부동사형으로 사용되었는데(R (при-)нёсши), 요즈음에는 옛 말투(archaic form)로 규정되고, 개신형 (при-)неся가 대신 사용된다(пришедши > придя, 등).

한편, 장형의 경우, 현재능동형은 교회슬라브어 차용형으로 모두 대체된다. 즉, OR нєсоуч- > CSR несущ-.[147] 예전의 OR 형동사형은 모두 형용사로 품사 전성되어 CSR에 그 흔적이 남아 있다.

летучая (← летать) мышь '박쥐'
дремучий (←дремать) лес '처녀림'
живучие (← жить) воспоминания '잊을 수 없는 추억'
лежачий (← лежать) деньги '적립금'

과거능동형은 그대로 사용된다.

7.5.2.6.2 피동 형동사형. OR 시기에 이미 현재 피동형은 거의 사용되지 않았다. CSR에는 형용사(및 명사)로 전성된 어휘들에서 그 흔적을 볼 수 있다. 가령, любимый уважаемый видимый; невыносимый повторяемость 등.

이미 지적한 대로 과거피동 단형은 현대 러시아어에서는 서술어로만 사용된다. 예: Статья уже прочитана. 접사 -n- 장형은 16-7세기 경에 /n/을 하나 더 덧붙인다. 예컨대, прочитанный написанный, 등. 그러나 형용사로 품사 전성된 장형은 /n/ 하나만 가진다.

раненый солдат '부상병'
солдат, раненный в битве '전투에서 부상당한 병사'

---

147 공통슬라브어 *tj는 J-Pal의 결과 고대러시아어에는 č(ч)로, 러시아판 교회슬라브어에서는 šč(щ)로 나타난다.

7.6. 상의 변화

고대 러시아어의 상 체계는, 현대 러시아어처럼 두 개의 상(즉, 불완료상과 완료상)이 존재했었지만, 그 대립은 모든 동사에 구현되지는 않았다. 또한 현대 러시아어의 상 대립의 의미는 '행위의 전체성(целость)' 혹은 '행위의 완결성(законченность) 등의 매우 추상적인 반면, OR의 상 대립의 의미는 '일회성', '지속성', '점진적 변화', '일방향성' 등 상대적으로 구체적이었다. 이런 점에서 고대 러시아어의 상 체계는 현재의 동작상(способы действия, procedurals) 체계와 유사하다고 볼 수 있다. 그러나 OR 시기에 이미 상의 문법화(의미의 추상화와 확장)는 시작되었다고 할 수 있다.

'일방향성'의 개념은 아블라우트로 구별되기도 한다.

---

*e vs. *a, *ē vs. *ā, *e vs. ē

'일방향성(направлённость)' vs. '다방향성'

вєсти vs. водити

нєсти vs. носити

лѣсти vs. лазити

летѣти vs. лѣтати

접사 -nu-는 '일회성/순간성'이나 '점진적 변화'를 나타내는데 사용된다.

'일회성'	тълкноути '밀다',	риноути '달음질치다'
'점진적 변화'	съхноути '마르다',	вѧноути '시들다'.

'시작'의 상적 의미를 표현하는 접요사 -n-도 있었다.

CS	*stā-n-ām	OR	станоу	R	стану
	*dē-n-ām		дѣноу		дену
	*se-n-d-ām		сѧдоу		сяду
	*le-n-g-ām		лѧгоу		лягу
	*bū-n-d-ām		боудоу		буду

형태적으로 단순동사(접두사 없는 동사)의 경우 접사 모음의 대립으로 '불완료 vs. 완료'의 대립이 표현되기도 한다.

бросати (제3부류)	vs. бросити (제4부류)
падати (제3부류)	vs. пасти (제1부류)

나아가 *i > j 확장소가 첨가되기도 한다.

*prost-i-a-ti	> proš'č'ati	прощати vs. простити
*jav-i-a-ti	> javl'ati	являти vs. явити

접두화된 복합동사는 대체로 완료상이었는데(예컨대, събьрати въпросити 등), 이러한 완료상 동사에서 어간 모음의 장음화 아블라우트를 수단으로 불완료상이 형성되기도 한다.

*i vs. ī	събьрати	vs.	събирати
*e vs. *ē	исчєзноути	vs.	исчазати
*a vs. *ā	въпросити	vs.	въпращати

접두화 완료 동사의 불완료상 짝을 만드는 접사가 다양해졌다. -a 외에도

-va-, -iva-의 접사 이형태가 사용된다.

оубити	vs.	оубивати
придати	vs.	придавати
въписати	vs.	въписывати.

이러한 불완료상 형성 방식은 현대 러시아어에서도 생산적으로 적용된다. 접미사 -iva-는 불완료상 동사 бывати가 by-va-ti에서 b-yva-ti로 재분석된 결과로 추정된다.

특히 -iva 접미사에 의한 불완료상 형성은 시제 범주의 소멸과 더불어 매우 생산적으로 적용되는데, 이제 형태적으로 단순동사에도 -iva 접미화가 사용되는데, 이 경우에는 '반복' 또는 '습관'의 동작상 동사를 형성한다.

кончить	vs.	канчивати
ходити	vs.	хаживати
носити	vs.	нашивати

이러한 동작상은 점차 소멸의 길로 접어드는데, CSR에서는 거의 사용되지 않는다.

참고문헌

권경준(2012), "러시아어 술어조격의 통시적 발전 재구", 러시아연구 22-1/2, 1-19.

권경준(2017), "러시아어 상관관계 구문의 통시적 발전과 변이형", 러시아연구 27-1, 29-56.

김용화(1997), "고대러시아어 상범주에 관한 고찰", 러시아연구 7, 101-144.

김용화(2002), "고대러시아어에 나타난 활물체 범주의 표현방식에 관한 연구-라브레뜨연대기를 중심으로", 러시아어문학연구논집 11, 201-245.

김용화(2012), "현대 표준러시아어 명사류 변화에 관한 통시적 연구(2): 수사에 변화 추이에 관한 통시적 고찰", 러시아어문학연구논집 40, 219-249.

김용화(2014), "러시아어 남성명사 복수주격 -A 형태의 통시적 변화에 관한 연구", 러시아어어문학연구논집 45, 171-195.

김용화(2015), "러시아어 발전사에서 표준어의 규범화-변이형의 평가, 선택, 고착", 러시아어문학연구논집 50, 261-287.

김진규(2004), "러시아어 역사어휘론과 역사문체론의 상관관계-고대러시아 번역필사본 <Pchela(Bee)>를 중심으로-", 러시아어문학연구논집 16, 277-299.

송은지(2000), "고대 러시아어 텍스트에서의 문체변이", 러시아연구 10-1, 193-219.

송은지(2002), "고대러시아어 텍스트에서 지시적 선택으로서의 영대용", 러시아연구 12-2, 239-275.

유승만(2002), “고대 랴잔 지방의 법률문서에 나타난 철자, 음운, 형태적 변이형”, 러시아어문학연구논집 12, 281-299.
이성민(2003), “고대 러시아어와 현대 러시아어의 강세”, 노어노문학 15-2, 129-151.
이용권(1986), “고대러시아어의 약화모음 연구”, 슬라브학보 1-1, 26-54.
정하경(2010), “러시아어의 비행위주성-생성문법적 고찰”, 러시아연구 20-2, 193-216.
정하경(2015), “고대노브고로드 방언 영주어 체계와 인칭자질”, 러시아어문학연구논집 49, 193-228.
추석훈(2003), “고대 러시아어에서 대명사 영주어 사용의 감소현상-17세기를 중심으로-”, 노어노문학 15-1, 149-175.
추석훈(2003), “남부슬라브어와 고대러시아어의 접어에 대한 연구”, 슬라브학보 18-1, 79-99.
최성호(2003), “고대 러시아어의 연음성 발달 연구”, 러시아어문학연구논집 13, 383-404.
최성호(2004), “러시아어의 곡용에서 어미 이형태의 분포”, 러시아연구 14-2, 279-306.
최성호(2005), “러시아어 명사 곡용의 통시적 추이: 접사 패턴의 동기화”, 언어학 43, 27-56.
최성호(2006), “러시아어 곡용: 어간 변이와 어미 변이의 상호 계면 현상 연구”, 러시아어문학연구논집 23, 223-249.
최성호(2014), “명사 곡용식의 변이 패턴 체계와 변화: 고대 러시아어와 고대 노브고로드 방언을 중심으로”, 러시아연구 24, 305-331.
최성호(2015), “현대 러시아어의 유성성 자질: 대립과 분포”, 러시아학 8, 1-24.
최성호(2015), “러시아어 동사 활용과 강세: 변동과 변이”, 러시아학 11, 17-47.
최성호(2016), “러시아어 명사의 강세 연구”, 러시아어문학연구논집 53, 143-167.

Andersen, Henning (1968), IE *s after I, u, r, k in Baltic and Slavic, *Acta linguistica Hefniensia* 11, 171-190.

Andersen, Henning (1969), Lenition in Slavic, *Language* 45-3, 553-574.

Andersen, Henning (1969), The peripheral plural desinences in East Slavic, *International Journal of Slavic Linguistics and Poetics* 12, 19-32.

Andersen, Henning (1998), Protoslavic and Common Slavic-Questions of periodization and terminology, *International Journal of Slavic Linguistics and Poetics*, 31-32, 67-82.

Barnetová Vilma, et al. (1979), *Russkaja Grammatika*, Praha, Akademia.

Bethin, Christina Y. (1998), *Slavic Prosody*, Cambridge, The University Press.

Birnbaum, Henrik (1975), *Common Slavic: Progress and Problems in Its Reconstruction*, Cambridge, Mass., Slavica.

Carlton, Terence R. (1991), *Introduction to the phonological history of the Slavic languages*, Columbus, Slavica.

Choi, Sung-ho (1996), Phonetic Innovation and Phonological Reinterpretation: Second Pleophony in Russian, *Eoneohag* 18, 263-287.

Choi, Sung-ho (1999), Historical Development of the Russian Imperative, 성백인 교수 정년퇴임 기념논문집 간행위원회 편, *언어의 역사*, 657-682.

Choi, Sung-ho (2007), Lexical Representation of Russian nouns, *러시아학* 3, 111-129.

Choi, Sung-ho (2008), Structure and Innovation of Declension Patterns in Inflecting Languages: Motivated Distribution and Marked Principle, *Eoneohag* 51, 43-70.

Choi, Sung-ho (2009), Declensions in East Slavic Languages: Typology and Theory, *러시아어문학연구논집* 30, 283-313.

Comrie, Bernard & Greville G. Corbett, eds. (1993), *The Slavonic Languages*, London & New York, Routledge.

Gołąb, Zbigniew (1992), *The origins of the Slavs: A linguist's view*, Columbus, Slavica.

Halle, Morris (1959), *The sound pattern of Russian*, The Hague, Mouton.

Isachenko, Alexander V. (1970), East Slavic Morphophonemics and the treatment of the jers in Russian: A revision of Havlík's law, *International Journal of Slavic Linguistics and Poetics* 13, 73-124.

Jakobson, Roman (1929), remarques sur l'évolution du russe comparée à celle des autres langues slaves, *Travaux du Cercle Linguistique du Prague*, II. Reprint: Jakobson, R., *Selected Writings* II, The Hague, Mouton, 1962.

Janda, Laura (1996), *Back from the brink*, Munich, Lincom Europa.

Kim, Yong Wha (2008), A Study on the Diachronic Language Change-The Case of the Pronominal Adjectives N-Apl in History of Russian, *러시아어문학연구논집* 28, 71-95.

Kiparsky, Valentin (1979), *Russian Historical Grammar* (독일어 번역), Ardis, Ann Arbor.

Lunt, Horace G. (1959/2001), *Old Church Slavoni Grammar*, Berlin, Mouton.

Lunt, H. G. (1981), *The Progressive Palatalization of Common Slavic*, Skopje, The Macedonian Academy of Sciences and Arts.

Sadnik, L. & Aitzetmüller, R. (1955), *Handwörberbuch zu den Altkirchenslavischen Texten*, Heidelberg, Carl Winter

Universitätsverlag.
Shevelov, Gerge Y. (1964), *A prehistory of Slavic*, Heidelberg, Carl Winter Universitätsverlag.
Stang, Ch. S. (1965), *Slavonic Accentuation*, Oslo, Universites forlaget.
Stump, Gregory T. (2001), *Inflectional Morphology*, Cambridge, Cambridge University Press.
Timberlake, Alan (200?), *A Reference Grammar of Russian*, Cambridge University Press.
Townsend, Chrles E. & Laura Janda (1996), *Common and Comparative Slavic*, Columbus, Slavica.
Vlasto, Alexis P. (1988), *A Linguistic History of Russia to the End of the Eighteenth Century*, Oxford, Clarendon Press.
Аванесов, Р. И. (1984), *Русское литературное произно-шение*, Москва, Просвещение.
Аванесов, Р. И. и В. Г. Орлова (1965), *Русская диалек-тология*, Москва, Наука.
Бернштейн, С. В. (1974), Очерк сравнительной грамма-тики славянских языков, Москва, Академия Наук.
Борковский, В. И. и П. С. Кузнецов (1963), *Историчес-кая грамматика русского языка*, Москва, Издательст-во АН СССР.
Борунова, С. Н., В. Л. Воронцова и Н. А. Еськова (1983), *Орфоэпический словарь русского языка*, Моск-ва, Русский язык.
Булаховский, Л. А. (1958), *Исторический комментарий к русскому литературному языку*, Рядянська школа, Киев.
Галинская, Е. А. (2014), *Историческая грамматика ру-сского языка. Фонетика. Морфология*, Москва, УРСС.

Горшкова, К. В. (1972), *Историческая диалектология русского языка*, Москва, Просвещение.

Горшкова, К. В. и Г. А. Хабургаев (1981), *Историческ-ая грамматика русского языка*, Москва, Высшая шко ла.

Дурново, Н. Н. (1924), *Очерк истории русского языка*, Москва, Государственное издательство. Reprent: s'Gravenhage, Mouton, 1962.

Дыбо, В. А. (1981), *Славянская акцентология*, Москва, Наука.

Зализняк, А. А. (2004), *Древне-новгородский диалект*, Москва, Языки славянской культуры.

Иванов, В. В. (1968), *Историческая фонология русско-го языка: Развитие фонологической системы древн-ерусской языка в X-XII вв.*, Москва, Просвещение.

Иванов, В. В. (1983), *Историческая грамматика русско-го языка*, Москва, Просвещение.

Иллич-Свитыч, В. М. (1963), *Именная акцентуация в балтийском и славянском*, Москва, Издательство Ак-адемии Наук.

Князев, С. В. (2000), К вопросу о механизме возникно-вения аканья в русском языке, *Вопросы языкознан-ия* 1, 75-101.

Колесов, В. В. (1972), *История русского ударения: Им-енная акцентуация в древнерусском языке*, Ленингр-ад, Издательство ленинградского университета.

Кондрашов, Н. А. (1962), *Славянские языки*, Москва, Просвещение.

Крысько, В. Б. (1994), *Развитие одушевленности в ис-тории русского языка*, Москва, Издательство "Linceum."

Кузнецов, П. С. (1953), *Историческая грамматика рус-ского языка:*

Морфология, Москва, Просвещение.

Нахтигал, Р. (1963), *Славянские языки* (슬로베니아어 원문 번역), Москва, Издательство литературы на иност-ранных языках.

Панов, М. В. (1967), *Русская фонетика*, Москва, Просв-ещение.

Соболевский, А. И. (1907), *Лекции по истории русско-го языка*, Москва, Reprint: s'Gravenhage, Mouton, 1962.

Фасмер, Макс (1986), *Этимолочеcкий словарь русского языка*, (독일어 번역) Москва, Прогресс.

Филин, Ф. П. (1972), *Происхождение русского, украин-ского и белорусского языков*, Ленинград, Наука.

Черных, П. Я. (1954), *Историческая грамматика русск-ого языка*, Москва.

Шахматов, А. А. (1915), *Очеркъ древнейщаго периода истории русского языка*, Петроград, Типография им-ператорской академии наук.

Якобсон, Р. О. (1963), Опыт фонологического подхода к историческим вопросом славянской акцентологии, *American contributions to the fifth Interantional Congress of Slavists*, Vol 2, The Hague, Mouton, 153-178.

Яубинский, ЛП. (1953), *История древнерусского языка*, Москва, Г. Учебно-педагогическое издательство.

찾아보기